미국의
Class Action II

각론

미국의
Class Action II

박민영 지음 **각론**

한국학술정보㈜

머리말

　우리 사회는 그동안 '억눌렸던 사연'을 항의·호소하는 관계자들의 집단행동이 그칠 날이 없고, 그 결정판이라 할 노사분규도 전국 사업장마다 계속되는 등 모든 문제를 '다중의 위력'을 빌려 해결하려는 풍조가 번지고 있다. 이러한 집단행동은 수그러들지 않을 전망이며, 이익집단이 다양화됨으로 말미암아 오히려 갈등이 더욱 심화될 가능성이 적지 않다. 특히 사회의 각 세력이 사회적 파워와 경제적 피해 등을 둘러싸고 첨예하게 대립할 것으로 보인다. 이에 따라 기업가와 근로자집단, 농민과 도시하층세력, 여성세력 등이 이익집단 또는 사회적 계급을 형성하여 확고한 위치를 확보하였을 뿐 아니라 더욱 공고히 될 전망이다. 이제 사회 각 계층이나 집단의 대립을 해결하기 위해서는 각각의 이해관계자들 사이에 합의를 통하여 그 이해관계를 조정해 나가야 할 것이다. 이를 위해 여러 가지 해결방안이 있겠지만 사법적 수단을 적용해야 할 개연성이 높다.

　일반적으로 집단적 이해대립 내지 사회문제로 야기된 쟁송은 주로 소송상의 당사자에 관한 문제로 나타난다. 전통적인 소송법원리에 의하면 당사자를 다음의 네 가지로 분류할 수 있다. ① 당사자가 자신의 이익보호를 위하여 직접 소송에 나서기는 하되 그 하나하나가 단독의 개체로서 독립의 개별적 당사자인 경우, ② 다수이해관계인이 일방의 당사자로 병합하여 소위 공동소송의 당사자를 형성하는 경우, ③ 공동소송의 당사자로 병합한다는 것이 현실적으로 불가능하기 때문에 이해관계인 가운데 몇몇이 선정되어 당사자로서 소송을 담당케 하는 대표자를 인정하는 경우, ④ 앞의 당사자와는 달리 직접 자신에게는 이해관계가 없지만 공익의 수호를 위하여 소송을 담당케 하는 고발자소송(relator actions) 또는 공공소송(public actions)의 당사자 등이다. 특히 집단적 분쟁에 대하여는 대표자 또는 공익 당사자가 소송을 담당하는 것이 보통이다. 그런데 문제는 ③의 당사자의 경우에 이를 인정해야 할 범위와 기준이 명확지 않고, ④의 당사자의 경우에는 주로 관계법률에 명시되어야 가능한 까닭에 너무 자의적으로 설정될 가능성이 있다는 것이다. 이러한 소송 가운데 우리나라는 ③의 대표당사자의 유형으로는 민사소송법 제49조의 선정당사자라든가 상법 제403조의 주주의 대표소송 등과 같은 것이 있으나, 이 대표당사자를 선정하기 위하여는 먼저 관련집단이 대표당사자를 선출할 것을 요하고 있기 때문에 오늘날과 같은 대량의 집단이해관계자가 있는 분쟁에 대하여는 선정절차 그 자체만을 가지고도 현실적으로 불가능한 경우가 적지 않다는 문제가 있다. 그리고 ④의 당사자에 해당한다고 할 수 있는 것으로는 민중소송, 기관소송과 같이 소위 객관소송제도가 있다고 하지만 다른 나라에 비하여 이를 인정하는 개별 법이 극히 제한되어 있다는 것이 문제이다. 우리나라는 대량집단적 이해관계가 내재된 분쟁에 대하여 사법적 해결을 가능케 하는 입법이 불충분하다. 그 결과 집단행동이 만연하게 되고 법질서의 문란을 초래하는 한편, 사법에 대한 불신은 가라앉지 않고 궁극적으로 정치·경제·사회·문화의 모든 영역에서 혼란과 갈등이 끊이지 않을 뿐 아니라 민주주의 자체에 대하여 회의적인 시각도 나타날 수 있다. 따라서 사법적 차원에서 당사자제도에 대한 연구가 필요하다.

이러한 취지에서 미국의 Class Action은 우리에게 시사하는 바가 적지 않다. 특히 Class Action은 다수의 피해자들이 원인이나 쟁점을 공동으로 하는 소액배상청구권을 가지고 있는 경우에 그 피해자군 중에서 대표자가 나서서 총원의 청구금액을 일괄하여 제소, 단번에 전체의 권리를 실현시키는 것이다. 이 제도는 독점금지, 증권거래, 공해, 각종차별, 사회보장 등의 여러 분야에서 널리 이용돼 미국 민주주의의 발전에 크게 기여했다. 이 밖에 Class Action은 대기오염, 수질오염, 소음 등의 피해시민이 국가 등을 상대로 특정의 행정조치를 구할 수 있는 수단으로 사용되기도 한다. 요컨대 이 제도는 서민대중의 불편·불만해소와 권리구제에 끊임없이 애쓴 노력의 소산이기도 하다.

이 책은 미국의 Class Action의 본질을 파악하기 위함이다. 필자는 20여 년간 주로 미국의 제도를 중심으로 집단분쟁제도를 연구하면서, 무엇보다 법치주의의 틀을 유지하고 집단 간의 이해관계를 합리적으로 조절할 수 있는 수단의 모색이라는 취지에서 이 소송제도에 관심을 가졌었다. 이번에 Class Action의 기본법리를 정리한 총론부분과 개별법 영역에서의 Class Action의 적용이라는 각론부분의 2권으로 그동안 필자가 발표한 논문을 정리하여 출간하였다.

이 두 권의 책이 나오기까지 많은 분이 도움을 주셨는데, 감사의 마음을 전하고자 한다. 무엇보다 학자의 길을 열어주신 문홍주 선생님, 한창규 선생님의 은혜는 끝이 없다. 어린 시절부터 늘 보살핌과 훈육을 아끼지 않으셨던 두 분 은사님의 마음을 생각할수록 그립고 아련하다. 100수의 부모님의 사랑 또한 잊을 수 없다. 언제나 걱정하시면서 자식을 위해 기도하시는 부모님이 계시다는 것만으로도 필자에게는 매우 큰 행복이다. 그리고 시부모님을 모시고 가정살림과 학문의 길을 병행하면서 변함없이 나를 믿고 따라준 아내 이소영 교수에게 고마움을 전하고자 한다. 이 책이 나오기까지 편집과 교정으로 밤을 지새운 조진우(박사과정), 박세훈(박사과정), 전성휘(석사과정) 군에게 사의를 표한다.

2012년 6월
목멱산 기슭에서
박민영

CONTENTS

제1장 불공정 급부구제
Class Action

I. 들어가며

Class Action이라 함은 유사한 처지의 다수 이해관계자 전원이 모여서 함께 소송을 진행하는 것이 현실적으로 불가능한 경우, 그중의 일부가 전원을 대신하여 소송을 수행하되, 기판력은 전원에 대하여 미치는 소송절차다. 원래 이 소송절차는 ① 원고 측의 후속의 첨가적 소송참가를 방지할 수 있고, ② 피고가 처음의 소송에서 승소한 뒤 다른 피해자에 의한 되풀이되는 계속적 소제기를 피할 수 있다는 등의 사법행정상의 편의성에서 유래하였다. 이것이 20세기 대량문명사회의 집단적 이익보호를 위하여 그 기능과 역할도 확대된다. 즉, 재판의 대상이 되는 class구성원의 동의 여부에 관계없이 class 전체에 대하여 기판력이 미치므로 하나의 정치적 심판기능을 하기도 하고, 결과적으로 공공의 이해대립에 관한 사법부의 조정적 기능을 갖게 하는 한편, 재판을 통한 법원 독자의 새로운 정책형성 등을 위한 소송절차라는 점이 특징이다.[1]

급부행정영역과 관련한 Class Action은 빈인(貧因) 등으로 말미암아 사법체계의 접근이 현실적으로 어려운 다수의 개인들로 하여금 정부의 복지정책이나 불공정 복지입법에 대하여 다툴 수 있는 소송절차로 평가받고 있다.[2] 특히, 미국은 20세기 중반 이후 복리행정영역의 질적·양적 팽창과 더불어 급부행위의 공정성이 쟁점으로 부각되었고, 급부수혜자의 폭이 집단성을 띠게 됨으로 말미암아 Class Action방식의 쟁송절차가 적용되기 시작하였다.[3] 불공정급부의 구제를 위한 수단으로서 Class Action절차의 적용을 인정받은 영역은 주로 연방보건후생부(연방 보건·교육·복지부의 확대기능), 주(州) 복지부, 주(州) 실업보험위원회, 기타 행정청이 다수에 대하여 영향을 미치는 불공

---

1) Clas Action제도의 기본 법리에 관하여는 졸고, 미국 Class Action제도의 현황과 문제점, 225-298(법무부, 법무자로 제149집 1991. 12.); 졸고, 미국 Class Action상 당사자에 관한 연구, 성균관대학교 대학원, 박사학위청구논문(1990. 2.).

2) W.H. Winbome et al, Civil Actions Against State Government, 575-77(Mac-hill, 1990).

3) 초창기 대표적 사건으로는 Schieffel v. Komfort, 212 NY 520(1914); NAACP v. Alabama, 357 US 449, 78 S Ct 1163, 2 L E2d 1488(1958); Sierra Club v. Morton, 405 US 727, 92 S Ct 1316, 31 L E2d 636(1972); 재인용 Nahmod, Civil Rights & Civil Leberties Litigation-A Guide To §1983, §8.13, p.259(Shepard's McGraw-Hill 1979).

정급부행위 또는 위헌적 소지가 있는 행정명령 및 법률과 연계된 위법확인 내지 변경 등을 구하는 소송형태로 나타나고 있다.[1] 지금까지 Class Action절차로 다루어 왔던 소송물은 안전소득보장(Supplement Security Income, 이하 SSI)을[2] 포함한 사회안전법(the Social Security Act, 이하 SSA),[3] 지체장애자구조(Disability Benefits),[4] 저소득자 의료보장 및 의료보험(medicaid and Medicare),[5] 연방 및 주의 공공부조정책(Federal and State Public Assistance Program),[6] 지체장애자 가정보조법(The Aid to Families with Dependent Children 이하 AFDC),[7] 식품인지조례(Food Stamp Regulation),[8] 실업보상법(Unemployment Compensation),[9] 기타 정부급부관련 조항과 그 적용에서 비롯한 다툼이다.[10]

또 불공정급부구제 Class Action사건으로 연방대법원의 Class action방식의 선도 판례로는 Califano v. yamasaki사건과[11] Hechler v. Mathews사건을[12] 들 수 있고, 최근의 사건으로는 Reno v. Flores사건[13] 및 Lewis v. Casey사건이[14]

---

1) H. Newberg/A. conte, Newberg On Class Actions, Vol.Ⅳ. §23.01-03(3d Ed 1992); Burnham, Retroactive Welfare Benefits: Federal Class Actions After Edelman v. Jordan, 18 Clearinghouse Rev 225(July, 1984).

2) 43 USC §301 et seq(이하 법령자료는 http://law.house.gov/1.htm/).

3) 43 USC §1381 et seq.

4) 43 USC §401 et seq.

5) 43 USC §1391 et seq.

6) 43 USC §601 et seq.

7) 43 USC §601 et seq.

8) 7 USC §§ 2011-2025.

9) 42 USC § 501 et seq.

10) 민권조항으로 알려진 42 USC §1981 및 1983을 근거, 관련 소송물로는 공영주택 공급상의 금지, 정부약관 위반 등이 쟁점이 되고 있다. 상세히는 Supreme Courts Views As to Constitutionality, Construction & Application Of 42 USE §9181, 49 L E2d 1349.

11) 442 US 682(1979). 이하 판례자료 Source는 http://www.yahoo.com/ Government/Judicial_Branch/Supreme_Court/Court_Decisions/, 하급심 및 주법원의 판례자료 Sources는 http://www.web-access.net/%7Eaclark/frames45.htm).

12) 104 S Ct 1387(1984).

13) 507 US 292(1993).

14) 135 L Ed 2d 606(1996).

있다. 이들 사건에서 연방대법원은 전국적 규모의 특정 급부행위에 대한 적용 내지 그 적법성 여부를 다툼에 있어서 Class Action절차가 적용될 수 있음을 확인하고 있고, 급부 관련 개별 행정처분이라 하더라도 사법심사가 배제되어 있다는 명시적 근거가 없는 한, Class Action에 적합한 소송물로 인정되면 이 소송절차를 적용할 수 있다고 판시하고 있다.[1]

여기에서는 급부행정작용에 관한 다툼에서 Class Action절차를 적용한 사건에 초점을 맞추어,[2] ① 소송요건, ② Class Action의 적용 효과, ③ 소송유형, ④ 심판전치주의와의 관계 등을 파악하고자 한다. 이를 토대로 ⑤ 급부행정 영역과 관련된 미국의 Class Action이 우리나라에 적용 가능성 및 방식과 허용범위에 대해 살펴보고자 한다.

Ⅱ. 소제기요건

1. 소송공동의 불능

연방민사소송규칙 제23조(이하 규칙23조)(a)에는 class를 인정받기 위해서는 '소송공동이 현실적으로 불가능할 정도의 다수'이어야 할 것을 요건으로 하는데, 이 기준은 class의 구성원의 숫자가 무제한적이라기보다는 적어도 대체적인 당사자 수을 확정할 수 있어야 할 것을 전제로 함이 일반적이다.[3] 법원은 급부행정작용과 관련한 집단 분쟁에 대하여도 통상의 소송공동불능요건을

---

1) 104 S Ct 1387, 1393(1984).

2) 개별 공법영역의 Class Action 분석에 관하여는 졸고(拙稿), 집단피해불법행위에 관한 연구, 604-635(여산(如山) 한창규 교수 회갑기념논문집, 1993. 11.); 졸고, 미국의 고용산별 Class Action에 관한 연구, 287-339(미국헌법연구 제5호, 1994. 8.).

3) D. Berger & H. Newberg, Franchise Litigation: Class Action and Multidistrict Litigation, Frachise Litig & Legis, 159(NYD Practicing Law Inst 1971); R. Raven. Choice of Forum in Class Action. in AU-ABA Federal and State Action Litigation: Recent Development, 5-6(1977).

제1장 불공정 급부구제 Class Action   17

적용하여 class구성원의 수를 적확하게 요구하는 것은 아니고 급부의 수혜자가 광범하게 분포되어 있는 경우라 하더라도 다툼이 되는 쟁점법령의 적용에 의거하여 급부수혜자의 범위가 추산될 수 있으면, class로서 이 요건의 충족을 인정한다.[1] 그러나 이 다수성 요건의 충족은 단순히 추정적이어서는 부족하고, 적어도 Class Action을 제기하는 원고는 class에 속하는 다수가 관계법령의 적용과정에서 또는 위법한 행정작용으로 말미암아 피해를 받고 있다거나 불리한 영향을 받고 있음을 주장할 수 있어야 한다.[2]

전국적 규모의 class인 경우, 실질적으로 그 급부수혜자의 불가산성 내지 지역적 다양성 등이 있다고 하더라도 일반적으로 다수성 요건은 충족하는 것으로 본다. 판례는 사회안전법과 같은 연방 법률과 관련된 분쟁의 경우에는

---

1) Banner v. Smolenski, 315 F Supp 1076(D Mass 1970)(사실상 또는 장래에 대하여 AFDC에 의하여 공공부조를 받을 수 있는 Class의 구성원은 소송공동불능요건을 충족한다); Griffin v. Richardson, 346 F Supp 1226(D Md 1972)(미혼모의 자녀로서 특정기간-법 제정 이후 2년간-이내의 해당자는 소송공동불능요건을 충족한다); Cleaver v. Willcox, 499 F Supp 940(9th Cir 1974)(2개 지구의 카운티에 거주하는 무자력 부모의 아이들이 같은 주(州)의 다른 지구에 거주하는 유사한 처지의 아이들과 다른 공공부조의 정도에 대하여 장래의 이 지구에 거주할 가능성이 있는 아이들까지 포함하여 소송공동불능요건을 충족할 뿐 아니라 Class Action을 유지 못할 장애는 없다); Andujar v. Weinberger, 69 FRD 690(SDNY 1976)(1개월 동안 4,558인으로 추정되는 연방복지부의 수혜 대상자에 대한 연방복지부의 급부불이행에 대한 다툼에서 소송공동불능요건은 이를 인정한다); Hollman v. Califano,83 FRD 488(MD Pa 1979)(장래의 수혜대상자의 존재를 합리적으로 인식할 수 있는 범위에서 소송공동불능요건은 인정되며 Class Action 절차의 적용은 정당하다); Jackson v. Harris, 86 FRD 452(ND lnd 1980)(2년간 공개 자유시장 가격과 다른 가격평가기준에 기한 소득금액 산정에 따른 보조금 결정에 대한 다툼은 소송공동불능요건을 충족한다); 그러나 Hill v Heckler, 92 F Supp 1198(WD Okla 1984)(경제적 무능력자의 보조금지급을 위한 소송공동불능요건을 판단함에 있어 적어도 Class로 인정받으려면 단순히 추정치에 기초(the most speculative of bases)해서는 이를 인정할 수 없다).

2) 선도판례로는 US v. Hays, 132 L Ed 2d 635(1995); Pabon v Levin, 70 FRD 674(SDNY 1976)(영어사용의 장애가 있는 수천의 프에리토인 및 히스패닉이라는 class의 정의는 구체성이 박약하여 인정될 수 없다); Gonzalez v. Texas Employment Commn, 486 F Supp 278(SD Tex 1977)(실업보조금지급의 적정성 여부가 쟁점으로 임신 중인 실업자라는 class는 인정될 수 없다); GonPaskel v. Heckler, 563 F Supp 1095(ED POl 1983)(1980년 빈곤층 생활보조금지급에 관한 법률개정 Pub L No 96-265, tit Ⅲ, § 301(a),& (b), 94 Stat 449,450, 법령집 42 USC § § 425 (b), 1383(a)(6)에 따라 생활보조결정요건인 수입금액기준을 상향조정을 한 것으로 인한 다툼에서 단순히 '수천의 심각한 무자력 시민(severe thousands of disabled persons)'이라는 class는 인정될 수 없다).

Class Action절차의 적용이 적절한 수단으로 평가받고 있다[1]

2. 법률이나 사실의 공통성

규칙 23조(a)(2)의 요건은 'class에 대하여 공통하는 법률이나 사실의 쟁점'이 있어야 할 것을 요하고 있다. 이 요건이 Class Action절차의 핵심적 사안이기는 하나, 반드시 class의 범주에 해당될 수 있는 모든 구성원이 피고인 행정주체와 관련하여 완전히 일치된 이해관계가 있어야 할 정도로 엄격하게 보고 있지는 않다.[2] 개별 급부수혜자에 대하여 다양한 급부형태가 있다고 하더라도 당해 행정주체에 의하여 '공통적 패턴에 따른 위법한 작용(a common pattern of unlawful conduct)'이 class의 구성원에 영향을 미친다고 한다면, 공통성요건은 충족된다고 한다.[3] 따라서 class의 구성원 각자의 그 피해정도가 다를 수 있다고 하여도 이 요건은 충족될 수 있다. 일반적으로 불공정 급부구제를 목적으로 하는 Class Action의 경우 공통성과 관련한 쟁점은, ① 급부가 적정한 개별고지 없이 삭감되었는지 여부,[4] ② 급부수혜자가 정도의 차이는 있으나

---

1) Mertz v. Harris, 479 F Supp 1134(SE Tex 1980)(연방법률과 관련하여 사회안전법상 수혜대상자의 범위를 정확히 기재하여야 Class Action이 인정되는 것은 아니다); McClure v. Harris, 503 F Supp 409(ND Cal 1980)(의료비지급결정기준에 관한 다툼에서 그 이해관계자가 전국적 규모에 걸쳐 존재하고 있다고 하더라도 대략의 범위를 설정할 수 있다면 Class Action은 유지된다)

2) Califano v. Yamasaki, 442 US 682(979)(이 사건에서 연방대법원은 Class Action은 전국적 규모의 정책집행에 관한 다툼을 다루는 소송절차로 적합하며, 공통성 요건은 '가장 낮은 단계의 연계성(the lowest common of law)'을 인정할 수 있으면 족하고, 특히 금지청구의 경우에는 그러하다).

3) McCoy v. Ithaca Hous Auth, 559 F Supp 1351(NDNY 1983)(공통성 요건은 쟁점 전체에 대하여 미치는 것이 아니라 class를 구성하는 자들 사이에 하나라도 존재한다면 이를 충족한다); 같은 취지의 사건으로는 Buckhanon v. Percy, 533 F Supp 822(ED Wis 1982); Morabito v. Blum, 528 F Supp 252(SDNY 1981); 반면 공통성 요건을 엄격히 해석하여 쟁점전체에 대하여 동일한 영향을 미쳐야 한다는 사건으로 Noe v. Ambach, 31 Fed R Serv 2d 1058)(SDNY Apr 22 1981).

4) Buckhanan v. Percy, 533 F Supp 822(ED Wis 1982)(AFDC상 보조금삭감고지불이행); Buckles v. Weinberger, 387 F Supp 328(ED Pa 1974), 청구인락 및 병합, 398 F Supp 931(ED Pa 1975)(사전고지 없는 복지부(HEW)의 급부중지).

행정주체의 불필요한 지연으로 인하여 피해를 입었는지 여부,[1] ③ 급부의 삭감 · 지연 · 유보 · 중지를 함에 있어서 일반적으로 행정절차법이 정하고 있는 필요적 청문절차 없이 이루어졌는지 여부,[2] ④ 언어소통상 장애와 같은 class의 구성원 중 일부에만 해당하는 자가 존재하는 결과 발생하는 급부정도의 차이가 있었는지 여부,[3] ⑤ 급부행사의 정도를 산정하는 계산방식의 차이점 때문에 불공정급부가 있었는지 여부[4] 등이 공통성이 있는 쟁점으로 인식하고 있다.

3. 공격방향의 정형성

행정급부와 관련한 Class Action의 경우 class구성원 전원에 대하여 급부작용의 근거가 되었던 공공정책, 행정입법, 법률 등이 동일한 경우라 하면 일반적으로 class를 대표하는 원고는 청구의 정형성을 갖는 것으로 본다.[5] 물론

---

1) Rivers v. Califano, 86 FRD 41(SDNY 1980)(뉴욕 주(州) 사회보장법상 10일 이내의 집행원칙-10 day rule-에 위반한 급부행위에 관한 다툼); White v. Mathews, 559 F 2d 852(2d Cir 1977), 상고청구기각, 43 US 908(978)(사회보장법상 적정절차를 위반한 부조지연); Like v. Carter, 상고청구기각, 405 US 1045(972), 파기환송, 353 F Supp 405(ED Mo 1973), 청구인락, 486 F 2d 552(8th Cir 1973)(빈곤자 생활보조금지급대상자 결정 후 30일 이상 당해 지급이 지연된 자의 Class Action 인정).

2) Hurley v. Taia, 432 F Supp(SDNY), 청구인락, 573 F(2d 1291 CZd Cir 1977); 인용 Schneider v. Whaley, 417 F Supp 750(SDNY), 변경청구, 541 F 2d 916(2d Cir), 청구병합, 548 F 2d 394(2d Cir 1976)(사전청문절차 없는 공립육아시설의 사용료 인상에 관한 다툼).

3) Mendoza v. Lavine, 72 FRD 520(SDNY 1976).

4) Crippen v. Dempsey, 549 F Supp 643(WD Mich 1982)(의료보조금을 퇴원 시점까지만 지급하는 방식에 관한 다툼); Calkins v Blum, 511 F Supp 1073(NDNY 1981)(의료보조금산정방식에 있어 의료행위에 대한 것뿐 아니라 생계보조까지 포함되는지 여부); Hodecker v Blum, 525 F Supp 867(NDNY 1981)(지체장애아의 의료비보조에 있어 부모에 대한 보조금의 인정 여부).

5) Fitzgerald v. Schweiker, 538 F Supp 992(D Md 1982)(사회안전법상 기본정책에 관한 다툼); Dixon v. Quem, 537 F Supp 990(ND III 1982)(사회안전법상 청문 및 고지 없이 한 정책결정에 있어 대상자 개개인의 상이함이 존재하더라도 청구정형성을 잃은 것이 아니다); Jones v. Blinziner, 536 F Supp 1181(ND Ind 1982); Wilder v. Bernstein, 499 F Supp 980(SDNY 1980)(지체장애아보호법상 장애의 정도가 다르다고 하더라도 장애판정기준에

구성원 개개인에 대하여 내재할 수 있는 차이점이 있다고 하더라도 class의 존재가 부인된다고 할 수 없고,[1] 청구정형성 요건을 충족하기 위하여 모든 class의 구성원이 소송절차에 참여할 것을 동의하고 있다는 점을 입증할 필요도 없다.[2]

4. 대표적합성

규칙 23조 (a)(4)는 'class를 대표하는 당사자는 class의 이익을 주도하고 공정하게 보호할 수 있어야 할 것'을 요건으로 하고 있다. 일반적으로 법원은 대표적합성 요건을 심사하기 위하여 '이원 기준(a two-prong test)'에 따른 심사원칙을 제시하고 있는데,[3] class를 대표하는 원고는 ① class 전체를 위하여 제기하는 공통의 쟁점과 관련하여 이해관계의 상충이 있는지 여부와, ② class 전체를 위하여 소송을 원활하게 수행할 수 있는 능력이 있는지 여부를 판단하여, 이해관계의 상충이 없고 소송을 합리적으로 이끌 능력이 있다면 대표적합성 요건을 충족한 것으로 본다.[4] 나아가 소송의 이행과정에서 class 내 구성원 사이에 이해관계의 상충이 있는 경우라도 필요하다면 심리법원은 sub-class를 창설하거나 이를 위한 분할을 명할 수 있으므로 처음 class의 존재 자체는 그대로 유지될 수 있다.[5] 소송이행 능력은 일반적으로 능력 있는 변

관한 다툼은 청구정형성이 있다).

1) Morabito v. Blum, 528 F Supp 252(SDNY 1981); Moore v. Mathews, 69 FRD 406(D Mass 1975).

2) Wilder v. Bernstein, 499 F Supp 980(SDNY 1980); Adams v. Califano, 474 F Supp 974(D Md), 청구인락, 609 F 2d 505(4th Cir 1979), 병합청구인락, 643 F 2d 995(4th Cir 1979).

3) Allee v. Medrano, 416 US 802, 828-29(974); Thompson v. TFI Cos, 64 FRD 140, 143 (ND III 1974); 상세히는 Stewart, The Reformation of American Administrative Law, 88 Harv L Rev 1669(975)(여기에서는 행정쟁송이 객관소송화하는 단계에서 당사자적격의 심리과정 중에 대표성요건을 제시하였고, 이것이 Class Action에 확대 적용됨.)

4) Newberg, Class Actions, VoI.N, 202-03(Shepard's/McGraw-Hill 1985).

5) 선도판례로는 Association of Data Processing Serv Orgs Inc v. Camp, 397 US 150 (1970)(이 사건은 원고적격이 쟁점이지만 대표적합성요건의 기본방향을 제시한 판례로 평가받고 있다); 상세히는 K. Darn, Class Actions: Compensation, Deterence & Conflict of

호인단이 class를 대표하고 있다면 이를 인정하는 추세다.[1]

5. class의 대표당사자로서 민간기구

공정급부를 위한 Class Action의 당사자로서 특히 규칙 23조(b)(2) 유형의
소송에서는 민간기구가 당사자로 나서는 경우가 빈번하고, 또 효과적인 소송
방식으로 인식되고 있다.[2] class구성원의 이익을 효과적으로 대변할 수 있는
민간기구의 당사자적격을 인정받는 경우는 다양한데 미혼모의 자녀에 대한
공공부조를 배제한 주 공공복지법령의 변경을 구하는 소송이나,[3] 의료부조
의 중단, 공공사업과 관련한 취로사업 근무에서 당해 수혜 중단의 불공정성
을 다투는 쟁점과 같은 경우에 민간기구에 의한 Class Action의 당사자적격을
인정하고 있고 배상소송을 제외하고 불공정급부구제 Class Action의 대부분이
이러한 패턴을 띠고 있다.[4]

Interest, 4 U Chi L Rev 47, 56-61(975).

1) Miline v. Berman, 384 F Supp 206(SDNY), 다른 이유로 청구기각, 424 US 577(1974)(법률
구조단체-the Legal Aid Society-에 대한 대표적격 인정); 이와 관련 N. Morawetz,
Bargaining, Class Representation, & Fairness, 54 Ohio St LJ 1, 13-16(1993); J Macey/G.
Miller, The Plaintiffs' Attorneys' Role In Class Action & Derivative Litigation: Economic
Analysis & Recommendations For Reform, 58 U Ch. L Rev 1, 45 n131(1991); Rules
Advisory Committee Notes To Rule 23, 39 FRD 69, 102-02(1966) 참조.

2) Michigan Welfare Rights Org v. Dempsey, 462 F Supp 227(ED Mich 1978); Simon v.
Eastern Ky Welfare Rights Org, 426 US 26(976); Warth v. Seldin, 442 US 490
(1975); National Welfare Rights Org v. Cahill, 349 F Supp 491(DNJ 1972), 청구기각,
411 US 619(1973).

3) Aguavo v. Richardson, 473 F 2d 1090(2d Cir 1973).

4) Massachusetts Assn of Older Ams v. Spirito, 92 FRD 129m Ivlass 1981); Note, Class
Standing & the Class Representative, 94 Harv L Rev 163, 64-5(1981).

Ⅲ. Class Action의 적용에 따른 장·단점

1. 개관

급부행정과 관련하여 급부수혜자가 광범하게 확산되어 있고, 그 근거가 되는 법령이나 정책이 쟁점이 되는 경우에는 Class Action제도가 가장 적절한 소송절차로 인식되고 있다.[1] 특히, 불공정급부 구제와 관련하여 ① 의제성 논리를 피할 수 있다는 점,[2] ② 개개인에 따른 제소기간 제한 등을 피할 수 있다는 점,[3] ③ 종국판결효의 강력한 효과,[4] ④ 필요한 경우 개개인에 대한 심판전치주의를 거칠 필요가 없다는 점[5] 등이 장점으로 지적되고 있다.

2. 기판력의 강화

Class Action제도의 가장 큰 특징은 기판력이 소송에 참여하지 않은 class의 구성원에도 미치므로 판결효의 범위가 대단히 넓다는 것이다.[6] 공정급부와 관련하여서도 평등의 원칙에 반한 급부와 같이 그 수인한도를 넘은 불공정급

---

1) Note, Rule 23(b)(3) Class Actions: An Empirical Study, 62 Geo L J 1123, 1123-25(1973).

2) Greenstein, Bridiging the Mootness Gap In Federal Court Class Actions, 35 Stan L Rev 897, 901-02(1983); Note, Mootness On Appeal In The Supreme Court, 83 Harv L Rev 1672(1970).

3) Jiminez v. Weinberger, 523 F 2d 689, 696-97(7th Cir 1975), 상고청구기각, 427 US 912(1976)(미혼모자녀 보조금 지급에서 미혼모 개개인에 대한 제소기간 제한은 Class Action절차에서는 영향을 받지 않는다).

4) Kalven/Rosenfield, The Contemporary Function Of The Class Suit, 8 U Chi L Rev 684, 691(941).

5) Note, Federal Jurisdiction Over Challenges to State Welfare Program, 72 Colum L Rev 1404(1972); 예컨대 Federal Torts Claims Act of 1946, the Railroad Retirement Act of 1974(45 USC § 321).

6) Markel v. Blum, 509 F Supp 942. 949(NDNY 1981); Bizjak v. Blum, 1297, 1301(NDNY 1980).

부의 구제에 대하여 이해관계 있는 모든 자를 class로 묶어 판결을 함으로써 그 기판력의 효가 막강하다는 장점이 있다.[1] 특히 주(州)의 복지법규에 관한 타당성을 다투는 쟁송절차로서 효과적인 소송수행이 가능하다는 점이다.[2]

3. 의제성 논리의 회피

의제성(mootness)이라 함은 좁은 의미의 사건성을 결(缺)하고 있는 경우를 뜻하는 것으로 당사자 간의 대립성이 없는 친선소송이나 구체적·실질적 이익을 추구하는 것이 아닌 추상적·가설적 내용의 시험소송 등이 이에 해당한다 하여 사법심사를 배제하고 있다.[3] 의제성은 사법적 합성 내지 사법권의 한계를 규정하고 있는 연방헌법 제13조의 사건성과 쟁송성 요건을 현실화하는 과정에서 판례를 통하여 발전하였다.[4] 그러나 의제성 논리는 1대1의 대립당사자 사이의 다툼을 전제로 한 것이므로, 공정급부를 위하여 Class Action을 적용함으로써 사안이 의제적이라는 이유로 수소법원으로 하여금 심리를 회피하는 경우를 막을 수 있다는 장점이 있다.[5] 특히 class를 대표하는 소송당사자의 지위가 급격히 변경될 수 있는 경우나,[6] 이 대표당사자인 원고의

---

1) Wilson v. Weaver. 358 F Supp 1147. 115I(ND III 1973).

2) Montes v. Brezenoff. 85 FRD 130(SDNY 1980); Willis v. Lascaris. 499 F Supp 749 (SDNY 1980); Doe v. Poelker. 515 F 2d 541. 547-48(8th Cir 1975) 에 서 원용.

3) Comment, Continuation & Representation Of Class Actions Following Dismissal Of The Class Representative, 1974 Duke LJ 573, 589-90; Class Action상 의제성 논리의 적용제한을 인정한 최초의 선도판례로는 South Pacific Terminal Co v. ICC, 219 US 498, 515(1911); 재인용 Sosna v. Iowa, 419 US 393(975); 급부행정영역의 선도판례로는 Bacon v. Toia, 437 F Supp 1371(SDNY 1977), 청구인용, 580 F 2d 1044(2d Cir 1978)(Class를 대표하여 소송당사자로 나선 자가 이미 급부혜택을 받았다 하더라도 구제의 실익이 있는 class의 다른 구성원이 존재하는 이상 사건이 의제적이라 하여 기각할 수 없다).

4) 상세히는 Kates, Memorandum Of Law On Mootness-Part I, 3 Clearinghouse Rew 213(1970); Part II, 3 Clearinghouse Rev 280(1970); Note, The Mootness Doctrine In The Supreme Court, 88 Harv L Rev 273(Dec 1973).

5) Comment, Continuation & Representation Of Class Actions Following Dismissal Of The Class Representative, 1974 Duke LJ 602-03.

6) Dixon v. Quem, 537 F Supp 990, 993(ND III 1982).

청구가 '수소법원이 심이는 회피할 수 있으나, 다툼의 재현이 가능성이 있는' 경우에 더욱 그러하다.[1]

소송 계속 중 원고 개인의 입장에서 볼 때 청구가 의제적이라 하더라도, class의 존재가 법원에 의하여 이미 확인되어 있고, 소송에 직접 참여하지는 않았으나 class를 유지하는 소송비참가 구성원이 존재하므로 쟁점을 계속해서 다툴 이익이 있고 따라서 소송은 유치될 수 있다는 장점도 있다.[2] 심지어 class의 확인이 법원에 의하여 거부된 경우이거나, class의 확인절차가 완성되기 전에 class의 일부구성원에 대하여만 구제가 있을 경우라 하더라도, class의 대표자로서 소송당사자로 나서는 자는 class의 확인거부의 불복을 위하여 혹은 구체적인 경우에 따라 class의 이익을 보존하기 위하여 Class Action절차는 매우 효과적인 소송절차라 하겠다.[3]

또, class의 청구로 말미암아 의제성 논리의 적용을 피할 수 있다는 효과는 대표자로 나서는 자가 개인청구만을 인용함으로써 분쟁소지를 사전에 원천적으로 봉쇄하려는 행정주체의 의도를 사전에 인지함으로써 class 전원에 대한 실질적 구제가 가능하도록 한다.[4]

4. 단점

Class Action절차의 적용이 장점만 있는 것은 아니다. 무엇보다 개인청구에 비하여 다수 class의 구성원을 위한 소송절차이므로 ① 소송수행상 주장책임

---

1) Class action상 의제성 논리의 적용제한을 위한 대응논리로서 'capable of repetition, yet evading review' 원칙이 제시되었다. 앞의 주48의 South Pacific Terminal Co v. ICC, 219 US 498(1911)사건에서부터 원용됨.

2) Cockrum v. Califano, 475 F Supp 1222(DDC 1979).

3) Jackson v. Schweiker, 683 F 2d 1976(7th Cir 1982); Blankenship v. Secretary of HEW, 587 F 2d 329, 332-33(6th Cir 1978).

4) Hurley v. Toia, 432 F Supp 1170, 1175 & n9(SDNY), 청구인용, 573 F 2d 1291(2d Cir 1977)(가계보조금 지급에 관하여 대표당사자가 소송 계속 중 급부수혜요건을 상실하였음에도 구제의 실익이 있는 class구성원이 존재하는 한, 당해 소송은 유지된다).

이 가중되고,[1] 재판기일 이 지연될 뿐만 아니라,[2] ② 공격·방향전략이 쉽게 노출되는 면이 있고,[3] ③ 행정주체의 입장에서도 무엇보다 배상 및 이행 등의 부담이 단독의 소에 너무 가혹하고, 수소법원도 재판에 대한 중압감이 너무 크다는 점이다.[4]

Ⅳ. 불공정급부구제의 소송유형

1. 개관

Califano사건에서 연방대법원은 사회안전법상 보조금지급에 있어 과잉공제의 인하를 청한 전국적 규모의 Class Action을 인정한 바 있다.[5] 특히 확인 또는 금지를 구하는 소송유형인 경우에는 class를 대신하는 대표당사자는 당해 청구가 규칙 23조(a)와 (b)의 요건에 부합할 수 있기 위하여 class에 광범하게 공통하는 쟁점을 제기하여야 하고, 자신에게도 소송상 이익이 있다는 사실을 주장하면서 이를 모두 포괄할 수 있는 class의 범위를 정하여 이를 먼저 수소법원으로부터 확인받아야 한다.[6] 그후 Class Action이 유지되기 위해서는 규

---

1) Johnson v. Shreveport Garment Co, 422 F Supp 526, 535(WD La 1976)(Class Action사건을 의뢰받은 변호인단은 의뢰인보다 class구성원 전원의 이익을 먼저 고려하여 소송사무을 수행해야 한다).

2) Foster v. Boise-Cascade Inc, 420 F Supp 675, 682(SD Tex 1976)(Class Action의 심리 법원은 소송 중 어느 때이고 class구성원 전원의 이익보호를 위하여 신중하고 엄격하게 심리해야 한다).

3) In Re Financial Partners Class Action Litigation, 39 Fed H Ser 2d(Callaghan) 1123(ND III July 27, 1984); Steinman, The Party Statue Of Absent Class Member, 69 Geo LJ 1191,1208(1981).

4) A. Miller, An Overview Of Federal Class Actions: Past Present & Future, 46 이하(Federal Judicial Center, 1977).

5) 442 US 682(979).

6) Hill v. Heckler, 592 F Supp 1198, 1205-06(WD Okla 1984).

칙 23조(a)의 요건을 충족한 다음 규칙 23조(b)의 소송유형 중 어느 하나에 해당되어야 Class Action은 유지된다.[1]

2. 규칙 23조(b)(2)의 소송유형

이 소송유형은 금지 및 변경청구 형(型)으로 대체로 불공정급부 구제와 관련한 Class Action으로는 규칙 23조(b)(2)의 소송유형이 가장 많이 적용되고 있다. 불공정급부구제를 포함하여 대부분의 민권구제 Class Action은 규칙 23조(a)의 소제기요건을 충족하면서 소송물이 금지 또는 확인을 구하는 쟁점이면 일단 규칙 23조(b)(2)의 소품유형에 해당한다.

불공정급부와 관련하여 금지 또는 확인을 구하는 Class Action이 갖는 중요성으로는 ① 의제적 변혁을 꾀할 수 있다거나,[2] ② 의제성 이론에 의한 심리회피를 피할 수 있고, ③ class에 유리한 판결을 강제할 수 있는 영향력을 증대시킬 수 있으며, ④ class구성원 개개인이 별소를 택하면 그에게 부담되는 각종 주장 및 입증책임 등을 Class Action을 통함으로써 소송경제의 촉진 내지 입증책임의 경감뿐 아니라 구성원 전체의 이익을 보다 도모할 수 있다는 것이다.[3]

불공정급부와 관련한 Class Action으로 규칙 23조(b)(2)의 소송유형으로 인정되어 온 쟁점을 보면 다음과 같다.

① 복지 관련 청문절차에 관한 다툼[4]
② 식품인지조례에 관한 다툼[5]

---

1) Federal Rules of Civil Procedure, Rule 23(b).

2) Rivers v. Califano, 86 FRD 41(SDNY 1980).

3) Percey v. Blum, 524 F Supp 324(NDNY 1981); Calkins v Blum, 511 F Supp 1073 (NDNY 1981); Bizjak v. Blum, 490 F Supp 1297(ND~Y 1980); Montes v. Brezenoff, 85 FRD 130(SDNY 1980); Willis v. Lascaris, 499 F Supp 749(NDNY 1980) 등.

4) Hurley v. Toia, 432 F Supp 1170(SDNY), 청구인락, 573 F 2d 129l(2d Cir 1977); Bizjak v. Blum, 490 F Supp 1297(NDNY 1980); Viverito v Smith, 421 F Supp 1305 (SDNY 1976); Lugo v. Dumpson, 390 F Supp 379(SDNY 1975); Lyons v. Weinberger, 376 F Supp 248(SDNY 1974).

5) Basel v. Knebel, 551 F 2d 395(DC Cir 1977); Hess. v. Hughes, 500 F Supp 1054(D Md

③ 미혼모 및 그 자녀에 대한 보조금지급거부에 관한 다툼[1]

④ 복지법규의 요건 및 절차에 관한 타당성을 포함한 위헌성 여부에 관한 다툼[2]

⑤ 장애아가족지원법(AFDC)의 적용에 관한 다툼[3]

⑥ 실업보상에 관한 다툼[4]

⑦ 홀아비 또는 과부에 대한 공공부조에 관한 다툼[5]

⑧ 공공기금관리에 관한 다툼[6]

⑨ 사회안전법상 다툼[7]

⑩ 연방노동장려계획[WIN]에 관한 다툼[8]

⑪ 저소득자 또는 노인의 의료부조에 관한 다툼[9]

1980); Will v. Lascaris, 499 F Supp 749(NDNY 1980); Turchin v. Butz, 405 F Supp 1263(D Minn 1976); Giguere v. Affleck, 370 F Supp 154(DRI 1974).

1) Califano v. Boles, 443 US 282(1969); Griffin v. Richardson, 346 F Supp 1226(D Md 1972); New Jersey Welfare Rights Org v. Cahill, 349 F Supp 491(DNJ 1972); Lund v. Affleck, 388 F Supp 137(DRI 1975).

2) Rodriguez v. Swank, 318 F Supp 289(ND 1II 1970)(복지법규시행규칙의 정당성 여하); Gaddis v. Wyman, 304 F Supp 717(NDNY 1969)(영주권 취득요건); White v. Beal, 413 F Supp 1141(ED pa 1976)(주(州)사회보장법과 연방복지법규의 경합); Williams v. Wohlgemuth, 400 F Supp 1309(ED pa 1975)(긴급재난구조법상 재난의 범위와 대상자결정기준).

3) 선도 판례로는, Jones v. Blinziner, 536 F Supp 1181(ND Ind 1982); Buckhanon v. Percy, 533 F Supp 822(ED Wis 1982); Percy v. Blum, 524 F Supp 324(NDNY 1981); Chambly v. Freeman, 478 F Supp 1221(WD Mo 1979); Batterton v. Francis, 432 US 416(977) 등.

4) Brown v. Porcher, 502 F Supp 946(DSC 1980), 청구인락, 660 F 2d 1001(4th Cir 1981), 상고청구기각, 103 S Ct 796(1983); Martinez v. Dunlop, 411 F Supp 5(ND Cal 1979).

5) Maltern v. Weinberger, 519 F 2d 150(3d Cir 1975).

6) Schneider v. Whaley, 417 F Supp 750(SDNY 1976).

7) 선도판례로는, Ellender v. Schweiker, 550 F Supp 1348(SDNY 1982); Mazer v. Weinberger, 385 F Supp.1321(DE Pa 1974), 다른 이유로 파기환송, 422 US 1050(1974) 등.

8) Woolfolk v. Brown, 538 F 2d 598(4th Cir 1976); Dunbar v. Weinberger, 412 F Supp 454(D Mass 1974); Thorn v. Richardson, Pov L Rev § 1405.55(D Wash 1971).

9) Ledet v. Fisher, 548 F Supp 775(MD La 1981); Jones v. Blinziner, 536 F Supp 1181(ND III 1982); Norabito v. Blum, 528 Supp 252(SDNY 1981); Markel v. Blum, 509 F Supp 942(NDNY 1981).

⑫ 기타 불공정 급부와 관련한 다툼[1]

Califano사건은 불공정급부와 관련하여 규칙 23조(b)(2)의 소송유형을 인정한 사안인데, 하급심에서는 사회안전법 제205조(g)를 이유로 쟁송 자체를 기각하였다.[2] 동조에 의하면 이 법에 의한 공공부조에 대하여 불복이 있다고 하더라도 사법심사를 청구할 수 없다고 규정 되어 있음에도 상고심은 Class Action을 인정하였다. 이 사건은 도리어 Class Action뿐 아니라 일반 소송물조차 될 수 없음에도 불필요한 사법심사를 인정하였다는 문제가 지적되었다.[3] 또 연방대법원은 복지관계법규에 명백히 Class Action을 통한 구제가 금지되어 있지 않는 경우에 한하여 인정한다는 견해도 있고,[4] 전국적 규모의 class 를 인정하면서 class의 범위에 대하여는 피고인 행정주체의 법규위반 정도에 따라 결정되는 것이지 Class Action을 제기하는 원고 측의 지역적 분산 등을 기준으로 결정되는 것은 아니라 하고 있다.[5] 반면 일부법원은 class를 구성하여 이들 전원에게 효과를 발생하는 불공정급부구제 소송수단으로서 Class Action을 인정하는 것 자체를 부인하는 견해도 있다.[6] 그러나 이 소송유형에 의한 구제에 대하여는 다수 법원이 긍정적이라 하겠다.[7]

---

1) Mitchell v. Johnson, 701 F 2d 337(5th Cir 1983)(자녀세금공제기준); Hark v. Dargon, 477 F Supp 308(D Vt), 청구인락, 611 F 2d 11(2d Cir 1979)(직업교육의 보조금범위); Penn v. San Juan Hosp, Inc, 528 F 2d 1181(10th Cir 1975)(자국인과 외국인의 의료보조금 지급 차별).

2) 442 US 682(1979).

3) Williams v. Blum, 1980 Pav L Rep(CCH) § 31.625(NY Sup Ct 22, 1980).

4) Sinder v. Creasy, 35 Fed R Serv 2d(Callaghan) 1529(SD Ohio Sept 30, 1982).

5) Yates v. Buscaglia, 87 FRD 139(WDNY 1980).

6) Denenberg v. Blum, 93 FRD 131(SDNY 1982); Wells v. Schweiker, 536 F Supp 1314(ED La 1982).

7) 상세히는, Manual for Complex Litigation, § 1.42(5th1982); Subrine/Sutton, Welfare Class Actions In Federal Court: A Procedural Analysis, 8 Harv CR-CL L Rev 21, 57-58(973).

3. 규칙23조(b)(I)의 소송유형

규칙23조(b)(l)의 유형에 해당하는 Class Action은 불공정급부구제 소송수단
으로 거의 인정되지 못하고 있다. 왜냐하면, 23조(b)(1) A유형이나 23조(b) B
유형은 23조(b)(2)의 소송유형과 중첩되기 때문이다.[1] 일반적으로 민권분야
에서 23조(b)(l) 유형의 Class Action은 불공정급부구제와 같은 원고Class
Action에 적용되기보다는 오히려 피고Class Action이 적용되고 있다.[2]

4. 규칙 23조(b)(3)의 소송유형

민권구제영역이나 불공정급부영역의 다툼에서 Class Action상 규칙23조
(b)(3)의 소송유형은 일반적으로 타당하지 않은 것으로 보고 있다.[3] 무엇보다
(b)(3)의 소송유형은 구성원 개개인에 대하여 이용 가능한 가장 합리적인 소
송수단임을 완성하기 위하여 개별소송고지를 필요요건으로 하고 있기 때문
이다. 대부분의 불공정급부구제 Class Action의 경우 그 구성원의 수가 엄청나
기 때문에 개별소송고지를 원칙으로 하는 (b)(3)의 소송유형은 현실적으로 불
가능하다는 점이다. 물론 규칙23조(d)(2)의 재량적 소송고지조항에 의거하여
필요한 경우 불공정급부구제를 위한 규칙23조(b)(2)의 소송유형을 선택적으로
적용할 수 있다는 점도 이 유형이 이용되지 못하는 이유이기도 하다. 또 이
유형은 Class Action절차가 다른 이용 가능한 어떠한 소송유형보다 우월해야
하는 보충적 요건을 충족시켜야 하고, 공통쟁점이 우선적임을 입증해야 하는
점도 장애요소로 지적되고 있다.[4] 따라서 불공정급부구제를 위한 소송형태

---

1) Stewart v. Butz, 356 F Supp 1345(WD Ky), 청구인락, 491 F 2d 165(6th Cir 1973).

2) Note, Defendant Class Actions, 91 Harv L Rev 630, 632(1978).

3) S. Breyer, Vermont Yankee & The Court's Role In The Nuclear Energy Controversy, 91
   Harv L Rev 1804(1978).

4) Davis v. Smith, 607 F 2d 535(2d Cir 1979); Johnson v. Robinsom, 296 F Supp 526(ND
   Ⅲ), 청구인락, 394 US 847(1969).

로 규칙 23조(b)(3)의 소송유형은 적절한 소송형태라 할 수 없다.

V. 심판전치주의와 관련

  민권구제 Class Action은 42 USC § 1983에 의거, 행정주체를 상대로 한 소송이라 할지라도 행정심판(exhaustion of administrative remedies)을 미리 거쳐야 할 필요는 없다.[1] Maine사건에서 연방대법원은 위 § 1983의 민권조항을 확대하여 사회안전법상의 다툼이 있을 때, "사회안전법은 국가를 상대로 한 개인적 권리확보를 위한 쟁송의 대상이 되는 것만은 아니라는 이유로 심판전치와 같은 제한이 있어서는 안 되는 배타적 소권이 필요하다"고 피력함으로써 행정심판전치주의가 필요적 요건이 될 수 없음을 분명히 하고 있다.[2]

  하급심의 다수 연방법원도 사회안전법상 42 USC § 405(g)의 규정에 따라 사법관할의 범위가 적정수준에서 결정되어야 하지만 당해 법률의 사실인정에 관한 다툼이 아니고, 합헌성 여부를 다투는 경우라 하면 Class Action을 위한 전제요건으로 행정심판전치주의를 고수할 필요가 없다는 것이 일반적 견해다.[3] 또한 28 USC § 1331에서 개정된 1980년 연방사법관할개정법은 연방법원이 사물관청을 갖기 위해서는 소가총액이 $10,000를 넘어야 한다는 조항마저 삭제됨으로써 이를 기준으로 한 제한도 사라졌다.[4]

---

1) King v. Smith, 392 US 309, 312 n2(1968); Aguayo v. Richardson, 473 F 2d 1090, 1102(2d Cir 1973).

2) Maine v. Thiboute, 448 US 1, 6(1980).

3) Note, Federal Jurisdiction Over Challenges To State Welfare Program, 72 Colum L Rev 1404(1972).

4) Federal Question Jurisdictional Amendment Act of 1980, Pub L No 96-486, 15 USC § 2072.

Ⅵ. 소결

　미국은 급부행위에 대하여 우리와 다른 근본적 견해차가 있다. 즉, 우리는 급부라는 용어 자체에서도 행정주체의 의사결정 및 집행과정에서의 이니셔티브를 전제로 하고, 행정과정에서의 재량성을 부여하는 한편, 불공정급부에 대한 위법성인식이 강하지 못하다. 반면 미국에서는 급부행위 당연히 국민이 국가에 요구할 수 있는 권리이고 또 법상 보호받아야 할 이익이며, 행정주체는 급부행위에 대하여 이니셔티브를 가진 것이 아니라 공공역무의 차원에서 수행하여야 할 법적 의무라는 인식을 갖고 있다.[1]

　미국에서 불공정급부구제 Class Action이 정착되기까지는 몇 단계를 거쳐 왔다. 원래 Class Action절차는 민법상 사단 및 회사법상 소액주주의 이익보호를 위하여 발전된 제도였으나, 민권구제를 위한 공공소송방식의 하나로 이용되면서 70년대 중반 사법적극주의 배경 아래 폭발적인 소송유발을 야기한 바 있다.[2] 그 후 민권단체나 사법부의 의지에 따라 행정통제를 위한 수단으로 이른바 납세자 Class Action이 인정되어 질서행정영역의 사법통제와 더불어 복리행정영역의 통제라는 차원에서 불공정급부구제 Class Action제도가 확립된 것이다.[3]

　Class Action을 통한 급부행위에 대한 통제는 70년대 중반부터 80년대 중반까지 남소의 폐해까지 문제로 지적되었으나, 그 결과 민주적 행정통제와 기본권신장에 크게 기여한 바 있다. 특히, 최근에는 다양한 형태의 급부태양을

---

1) Notes, Devolving Welfare Programs To The States: A Public Choice Persperctive, 109 Harv L Rev 1984(996); G. Gellhorn, Disability & Welfare Reform: Keep The Supplemental Security Income But Reengineer The Disability Determination Process, 22 Fordham Urb LJ 961, 1001-02(1995); S. Calabresi, A Government Of Limited & Enumerated Powers: In Defense Of US v. Lopez, 94 Mich L Rev 752, 774-79(1995).

2) S. C. Yeazell, From Group Litigation To Class Action Part Ⅰ: The Industrialization Of Group Litigation, 27 UCLA L Rev 514, 516020(1980); ＿＿＿, From Group Litigation To Class Action Part Ⅱ: Interest, Class & Representation, 27 UCLA L Rev 1085, 1175(1980).

3) Chayes, The Supreme Court 1981 Term-Foreword: Public Law Litigation & The Burger Court, 96 Harv L Rev 4,4-6(1982).

재판을 통하여 확립시키려는 시도가 간헐적이기는 하나 나타나고 있다.[1]

　미국과 달리 우리나라는 급부행정영역의 사법적 통제가 시작되는 시기라 이해된다. 또 미국처럼 객관소송화하는 단계에 있는 Class Action절차를 가지고 있지도 않다. 따라서 급진적인 Class Action제도의 도입은 아직은 무리라 생각된다. 그러나 우리나라도 집단소송제도의 도입에 관하여 활발한 논의가 있어 왔고 사회의 복잡·다양화 정도가 강할수록 이해관계집단의 투입기능은 강화될 것이고, 과학문명의 발전에 따른 소송제도의 계량화·전자화는 미국의 Class Action제도와 같은 집단소송제도의 도입이 실현되리라 생각된다.

　이와 같은 집단소송제도가 도입된다면 어느 영역부터 이를 작용할 것인가가 검토될 수 있다. 미국과 같이 일반소송법규로 제정하여 재판과정에 전면적으로 채택하는 방안도 있겠지만 국민경제, 준법의식, 사법부의 독립생성 비교하여 고려할 때 개별 영역에의 도입이 바람 직하다고 본다. 또 급부행정영역에서 고려할 때, 주로 입증이 용이하고 소송의 관여의사나 관심도를 높일 수 있는 의료급부영역이나 실업보험제도에 우선적으로 적용하는 것이 부작용을 줄이면서 긍정적 효과를 극대화할 수 있다 하겠다.

---

1) Lewis v. Casey, 135 L Ed 2d 606(1996)(수인의 인권을 이유로 도서이용과 법률구조의 제한에 대한 변경을 구한 사건으로 Class Action 인정 및 청구인락).

제2장 고용차별
Class Action

I. 들어가며

미국은 다른 나라에 비하여 이익집단이 다양할 뿐 아니라 그 갈등 또한 첨예하다. 사회의 각 세력들이 파워와 경제적 이해를 둘러싸고 법이 정한 절차에 따라 서로의 이해관계를 조정하는 과정에 관하여 미국은 풍부한 경험을 갖고 있다. 특히 기업가와 근로자 집단, 농민과 도시하층세력, 여성세력, 소수인종집단 등이 이익집단 또는 사회적 계층을 형성하여 확고한 위치를 차지하고 있다.1) 고용관계의 집단분쟁도 이러한 이익집단의 이해조정과정의 하나로 미국적 민주주의를 발전시킨 데 크게 기여하고 있다.

고용관계 집단분쟁의 쟁송방식으로는 두 가지 소송유형이 주축이다. Class Action과 Public Action이다. 양자의 차이점은 형식상 전자가 일반법규로 정립되어 그 개념과 요건이 체계화된 반면, 후자는 개별 입법에 근거하여 소송이 유지되도록 하고 있다. 내용상 전자는 주관소송임을 분명히 하고 있으나 후자는 어느 누구(any person)에게도 당사자적격을 인정하는 객관소송이라는 점이다.2) 그러나 이 차이점은 실제사건에 접하여 한계가 불분명하다. 사무에서 Public Action이 개별준거법의 미비로 말미암아 불가능한 경우 Class Action방식을 통하여 소를 제기할 수 있기 때문이다. 고용관계 집단분쟁은 주로 차별을 금지하는 법률을 이유로 확인 또는 금지를 구하는 단체소송형태가 대부분이다.3)

그동안 우리나라에서도 집단분쟁제도에 관하여 많은 검토가 있었고, 올 하반기에는 이 제도가 도입될 전망이다. 그 소송방식과 인정범위에 대하여는 논란의 여지가 있지만, 소비자보호, 환경침해, 노사분규 등의 다툼에 적용되

---

1) Melvin M. Tumin(전채윤, 장하원 역), 사회방법론, 36~44면(삼영사, 1981).
2) 대표적 문헌으로는 법무부, 집단소송의 법리(법무자료 149집. 1991); 법무부, 다수당사자 소송연구(법무자료 90집. 1988).
3) Class Action에 관한 일반 법리에 대하여는 졸고, 미국 Class Action상 당사자에 관한 연구(박사학위청구논문, 성균관대학교 대학원 1990; 졸고, 미국 Class Action 제도의 현황과 문제점(법무부 법무자료 149집. 1991) 참조

는 집단소송제도의 도입이 예상된다. 최근 우리나라는 성을 상품화한 고용차별에 관한 논의가 사회적 관심으로 나타나고 있고, 나아가 국제화 시대에 맞추어 이른바 Blue Round에 대비할 필요가 있다. 본고는 이러한 취지의 일환으로 미국의 고용관계에서 차별의 존부에 관한 확인 내지 차별금지를 구하는 단체소송을 검토한다. 본고의 법리전개방법은 영·미법계의 전통적인 논리전개방식인 사건의 구체적 상황에 따른 쟁점(practical matters)을 중심으로 서술하되, ① 차별금지 등에 관한 근거 법률, ② 관계 Leading Case의 법리, ③ 단체소송의 소제기요건, ④ 대표당사자(representative) 로서 인정되는 자, ⑤ 급료변상(back-pay award)과 재판상 화해 사항 등의 관계문제를 논점으로 한다.

Ⅱ. 고용차별 Class Action의 근거 법률

1. 민권법(Civil Rights Act of 1964)

연방법전 Title Ⅶ은 시민의 인권에 관한 조항을 두고 있다.

1964년 이 법에서는 사인 간 고용관계에 있어 차별을 금지하고 있다. 이 법은 평등고용기회법(Equal Employment Opportunity Act of 1972)으로 개정하여 연방정부와 마찬가지로 주(州)정부나 지방정부도 고용에 있어 일절의 차별을 금지하도록 하였다.[1] 특히 1981조와 1983조는 차별금지조항을 헌법의 권리로 선언하여 차별금지청구 등에 광범하게 적용되고 있다.[2]

물론 이 조항에 따른 소송물이 과다하였다는 문제가 지적되기도 하지만, 이를 근거로 법률상의 침해와 아울러 차별에 관한 한 불쾌감까지도 사법구제

---

1) 42 USC §2000e, § §2000e-16

2) 42 USC § 1981 "미합중국 내(자치령 포함)의 전 시민은 백인 시민이 향유하는 재산상 혹은 모든 기타 이익에 대하여 갖는 계약의 체결과 강제, 소송의 제기, 당사자 구성, 증거 제출 및 절차상 또는 법률상 완전하고 동등한 이익(the full and equal benefit)과 동일한 권리(the same right)를 갖는다고 한다.

를 광범하게 허용하였다는 점이 높이 평가되고 있다.[1]

평등고용기회법에 의거하여 창설된 고용균등위원회(The Equal Employment Opportunity Commission)는 준사법기관으로 고용차별단체소송에 대하여 증거조사 및 심리법원에 대하여 효력이 있는 자료제출을 허용하고 있고, 소송병합을 받은 경우 이를 통합하여 당사자로 나설 수 있는 기관으로 Parens Patriae 소를 담당할 수 있는 한편, 자신의 판단에 따라 이미 계속 중에 차별금지소송에서 독립당사자 참가 등 소송참가를 인정하고 있다.[2]

2. 고용에 있어서 연령차별금지법(The Age Discrimination In Employment Act, ADEA)[3]

이 법은 25인 이상의 근로자를 고용하는 경우 40세에서 70세 사이의 근로자에 대하여 연령을 이유로 한 차별을 금지하고 있다. 1978년 ADEA의 제정은 Title Ⅶ의 민권법 이후로, 입법취지는 노동부장관으로 하여금 연령차별을 금지하도록 하는 감독권과 이의 위반에 대한 제재를 과할 수 있는 징계 권한을 부여한 것이 주된 목적이다.[4] 이 법에 의거하여 차별금지청구를 하기 위

---

1) Larson, The Development of Section 1981 as a Remedy For Racial Discrimination in Private Employment, 7 Harv CR-CLL Rev 56(1972); 불쾌감에 관한 개별차별금지청구소송이 단체소송으로 확대된 사건으로는 Gomez v Pima County, 426 F Supp 816(D Ariz 1976)(Mexico 출신 미국인 및 스페인식 성씨를 가진 자에 대한 고용관계상 인종적 차별의 불쾌감에 대한 구제를 단체소송으로 인정함); 이전에 연방대법원은 § 1981의 확대적용에 대하여 회의적인 태도를 취하고 있었다. Runyon v McCrary, 427 US 160 (1975); Beamon v WB Saunders Co, 413 F Supp 1167 (ED Pa 1976); 이후 Payne v Traverol Laboratories, 673 F2d 798 (5th Cir 1982)와 Powell v Georgia Pac Corp. 535 F Supp 173 (WD Ark 1982)에서는 1981조를 근거로 다른 법률의 규정 없이 곧 연방대법원의 구제를 인정할 수 있다고 함.

2) 42 USC § § 2000e-16(b), (c). 연방정부에 대한 고용차별금지청구는 동 위원회의 전심절차가 필요요건이고, 전심절차를 거친 이후에나 연방법원에 소를 제기할 수 있다. 다만 연방정부에 대하여 단체소송이 제기된 경우에는 단체를 대표하는 당사자의 전심절차만을 요하므로 그 구성원 개개인의 전심절차는 필요하지 않다. 이에 관하여는 29 CPR § 1613. 601-609 참조.

3) 29 USC § 621; Pub L No 95-256, § 12(a)로 개정; 92 Stat 189, 26 USC § 63 3a.

해서는 소송개시 60일 전까지 먼저 고용균등위원회에 금지청구심판을 거쳐야만 쟁송절차가 가능하다.[1] 금지청구가 단체소송형태라든가 단체소송형태의 청구가 될 것이라고 합리적으로 이해될 수 있는 범위에서 고용균등위원회의 심판결정사항을 이해관계인 전원에 대하여 송부할 필요 없이 연방법원에 대하여 단체소송을 제기하는 것을 허용하고 있다.[2]

연령차별과 함께 다른 차별이 있다는 주장이 제기된 경우 위반이 있다고 주장하는 청구인은 심판청구기일을 포함하여 180일 이내에(차별주장시점부터) ADEA하의 절차를 진행해야만 한다.[3] 이 청구가 기각된 경우 고용기회형등법에 고용기회평등법에 의거, 보은적 금지청구가 인정되며 기일의 최종하한선은 300일(차별발생시점)까지다.[4] 이 경우 소송을 제기하는 원고가 단체소송요건을 충족하여 소송을 제기하면 단체소송으로 소의 변경이 허용되고, 고용기회균등법과 공정근로기준법(the Fair Labor Standards Act)에 따라 심리한다.[5]

3. 동등임금법(The Equal Pay Act of 1963)[6]

1963년 제정, 동등임금법은 성을 이유로 한 보수차별을 금지하고 있다. 이 법은 민권법 1981조와 경합될 수 있는데, 이 법에 의한 차별금지청구는 고용균등위원회에 대한 심판전치를 거칠 필요 없이 곧바로 법원에 권리침해 등에 관한 소송을 제기할 수 있어 절차상 신속하다는 장점이 있다.[7] 이와 관련 County Of Washington사건에서[8] 연방대법원은 동등임금법에 의한 소송이

---

4) 29 USC §§ 622, 626, 628(1978); *Lorilard v Pans*, 434 US 575(1978)(이 법은 민권법과 구별되며 노동부장관의 징계권의 여부는 부심재판사항이라 판시).

1) 29 USC § 626 (d) 이후 Pub L No 95-256. § 7(d)로 개정.

2) 29 USC § 633(b).

3) ADEA의 § 14(b).

4) ADEA의 § 7(e).

5) 29 USC § 626(b).

6) 29 USC § 206(d), 이후 29 USC § 213(a)(1972)로 개정.

7) 29 USC § 216(b).

기각된 원고는 민권법을 근거로 임금차별금지청구를 제기하는 것을 방해하는 것은 아니라 하였다. 따라서 민권법을 근거로 성차별에 따른 보수차별금지청구를 제기하는 경우 동등임금법의 위반을 입증하지 못했다 해도 청구가 기각되는 것은 아니다.[1]

또한 동등임금법에 의한 쟁송은 승소했을 경우 그동안의 차별로 인하여 발생한 보수산액의 2배 배상을 규정하고 있다.[2] 이 법에 의하여 당사자로 나설 수 있는 자는 차별금지의 이익이 있는 자, 노동부장관, 노·사 조정관 등이고, 개별소송 또는 단체소송의 제기가 가능하다.[3] 사인에 의한 보수차별금지청구뿐 아니라 공무원의 보수차별금지청구의 경우에도 이 법의 적용을 받는다.[4] 다만 사인에 의한 청구는 공정근로기준법의 16조(b)에 의하여 절차법적 규제를 받으며, 따라서 단체소송이 인정되기 위해서는 단체구성원에 해당하는 자 전원에 대하여 소송에 관한 개별고지를 필요로 한다.[5] 소송고지를 받은 자가 단체로부터 제외를 원할 경우 이를 보장하거나 직접 당사자로서 소송에 참가할 수 있는 선택참가권을 인정하기 위함이다. 그러나 이 법의 적용

---

8) *County of washington v Gunther*, 452 US 161(1981).

1) 위 사건은 Washington 카운티의 예산회계상 여자공무원과 남자공무원의 임용계획에 있어 예산책정의 차별이 있음을 주장한 사건이다. 연방대법원은 남·여를 구분하여 일인당 지급되는 보수 등의 예산책정에 차별이 있음은 동등임금법에 위반할 뿐 아니라 민권법상 차별금지조항에도 적용되며 위 두 어느 법률을 적용하던지 간에 청구취지는 이해된다고 판시하고 있다.

2) 29USC § 216(b).

3) *Borman v Long Island Press Pub Co*, 379 F Supp 951(EDNY 1974)사건은 단체소송을 인정하나; *Paddison v Fidelity Bank*, 60 FRD 695(ED Pa 1974); *American Fin Sys v Harlow*, 65 FRD 94(D Md 1974); *Moore v Consolidation*, 22 Fed R Ser 2d(Callaghan) 677(ED rex Mar 4. 1976); *Marshall v University of Tex*, 25 FEP Cas(BNA) 1048(WD rex Feb 6, 1979), 당사자교체, *Donovan v University of Tex*, 643 F2d 1201(5th Cir 1981)사건에서는 배상액산정의 개별성을 이유로 이 법에 의한 보수차액보상 청구범위에서는 단체소송을 기각하고 있다.

4) *Christensen v Iowa*, 13 FEP Cas(BNA) 161(ND Iowa Aug 4, 1976); *National League of Cities v Usery*, 426 US 833(1976)(주립병원 여직원들의 임금차별금지청구)에서 이를 인정; 반면, *Davis v Passman*, 442 US 228(1979)에서는 의회의 공식적 행위(the official actions of a US Congressman)로 인한 차별의 결과는 민권법상의 차별금지청구가 인정될 뿐 동등임금법에 직접 적용되는 것은 아니라고 판시.

5) *Rawson v Duncommun Metal Co*, 30 Fed R Serv 2d(Callaghan) 1199(CD Cal Aug II, 1980).

이 가능함에도 민권법을 이유로 한 성차별금지청구가 단체소송으로 제기된 경우 구성원 개개인에 대한 개별고지는 원칙적으로 필요하지 않으며, 이때 임금차별이 쟁점이 되었다면 심리법원의 재량에 따라 구성원에 대한 개별고지 여부를 결정할 수 있다고 한다.[1]

4. Title Ⅸ

1972년 Title Ⅸ의 개정교육법은[2] '어떤 교육 Program하에서도 성적 차별을 금지하고 있음'을 규정하고 있다. 이에 의거, 1981년 제정된 보건원생부의 교육 및 복지법률도 교육기구의 직원채용 및 관리에 있어 Title Ⅸ의 차별금지조항을 적용하도록 하고 있다.[3] 다만 이 법에 제한을 받는 기구로는 연방정부의 조성을 받은 특정 교육 Program과 이에 따른 활동을 하는 기구로 한정한다. 연방대법원은 North Haven Board Of Education사건에서[4] 고용차별에 대하여 Title Ⅸ의 법률을 적용하는 것이 타당하다고 판시하고, 이외의 민권법 등에 의한 구제도 인정한다.

5. 장애자갱생법

1973년 Title V의 장애자갱생법 504조는 연방정부 차원에서 보조를 받는 Program과 그 활동에 있어 장애판정을 받은 자에 대하여 일절 차별을 금지하고 있다.[5] 이 법 501, 503조는 장애인의 고용과 승진에 있어 연방정부 또는

---

1) *Kowba v Allstate Ins Co*, 32 Fed R Ser 2d(Callaghan) 1330(ED Cal Sept 24, 1981); *Hubbard v Rubbermaid*, Inc, 28 Fed R Serv 2d(Callaghan) 896; 21 FEP Cas(BNA) 161(D Md Dc t 17, 1979).

2) 20 USC §1681(1976).

3) 34 CPR § 1912(1982).

4) *North Haven Board of Education v Bell*, 102 S Ct 1912(1982)(교원의 연공서열 결정에 있어 남·여 수사의 분리서열목록작성의 금지를 청구한 남자 교사 단체소송, 연방대법원은 이를 인정).

연방정부와 계약을 체결한 자는 장애인에 대한 차별금지의무가 부과된다.[1]
이 법을 근거로 차별금지를 청구하기 위하여 해당 장애인은 특정 직업을 담
당할 수 있는 자격을 얻어야 한다. 자격이 있다 함은 '합리적 판단하에 당해
직업의 핵심적 기능을 수행할 수 있는 자'로 정의하고 있다.[2]

　장애자갱생법하의 고용차별금지청구소송은 일반적으로 개별소송을 원칙으
로 하는데,[3] 단체소송의 일반법규인 연방민사소송 규칙 23조(a)의 소송공동
의 불능성 요건을 충족시키기 못하기 때문이라 한다.[4]

Ⅲ. 고용차별금지 단체소송판례의 법리

　고용차별금지청구가 단체소송형태로 나타난 대표적 Leading Case로는 General
Telephone Co 사건,[5] East Texas Motor Freight 사건,[6] Johnson 사건[7] 등을
들고 있다. 이 사건들은 그 차별양상이 개인에 대한 피해를 야기하고, 차별의
원인이 전반에 걸친 위법한 고용방침이 연방민사소송규칙 23조의 단체소송
요건에 부합하여 단체소송이 인정될 수 있겠느냐가 쟁점이 된 사건이다. 특

5) 29 USC § 794.

1) 29 USC § 701-706.

2) 29 USC § 1613. 702(f)(§ 501); 41 CPR § 60-74.5(cXl)(§ 503); 45 CPR § 84.13
(a)(§ 504).

3) *Gurmankin v Costanzo*, 626 F2d 1132(3d Cir 1980)(맹인으로 교사로 재직 중인 6인이 차별
금지의 단체소송을 제기한 것에 대하여, 소송요건인 다수성 및 공동불능성을 충족하지 못
하고 있다 하여 청구를 기각함).

4) *Strathie v Department of Trans*, 716 F2d 227(3d Cir 1983)(보청기를 사용한 자에 대하여 버
스 운전면허를 주지 않는 것은 장애자 갱생법에 위반하지만, 장애정도의 개별성으로 말미
암아 단체소송은 인정될 수 없다); *Davis v Ouch*, 451 F Supp 791(ED Pa 1978)(약물중독의
병력이 있는 자에 대해서는 단체소송을 통한 고용차별금지청구가 승인될 수 없다).

5) *Falcon v General Tel Co*, 463 F Supp 315(ND rex 1978), 626 F2d 369(5th Cir 1980),
General Telephone Co v Falcon, 102 S Ct 2364(1982).

6) *Johnson v Georgia Highway Express*, Inc, 417 F2d 1122(5th Cir 1969).

7) *Texas Motor Freight v Rodriquez*, 431 us 395(1977).

히 General Telephone Co.사건은 차별금지청구를 단체소송으로 제기한 하급심 원고 Falcon이 인종으로 말미암아 승진에서 배제된 것을 이유로 제소하면서 General Telephone사의 입사희망자까지도 포함한 단체의 대표당사자로서 소송을 담당할 자격이 있는가가 문제된 것이다.

1. General Telephone Co.사건의 개요

Mariano Falcon은 자신이 Mexico계 미국인이란 이유로 승진 대상에서 제외되었다는 주장을 하였다. Falcon은 1969년 채용된 이후 2차례의 승진을 하였으나 1972년 3번째 승진기회에서 배제되자, 그는 출신국가 때문에 승진상 차별대우를 받았다면서 개별청구 내지 단체소송의 선택적 병합청구형태로 균등고용기회위원회(EEOC)에 차별금지청구심판을 제기하였다. 심판청구의 기각이 있고 나서 원고 Falcon은 연방지방법원에 Mexico계 미국인 단체(a class of Mexican-Americans)의 확인을 구함과 동시, 이 단체에 대한 채용 및 승진에서의 차별금지청구를 제기하였다. 다만 원고는 단체에 대하여 가하여진 차별의 구체적 사례는 제출하지 않았다. 연방지방법원은 ① 연방민사소송규칙 23조(b)(2)에 의거 '현재 또는 장래의 Mexico계 미국인으로 고용 중인 또는 채용을 원하는 자'라는 단체의 존재를 확인하고, ② 원고의 개별청구취지에 대하여 승진차별금지청구는 이를 인락하였으나 채용상의 차별주장은 기각한 한편, ③ 단체의 채용상 차별금지청구는 인락하였으나 이 단체의 승진쟁점에 대하여는 기각하였다.[1] 양 당사자는 이 판결에 불복하고 항소하였다. Falcon 측은 채용상 차별에 대하여만 단체를 확인한 결정에 불복이고, 피고 측은 단체의 범위를 더 좁게 해야 한다는 항변이다. 연방공소법원은 원고 개인의 승진차별금지청구는 인정하였으나 채용상 고용차별금지청구에 대하여는 단체확인을 배제하고 이를 파기하였다.[2]

---

1) 463 F Supp 315(ND Tex 1978).
2) 626 F2d 369(5th Cir 1980).

연방대법원은 Falcon의 승진차별금지의 개별청구를 파기하고, 단체확인 쟁점에 대하여도 이를 파기하였다. 연방대법원은 고용 차별금지 단체소송은 ① 연방민사소송 규칙 23조(a)의 공동소송이 불능할 정도의 다수성, 시사·법률의 공통성, 청구전형성, 단체를 대표하는 대표당사자의 적합성 등의 요건을 갖추어야 하고, ② 단체에 대하여 사용자 측의 통일된 인사정책(a single policy)에 입각한 전반에 걸친(across-the-board) 차별이 존재해야 하는데, 본건의 채용상 차별금지의 단체소송은 이 요건에 충족하지 않는다고 하였다.[1]

또 연방대법원은 차별금지의 단체소송이 인정되기 위하여 대표당사자의 청구와 그가 대표하는 단체구성원의 이익과는 명확한 관계가 있어야 하는 청구전형성요건을 엄격히 해석해야 한다면서 다음과 같이 말하였다.

> "본건 Falcon은 그가 대표한다고 주장하는 단체구성원을 보호하기 위한 법률 또는 사실의 공통쟁점이 드러난 특정현안을 제기한 바 없고, …… 단순히 개인에 대한 승진차별이 단체소송을 인정할 수 있을 만큼 광범한 영역으로 소송이 확대된다면, 모든 Title Ⅶ의 민권법사건은 잠재적으로 그 한계를 설정할 수 없는 소송으로 번질 것이고, 이 결과를 민권법 어느 입법취지에서도 우리는 발견할 수 없다."[2]

따라서 하급심이 차별금지의 단체소송요건을 비교적 완화하여 해석하려는 태도에 제한을 가하였다.

2. 전반에 걸친 차별의 원칙

차별금지 단체소송요건으로 전반에 걸친 차별이 있어야 한다는 원칙을 처음 제시한 사건은 Johnson사건이다. 이 사건은 단체소송에 관한 '일반법규가

---

1) 102 S Ct 2364, 2372-73(1982).

2) 102 S Ct 2364, 2370(1982). 같은 취지의 용례로는 *Shannon v Hess Oil Virgin Island Corp*, 96 FRD 236, 242(DVI 1982)(성 및 인종으로 인한 차별금지청구는 현재와 과거의 모든 피고 측 근로자를 대표하여 청구할 수 있는 것은 아니라면서 Falcon사건의 원칙을 들고 있다).

전면 개정되었던 1966년 직후, 쇄도하였던 민권구제 소송물의 하나로 작업장에서의 인종차별금지를 구한 사건이다. 특히 채용단계에서부터 흑인에 대한 보이지 않는 다양하고 교묘한 차별에 대한 금지를 구한 사건이다. Johnson은 Georgia Highway Express사를 상대로 차별적 채용 및 해고, 승진, 작업장배치 등으로 말미암아 고통을 받은 흑인단체 확인을 구하면서 차별금지를 청구한 사건이다. 연방지방법원은 단체소송을 인락하고, 그 범위를 당사에서 해고된 흑인근로자로 한정하였다.[1]

연방공소법원은 이를 파기하고, 단체의 범위를 광범하게 확장되어야 한다는 대표당사자 Johnson의 주장을 받아들여 "인종차별 인사정책이라는 당금의 사회위기가 엄습하고 있고, Johnson이 주장한 흑인단체의 모든 구성원에 회사 측은 전반에 걸쳐 공통하는 차별사실이 있으므로 단체소송상 금지청구는 정당하다."[2]고 하였다.

본건에서 Godbold 판사는 단체소송을 인정한다는 점에는 찬성 의견을 개진하면서도, 단체범위의 결정에는 합리적 특정성(reasonable specificity)이 있어야 한다고 하였다. 그 이유로 'Johnson이 주장하는 단체는 그 범위가 모호하여 기판력의 객관적 한계를 인식할 수 없고, 어떤 자가 적합한 대표당사자인지를 판단할 수 없는 한편, 단체의 반대당사자가 방어해야 할 쟁점을 분명히 추출할 수도 없기 때문'이라[3] 하였다.

이 사건 이후 고용상 인종 또는 성차별 금지의 단체소송요건을 완화하여 전반에 걸친 차별의 징후가 있으면 설혹 연방민사소송 규칙 23조(a)의 요건은 면제될 수 있다는 Title Ⅶ의 민권법 독립적용설을 채택한 바 있다.[4] 반면,

---

1) 417 FRD 327. 329-30(ND Ga 1969).

2) 417 F2d 1122. 1124(이 사건은 상고청구 없이 공소법원의 판결로 확정됨).

3) 417 F2d 1126.

4) Johnson사건의 원칙을 그대로 원용한 판례로는, *Rich v Martin Marietta Corp*, 522 F2d 333(10th Cir 1975); *Barnett v WT Grant Co*, 518 F2d 543, 547-48(4th Cir 1975); *Bowe v Colgate-Palmolive Co*, 416 F2d 711, 719(7th Cir 1968); *Adams v Jefferson Davis Parish School Bd*, 76 FRD 621(MD Ⅲ 1977); *Presseisen v Swarthmore College*, 71 FRD 34(ED Pa 1976); *Piva v Xerox Corp*, 70 FRD 378, 386-87(ND Cal 1975); *Ruhe v Philadelphia Inquirer*, 14 FEP Cas(BNA) 1304(ED Pa Feb 2, 1975); *Carter v Newday, Inc*, 76 FRD 9(EDNY 1976).

Godbold 판사의 견해에 따라 단체의 특정성을 요하고, 이를 위해서는 민권법의 저촉뿐 아니라 연방민사소송규칙 23조(a)의 요건이 엄격히 적용되어야 한다는 연방민사소송규칙 이중적용설을 채택한 판례도 적지 않다.[1] 예컨대 Taylor사건은[2] 독립적용설에 대하여 의문을 제기하고 금지청구소송유형이라 하더라도 더욱더 엄격히 단체의 범위를 제한하여야만 감소를 방지하고 소송 경제를 도모할 수 있다고 하였다.[3]

3. 동일 대립(the same impact)의 원칙

이 원칙은 단체의 대표당사자는 반대당사자에 대하여 자신이 대표하는 단체구성원과 완전히 동일한 이해대립을 가져야 한다는 원칙이다. White사건에서[4] 이 원칙이 제시되었는데, 해고근로자가 현재 고용 중이거나 채용을 희망하는 자까지도 포함된 단체를 대표할 수 있는가가 쟁점인 사건이다. 연방지방법원은 피고 측의 인사정책을 합리적으로 분류(a reasonable assortment of employment practice)하여 원고 White는 피고 회사로부터 해고당한 자에 대하여만 피고사와 동일한 이해대립을 가지고 있으므로, 본안 소송물은 현재 취업 중 또는 채용을 희망하는 자와는 별개 차별적 인사관행의 문제라 하여[5]

Mack v General Elec Co, 329 F Supp 72(ED Pa 1971)(이 사건은 인종차별 금지청구로 필요에 따라 단체의 범위는 전 국가적(nationwide)으로 확대될 수 있음을 인정한 사건. 위 75-76).

Albers v Hycel Inc, 15 FEP Cas (BNA) 466 (SD Tex July 21, 1977)(이 사건은 성차별금지청구로 성이라는 속성상 단체의 범위는 무제한적으로 확장될 수 있음을 인정한 사건).

1) *Long v Sapp*, 502 F2d 34(5th Cir 1974); *Carr v Conoco Plastics*, Inc, 295 F Supp 1281(MD Miss 1969), 만장일치 원심확정, 423 F2d 57 (5th Cir), 상고청구기각, 400 US 951(1970)(인종차별금지청구, Carr의 단체소송 청구는 사내 인사정책의 대상이 되는 자로에 특정된 단체이어야 한다, 위 1288-89); *Jenkins v United Gas Corp*, 400 F2d 28(5th Cir 1968)(인종차별금지청구, 소송방식이 무엇이든 고용차별금지청구는 유사한 처지-similarly situated-에 놓인 동료 근로자에 대하여만 그 판결의 효력이 미친다. 위 33).

2) *Taylor v Safeway Stores*, Inc, 524 F2d 263(10th Cir 1975).

3) 같은 취지의 사례로는, *Dominger v Pacific Nw Bell*. 564 F2d 1304. 1312(9th Cir 1977).

4) *White v Gates Rubber Co*. 53 FRD 412(D Colo 1971).

단체의 범위를 극히 제한하였다. 그러나 이 원칙은 차별금지의 대상을 너무 축소하여 도리어 소송공동의 일반유형으로 취급함으로써, 단체소송의 근본 취지를 도외시하고 있다고 평가받고 있다.[1]

4. 연방대법원의 대응

70년대 후반부터 지금까지 연방대법원의 고용차별금지 단체소송의 지침이 되는 사건의 하나로 Texas Motor Freight 사건을 들고 있다. 이 사건의 하급심 원고 Rodriquez 외 2인은 시영(市營) Bus 운전수로서 Mexico계라는 이유로 노선배 정을 불리하게 받았고, 이 상태가 지속적으로 계속되어 불쾌감(aggrievances)이라는 심각한 피해를 입고 있으므로, Title Ⅷ의 민권법을 근거로 차별금지 공동소송을 제기하였다. 연방지방법원에서 원고청구가 인락되자 Rodriquez 등은 단체소송으로 소를 변경하여 항소하였다.[2]

연방항소법원은 원고의 청구취지가 Mexico계 및 소수인종 단체에 전반에 걸쳐 적용할 수 있다면서[3] 다음과 같이 판시하였다.

"본건······ 일실된 인사방침에 따라 전반에 걸친 불공정 인사관행이 있는 것이고 이 차별인사관행이 몇몇 사람들에 의해서 입증되었으면, 원고는 같은 인사방침으로 피해를 받을 가능성이 있는 다른 단체구성원을 위하여 대표당 사자로 나설 수 있고, 원고와 단체구성원 사이에는 충분한 관계성(a sufficient nexus)이 있으므로 단체소송은 지지된다."[4]

---

5) Id. 414.

1) Kaplan. Continuing Work of the Civi I Committee: 1966 Amendments of the Federal Rules of Civi I Procedure (1). 81 Harv L Rev 356(1967); Homburger. State Class Action and the Federal Rule. 71 Colum L Rev 609. 610(1971).

2) *Rodriquez v Texas Motor Freight*, 505 F2d 40(5th Cir 1974).

3) 이 사건은 *Payne v Trevenol Laboratories*, 565 F2d 895(5th Cir 1979), 상고청구기각, 439 US 835, 일부 파기 일부인락환송, 673 F2d 798(5th Cir 1982)로 소송병합.

4) *Payne v Trevenol Laboratories*, 565 F2d 895, 900(5th Cir 1979).

항소심판결에 불복한 East Texas Motor Freight 사는 연방대법원에 상고하였다. 연방대법원은 "Rodriquez 등 피해자가 이미 원심에서 공동소송을 통하여 차별금지의 구제를 받고나서 단체소송을 제기하고 있음이 확인되고, 따라서 노선배정에 관하여 다툴 자격이 없으므로, 단체를 대표하기에는 적절하지 않다"고[1] 하였다.

그러면서도 연방대법원은 차별금지 단체소송이 인정되기 위해서는 '동일한 침해에 의하여 고통을 받고 동일한 이해관계를 가져야' 할 것이 원칙이나 이것이 구체적 상황에 따라 가변적일 수 있음을 암시하고 있다. 즉, 단체의 존재를 먼저 확인한 다음 본안과 대표당사자적격을 심리해야 하며, 본건과 같이 Rodriquez 등의 개별구제가 완수되었을 경우나 대표당사자 개인의 입장에서 단체의 청구가 의제적(become moot)이 되었다고 하더라도 단체소송은 유지될 수 있다. 오직 대표당사자가 단체의 이익을 적절히 대변할 수 있는가의 여부는 사건의 전기록을 충분히 검토한 후에 판단할 문제이고, 대표당사자 개인에 대한 청구심리사안에서 발견된 사실도 고려대상이 된다는 복수의견을 개진하고 있다.[2]

이 사건 이후, 하급심법원에서는 단체의 대표당사자 인정연하에 대하여 여러 의견을 표명하고 있다. 다수의 견해로는, 연방민사소송규칙 23조의 요건에 일치할 것을 엄격히 요구하고, 구체적 사안에 따라 융통성 있는 대응을 하되, 단체의 대표당사자가 되기 위하여 모든 불공정 인사관행에 대한 직접적 피해자일 것을 주장할 필요는 없다는 것이다.[3] 다만,

---

1) 431 US 395,403-4(1977).

2) 431 US 395,403, 406(1977).

3) *Muka v Nicolet Paper Co*, 24 FEP Cas(BNA) 672(ED Wis Aug 29, 1979)(전반에 걸친 성차별금지청구, 원고는 피고회사의 다양한 차별적 인사 관행(안)에 여자라는 이유로 고용상의 차별을 받았다면서 이에 대한 금지청구를 단체소송으로 제기, 청구인락); *Newton v Kroger Co*, 83 FRD 449(ED Ariz 1979)(원고는 part-time 근로자로 현직 또는 전직에 있는 자 및 채용희망자를 대표하여 불공정좌천사유의 적용금지청구제기, 법원은 원고가 full-time 근로자에 대하여도 대표적격이 있다고 하면서 그 이유로 이들 사이에는 작업에 관한 한 밀접한 동질성-close proximity-과 같은 이익사회-a community of interest-에 있기 때문이라 판시, 그럼에도 관리직 근로자 또는 노조원 근로자에 대하여는 단체의 범위에 포함되지 않는다고 함. 위 두 사건에 있어 법원은 공히 구제의 필요성을 절감한 융통성-a flexible approach-이

"전반에 걸친 차별금지의 원칙을 적용할 수 있는가는 인사관행의 다양성에 내재한 차별적인 적대감정의 존재(the existence of a discriminatory animus) 여부에 달려 있다. 이 적개심이 단체구성원 사이에 존재한다는 실질적 증거가 있을 경우에는, 단체의 대표당사자는 단체구성원 전원과 동일한 침해를 받고 있고, 동일한 이해관계를 가지고 있으므로, 단체소송을 통한 고용차별 금지소송은 인정될 수 있는 것"

이라 하였다.[1]

비슷한 시기의 General Telephone Co.사건에 와서 연방대법원은 고용차별 금지 단체소송에 관하여 어느 정도 일관된 자신의 입장을 정리한 것 같다. General Telephone Co.사건은 앞에서 언급한 바 있다.

5. 쟁점분석

법원이 차별금지의 단체소송을 인정하는 법리는 ① 고용관계에서 위법 부당한 차별이 존재할 것, ② 이 차별이 특정인에 국한된 것이 아니라 전반에 걸쳐 나타나고 있을 것, ③ 단체의 대표당사자와 구성원 사이에 완전히 일치될 정도는 아니지만 공통의 이해관계가 있을 것, ④ 단체의 범위를 비교적 합리적으로 한정할 수 있을 것, ⑤ 연방민사소송규칙 23조(a)를 충족하면서 법원의 심리재량 범위 안에 있는 소송물일 것 등이다. 이 법리와 관련된 쟁점을 분석하면 다음과 같다.

(1) 차별의 정도

특정인에 대한 고용차별이 있다는 사실만으로 전반에 걸친 차별로 이를 확대할 수 있을 것인가에 대하여 법원은 특정차별사실만을 가지고 단체소송을

필요할 것임을 표명).

1) *Vuyanich v Republic Natl Bank*, 505 F Supp 236(ND rex 1980).

인정할 수는 없으며, 만일 이 경우 단체소송이 인정된다면 무제한의 단체를 허용하는 결과가 될 것이라는 지적을 한 바 있다.[1] 또 특정차별사실과 아울러 연방 민사소송규칙 23조(a)의 요건이 충족되었다고 일응 전반에 걸친 차별이 있는 것으로는 볼 수 없다.[2] 법원의 심리재량 범위 내에서 단체소송으로 소를 진행함이 적당하다고 판단할 수 있는 구체적 사실을 적시함으로써 단체소송상 고용차별금지청구가 인정된다. 구체적 사실로는 특정인에 대한 차별이라 하더라도 어떤 구조적 차별(systemic discrimination)을 바탕으로 행하여졌음을 입증하는 사실을 말한다.[3] 판례는 직위, 작업장, 업무영역이 다른 근로자에 대한 차별이라 하더라도 채용 및 인사에 관하 여 이를 통괄(統括)하는 고용주가 있다거나, 채용과 승진 등에 영향을 미치는 통일된 인사방침, 또는 경영의사결정절차에 의하여 이루어진 특정인에 대한 차별이면 단체소송이 인정된다.[4] 이 입증은 단체임을 주장하는 재정신청과정에서 주장할 수 있고, 또는 단체확인 증거청문절차의 증거로서 제시하는데 입증책임은 원고에게 있다.[5]

(2) 구성원 사이의 이해관계의 관계성

대표당사자가 제기한 청구취지와 그 단체구성원들의 이해관계와 어느 정도의 긴밀성을 가져야 하는가의 문제로, 이 양자 사이의 이해관계는 동일한

---

1) *General Telephone Co v Falcon*, 102 S Ct 2364, 2371(1982).

2) *Parham v Southwestern Bell Tel Co*, 433 F2d 421(8th Cir 1970); *Jenkins v United Gas Corp*, 400 F2d 28, 31(5th Cir 1968)(인종차별금지청구); Parker v Bell Helicopter Co, 78 FRO 507(NO rex 1978); *Hannigan v Ayden Corp*, 76 FRO 502(EO Pa 1977)(성차별금지청구).

3) *Colbert v City of Witchita*, 33 FEP Cas(BNA) 218, 220(0 Kan Sept 22, 1983)(인종차별금지청구).

4) *Senter v General Motors Corp*, 532 F2d 511, 524(6th Cir 1976); *Pendleton v Schlessinger*, 73 FRO 506, 509(DOC 1977); *Piva v Xerox Corp*, 70 FRO 378, 386-87(NO Cal 1975); *Vuyanich v Republic Nat'l Bank of Dallas*, 723 F2d 1195(5th Cir 1984)(위 사건들은 a general policy of discrimination을 발견할 수 있으면 단체소송은 정당화된다고 함).

5) 102 S Ct 2364, 2371 n 15.

정도여야 한다는 것이 일부판례의 입장이었다.[1] 이 경우, 대표당사자가 대표할 수 있는 범위는 극히 제한적이었다. Falcon사건에서 연방대법원은 이 문제에 대하여 ① 단체구성원 사이의 '작업장 배치에 관한 차별'이라는 동일시되는 침해가 있어야 할 것을 요하지 않았고, ② 청구의 전형성 요건은 반드시 일치된 이해관계를 의미하는 것은 아닌 한 편, ③ Title Ⅶ의 민권법은 보다 광범한 차별금지를 목적으로 제정되었다고 하면서 긴밀성의 정도를 완화하여 해석하고 있다.[2] Falcon사건 이후 연방법원은 대표당사자와 단체구성원 사이에 그 직위, 작업장 업무영역 등이 다름에도 불구하고 단체확인을 유지할 수 있을 만큼의 단체구성원의 이해관계와 대표당사자인 원고의 청구 사이에 관계성이 있음을 보여주면 단체소송은 인정된다는 것이 다수판례다.[3]

(3) 대표당사자의 쟁송상 이익

집단분쟁의 경우 대표당사자의 청구가 개인적으로 의제적(mootness)일 수 있다. 소송이 진행되는 도중 단체의 반대당사자가 의도적으로 대표당사자 개인의 침해이익을 해소시킬 수도 있기 때문이다. 예컨대, 대표당사자에 대하여 가해졌던 승진차별이나 작업장배치상의 차별을 소송이 진행되는 과정에서 피고는 이를 해소하여 대표당사자는 소익이 없다고 항변할 수 있다. 이 경우 법원은 분쟁의 실질적 이익을 파악하여 설혹 대표당사자 개인의 청구가 의제

---

1) *Mayers v Ace Hardware*, 95 FRD 145(ND Ohio, 1982)(원고는 피고가 고용한 자가 아니므로 대표당사자가 될 수 없다); *Hawkins v Fulton County*, 95 FRD 88(ND Ga 1982)(성 및 인종차별금지청구); *Nation v Winn-Dixie Store. Inc*, 95 FRD 82(ND Ga 1982)(위 두 사건에서는 차별의 분명한 종합정책-an overall policy of sufficant discrimination-이 있어야 단체소송이 인정된다고 함).

2) 상세히는 Chayes, *The Supreme Court 1981 Term Forward*: Public Law Litigation and Burger Court, 96 Harv L Rev 4. 38-39(1982).

3) *Anderson v City of Albuquerque*, 690 F2d 796(10th Cir 1982)(인종차별금지청구); *Shannon v Hess Oil Virgin Islands Corp*, 96 FRD 236 (DVI 1982)(성 및 인종차별금지청구); *Osmer v Aerospace Corp*, 30 FEP Cas(BNA) 204(CD Cal Oct 20, 1982)(성차별금지청구); *Jordan v County of Los Angeles*, 713 F2d 503(9th Cir 1984)(마리화나 흡연전과자에 대한 고용차별 금지청구).

적이 된다고 하더라도 단체소송은 유지될 수 있다는 다수판례다.[1] 요컨대, 원고인 대표당사자는 자신만의 청구취지와는 관계없이 단체의 공통쟁점에 대하여 법원이 합리적 판단을 할 수 있도록 충분하고 사실적 정보를 제공할 의무가 있다. 법원은 단지 단체 전원에 대하여 소익이 있다는 점을 전제로 연방민사소송 규칙23조의 요건을 충족시킬 수 있는 청구를 대표당사자가 주장하고 있는지 여부에 따라 단체소송이 유지된다.[2] 따라서 대표당사자의 청구가 차별양상이 동일한 인종, 성별, 기타 일련의 공통된 성격을 갖는 집단의 사람들에게 가하여지고 있거나, 대표당사자의 청구가 의제적이라 하여 청구를 기각한다고 해도 다시 본안사안이 다른 사람들에 의하여 재현될 것이라 판단될 때에는 단체소송은 부인되지 않는다.[3]

(4) 청구취지의 특정성

East Texas Motor Freight사건이나 General Telephone Co.사건에서 법원은 단체확인을 기각하면서 그 이유를 청구가 불명확하다는 데 있었다.[4] 법원은

---

1) *Eisin v Carlisle Ii Jacquelin*, 417 US 156(1974)(소액투자자보호단체소송, 차별금지청구와는 무관한 소송물이나 단체소송의 가장 대표적 판례로 단체소송이야말로 의제성 논리를 피하고 진정한 집단이익을 옹호할 수 있는 유일한 쟁송 방식이라 함), 상세히는 Comment, Managing The Large Class Action: *Eisen v Carlisle Ii Jacquelin*, 87 Harv L Rev 427(1973).

2) *Ladele v Consolidated Nail Corp*, 95 FRD 198(ED Pa 1982)(원고가 피고회사의 사원관리, 연금, 승진, 퇴직조항에 차별이 있음을 주장하고 이에 대한 금지를 청한 성차별금지 개별소송 개시 후 단체소송으로 전환, 원고 개인의 청구취지가 해소되었다고 하더라도 원고가 규칙23조의 요건을 충족하고 있는 한, 단체소송은 인정됨).

3) 의제성 논리의 적용제한에 관해서는, Note, Constitutional Law-Mootness-Personal Shake-Class Actions, *US Parele Comm v Geraghty*, 19 Duq L Rev 779(1981); Note, The Mootness Doctrine in the Supreme Court, 88 Harv L Rev 273(Dec 1979); Kates, Momorandum of Law on Mootness-Part I, 3 Clearinghouse Rev 213(1970); Part n, 3 Clearinghouse 280(1970).

4) 같은 취지의 판례로는, *Harrison v Simon*, 91 FRD 423(ED Pa 1981)(전직. 현직, 미래의 종사가능성이 있는 자라는 흑인 및 여자단체의 차별금지청구는 청구사안을 특정할 수 없다); *Molthan v Temple Univ*, 83 FRD 368(ED Pa 1979)(여자교수는 대학 직원의 채용관행에 대하여 성금지청구를 구할 정도의 적격에 없다); *Mobley v Acme Mkts*. Ins, F Supp 851(D Md 1979)(연방정부의 흑인 공무원이 주(州) 및 지방정부의 흑인 공무원의 채용 및 승진에 관

차별금지의 단체소송이 인정되기 위해서는 단체구성원 전원에 대하여 공통적 차별이 있게 한 특정 회사의 특정 인사정책이나 고용관행이 있고 이에 따라 차별이 있었음을 나타낼 수 있을 정도의 청구형태이어야만 단체소송은 인정된다 하였다.[1]

차별양상의 다양함으로 말미암아 청구를 특정하기 어려운 때에는 이들 구성원 사이의 상호관계성이 있는 통계수치 등의 증거는 증명력이 있다.[2] 다만, 특정성이 있다고 소이익이 있음을 의미하는 것은 아니다.[3]

(5) 소송물의 변경

법원은 연방민사소송 규칙23조(a)의 소제기요건을 판단하고 심리재량 범위 내에서 혹은 당사자의 청구에 따라 금지청구를 확인소송형태 단체소송으로의 변경을 인정하고 있다. 소송물변경 명령에 대하여 법원은 "단체확정은 원칙적으로 잠정적이고… 사실적으로… 단체소송의 실용성을 강화시키기 위하여 전제 없이 규칙23조(a)의 요건에 부합하면서 소의 변경 필요성이 있으면 이는 언제든지 허용될 수 있다"고[4] 하였다.

하여 모호한 차별금지를 청구할 수 없다); *Cormier v Gulf Supply Co*, 30 FEP Cas(BNA) 549(SD rex Aug 31, 1979)(오래전 해고된 자인 원고가 현직근로자를 대표하여 인종을 이유로 한 차별금지청구를 제기함은 청구의 특정성을 인정할 수 없다); *Tally v Hochest Fibers Indus*, 24 FEP Cas(BNA) 580(DSC Ian 16. 1979)(승진차별금지를 구한 원고가 통일된 인사지침이 없는 한 채용상의 차별금지를 기할 수 있을 정도의 청구의 특정성을 갖지 않는다).

1) *Osmer v Aerospace Corp*, 30 FEP Cas(BNA)(CD Cal Oct 20, 1982)(성차별금지청구); *Griffin v Wainwright*, No TGA 79-1016(ND Fla July 28, 1982).

2) *Vuyanich v Republic Natl Bank*, 78 FRD 352(ND Tex 1978).

3) *Hawins v Fuiton County*, 95 FRD 8(ND Ga 1982).

4) Officers for Justice v Civil Serv Commn, 688 F2d 615, 633(9th Cir 1981); 확인청구소송 형태로 소의 변경은 주로 기판력을 보다 넓게 인정할 필요가 있을 때 사용하는데, 이를 허용한 판례는, *Hopewell v lJniversity of Pittsburgh*, 79 FRD 689(ND Pa 1978); *Sessum v Houston Community College*, 94 FRD 316(SD Tex 1982)(위 두 사건은 학내의 part-time 근무에서 성 및 인종차별금지를 구한 것이 근무성격상 재학 중인 자에게만 해당하는 것이므로 이후의 판결효의 시간적 확대을 위한 확인청구형태의 변경을 인정).

Ⅳ. 소제기요건

1. 소송공동의 불능

고용차별 금지청구에서 연방민사소송 규칙23조 소송공동의 불능(joinder impracticability)을 판단하는 요소는 구체적 사건에 따라 다르지만 대체로 단체구성원 사이의 지역적 분산,[1] 추산되는 단체구성원의 수,[2] 소송물의 성격[3] 기판력의 객관적 범위에 해당하는 자[4] 등을 고려하여 결정하고 있다. 다수의 판례는 Titie Ⅶ의 민권법하에서 제기된 단체소송으로 인종, 성별, 출신국가에 의거한 차별금지를 구한 단체확인의 주장이 있을 때라 하더라도 곧바로 이것이 소송공동의 불능성 요건을 충족하는 것은 아니라 한다.[5]

일단 소송공동의 불능요건을 충족하기 위해서는 "단체구성원에 해당될 수 있는 자가 너무 다수이어서 현실적으로 공동소송이 불가능하다고 인정되어야 하고, 민권법의 취지가 좀 더 확대된 영역의 구제에 있는 것인 만큼 물리

---

1) *Ste Marie v Eastern RR Assn*, 72 FRO 443(SONY 1976)(121명의 여자근로자에 대하여 지역적 분산-geographical dispersion- 때문에 단체소송을 인정).

2) 일정치 않지만 구성원의 수를 기준으로 소송공동의 불능을 인정한 판례로는, 100인 이하: Hoston v US Gypsum Co, 67 FRD 650(ED La 1975)(23-33인); Walls v Bank of Greenwood, 20 Fed R Serv 2d(Callaghan) 112(ND Miss Mar 28, 1975)(23인); Sabala v Western Gillette, Inc, 362 F Supp 1142(SD Tex 1973)(26인); 100인 이상, 1000인 미만: Sagers v Yellow Freight Sys, 529 F2d 721(5th Cir 1976); Petty v Peoples Gas light & Coke Co, 86 FRD 336(ND III 1979)(676인); Guardians Assn of NY City Police Dept v Civil Serv Commn, 431 F Supp 526(SDNY 1977)(200-600인의 흑인 및 히스패닉 경찰); 1000인 이상으로는 Briggs v Brown & Williamson Tobacco Corp, 414 F Supp 371(ED Va 1976); Ellis v Naval Air Rework Facity, 404 F Supp 391(ND Cal 1975).

3) Neff v Janitorial Aero-Div, 29 FEP Cas(BNA) 629(SD Ohio Mar 14, 1980)(성차별금지, 금지청구의 경우에는 그 소송물의 성질상 잠재적 단체구성원이 있으므로 소송공동의 불능가능성이 높다. 위 631).

4) Pina v City of East Providence, 429 F Supp 1240(DRI 1980)(장래의 채용지원자-future job applicants를 단체범위에 포함시킬 필요성이 인정되어 현재 24인이며 확인가능한 동일 재판적에 있어 공동소송이 가능함에도 단체소송 인정).

5) Patterson v Youngstown Sheet & Tube Co, 7 FEP Cas(BNA) 356, 359(ND Ind Nov 14, 1972); Batiste v Furnco Constr Corp. 350 F Supp 10. 13(ND III 1972).

적 공동불능만을 의미하는 것이 아니고, 합리적으로 이를 판단해야 한다"면서[1] 심리법원으로 하여금 판단여지를 부여하고 있다.

(1) 다수성

고용차별금지 단체소송에서 법원은 구성원수의 문제를 이유로 단체를 확인 또는 부인을 하고 있다. 이 경우 법원은 수적쟁점이라는 외형을 두고 있으나 실제로는 확인을 구한 단체의 범위와 그들의 청구가 심리할 수 있을 정도로 성숙되어 있는가에 비중을 두고 있다.[2] 단체의 정의 또는 범위를 구한 당사자의 주장은 단체구성원의 정확한 수를 제시하는 것도 인정된다.[3] 그러나 잠정적 단체구성원의 존재가 인정된다면 다수성 요건은 충족된다.[4] 또 단체구성원 일부가 단체소송에 반대하여 반소를 제기한다고 하더라도 다수성 요건이 부인되는 것은 아니라 한다.[5]

---

1) Reichman v Bureau of Affirmative Action, 536 F Supp 1149, 1171(MD Pa 1982).

2) Walker v Harriosn Radiator Div, 27 FEP Cas(BNA) 1437(WDNY June 17, 1981)(인종차별금지청구, 다수성보다는 소송공동의 불능이 단체소송의 필수요건).

3) Jamerson v Board of Trustees, 663 F2d 320(5th Cir 1981); Stewart v Bank of Pontotoc, 74 FRD 552(ND Miss 1977).

4) Presseisen v Swarthmore College, 71 FRD 34(ED Pa 1977)(민권법에 근거한 단체소송은 구성원 수적 문제로 단체확인 유무를 결정하는 것은 아니다); Marshall v Electric Hose & Rubber Co, 68 FRD 287(D Del 1975)(전직 및 현직의 흑인 근로자는 단체의 정확한 수를 제시할 의무가 없다); Richardson v Fargo, 61 FRD 641(ED Pa 1974)(차별의 통일적 패턴을 제시함이 중요쟁점이지 1,600인 이상의 흑인근로자가 단체소송 인정 결정기준은 아니다, 위 642); 이러한 입장을 처음 설시한 판례는 Banks v Lockheed-Georgia Co, 46 FRD 442(ND Ga 1968).

5) Williams v New Orleans Steamship Assn, 673 F2d 742, 755(5th Cir 1982).

(2) 소규모단체

단체규모가 방대한 경우 다수성 요건은 일단 충족하는 것으로 보고 이 다수가 소송공동이 불능한가 여부의 판단이 우선하고 있다. 소규모단체의 경우 개개인에 특유한 사정이 직접 소송공동의 불능과 관계된다.[1] 소규모단체의 소송공동의 불능을 판단하는 요소로는 소송경제,[2] 단체 확대의 문제점,[3] 지역적 개연성,[4] 소송공동을 할 수 있는지 여부,[5] 개별소송 또는 공동소송으로는 그 청구사안이 경미한지 여부[6] 등에 따라 판단하여 단체소송이 합리적 수단이라 인정되면 소송공동의 불능성 요건을 충족한다. 소규모단체에 대하여 법원은 단체 확정을 유보한 채 본안을 심리한 후, 소송공동의 불능여부를 판단하기도 한다.[7] 금지청구의 단체소송은 단체구성원에 해당할 수 있는 잠재적 구성원이 있어서 그 구성원의 수가 어느 정도인가에 비중을 두기보다는 사안의 심리필요성여부에 법원은 더 관심이 있는 것으로 보인다. 일반적으로 단체구성원의 수가 40인이 초과하는 경우이면 소송공동의 불능성 요건을 충족하는 것으로 본다.[8]

---

1) Holsey v Armour & Co, 743 F2d 199, 216-17(4th Cir 1984); Cypress v Newport News General Nonsectarian Hosp Assn, 375 F2d 648, 653(4th Cir 1967); Roundtree v Cincinnati Bell, Inc, 90 FRD 7(SD Ohio 1979).

2) Benthon v Missouri Pac RR, 30 Fed R Serv 2d(Callaghan) 1201(SD Tex Aug 25, 1980).

3) Horn v Associated Wholesale Grocers, 555 F2d 270(10th Cir 1977); Brown v ARA Servs, Ins, 13 FEP Cas(BNA) 1721(D Md July 22, 1974).

4) Garcia v Gloor, 618 F2d 264(5th Cir 1980); Droughn v FMC Corp, 74 FRD 639(ED Pa 1977); Ste Marie v Eastern RR Assn, 72 FRD 443(SDNY 1976).

5) Gilchrist v Bolger, 89 FRD 402(SD Ga 1981); Fewlass v Allyn & Bacon, Inc, 83 FRD 161(D Mass 1979).

6) Jordan v County of Los Angeles, 669 F2d 1311(9th Cir), 청구기각, 713 F2d 503(9th Cir 1983).

7) Fewlass v Allyn & Bacon, Inc, 24 FEP Cas(BNA) 381(D Mass Nov 15, 1981); Gilbert v General Elec Co, 59 FRD 267(ED Va 1973); Branch v Reynold Metal Co, 17 Fed R Serv 2d(Callaghan) 494(ED Va Dec 13, 1972); Bauman v US Dist Court, 557 F2d 659(9th Cir 1977).

8) Paxton v Union Natl Bank, 688 F2d 553(8th Cir 1982); Horn v Associated Wholesale

(3) 장래 근로자 또는 입사지원자의 다수성 요건

장래의 금지청구가 포함된 경우 현재 또는 과거의 근로자와 마찬가지로 장래에 이 직업에 종사하고자 하는 자를 포함하여 단체확정을 인정받으면 소송공동의 불능성 요건을 충족시킨다.[1] 또 단체의 정확한 규모를 파악하기 어려울 때, 대표당사자의 청구사안이 사회상규에 입각하여 쟁점이 있다고 판단되면 일응 단체의 존재를 인정하고 소송공동의 불능성 요건을 충족한다.[2]

2. 법률·사실의 공통쟁점

Title Ⅶ의 민권법에 의거 차별금지 단체소송을 제기하는 대표당사자가 차별사실에 관하여 역 희귀한 차별, 개인적 차별, 혹은 단체구성원 각자에 대하여 각기 다른 영향을 미치는 차별사례를 제기하였다면 공통쟁점 유무가 문제된다.[3]

판례는 단체구성원 전원에 대하여 동등할 정도의 차별예가 있어야 할 것이 아니라 각기 다른 양상의 차별이라 하더라도 구성원 개개인의 행위에 영향을 미치는 차별이 존재할 수 있는 반대 당사자의 인사정책 또는 인사관행이 있다면 이 쟁점요건은 충족된다.[4] 전반적 차별로 말미암아 그것이 위법에 이를 정도가 되지는 않으나 단체구성원 전원에 대하여 불쾌감을 일으키는 정도일 경우 불쾌감이라는 공동심사를 쟁점으로 인정하기도 한다. 그러나 이 불쾌감이 막연한 것이라기보다는 구체적이고 확실한 고용차별의 실행에 의하여 발

Grocers, Inc, 555 F2d 270(10th Cir 1977); Roman ESB, Inc, 550 F2d 1343(4th Cir 1976).

1) Phillips v Joint Legislative Comm, 637 F2d 1914(5th Cir Apr 1981); Kilgo v Bowman Transp, 87 FRD 26(ND Ga 1980); Strong v Arkansas Blue Cross & Blue Shield, Inc, 87 FRD 496(ED Ark 1980).

2) Bartelson v Dean Witter & Co, 86 FRD 657(ED Pa 1980).

3) Ullor v City of Philadelphia, 95 FRD 109(ED Pa 1982).

4) Kouba v Allstate Ins Co, 32 Fed R Serv 2d(Callaghan) 1330(ED Cal Sept 24, 1981).

생되어야 한다.[1] 공통쟁점은 단일사안 및 그 이상일 수 있다. 이 경우 소송경제 등을 고려하여 공통쟁점별로 현재의 단체를 분할하여 이른바 부분단체를 창설, 분리심리도 가능하다. 그러나 대표당사자가 주장하는 차별사실이 구성원 개개인에 대하여 분산성(decentralization)이 있는 것이라면 단체소송은 부인된다.[2]

공통쟁점은 근로자 단체뿐 아니라 사용자의 인사관리상의 책임 등과 관련하여 사용자 Class Action이 제기되는 경우도 있다.[3]

(1) 단체분할

개별적으로 특유한 차별 또는 각기 다른 형태의 구제청구가 있다고 하더라도 이는 단체의 범위를 어떻게 할 것인가 하는 것이지 공통쟁점이 존재할 수 없는 것은 아니다. 따라서 고용차별 금지 단체소송을 제기하고 이 결정이 선결문제가 되어 배상청구의 소익이 있는 자도 단체의 범위 안에 포함시킬 수 있다.

예컨대 Title Ⅶ의 민권법에 의거 어느 단체의 차별금지 단체소송을 제기하고 그 판단결과 이 단체구성원 일부의 배상청구가 인정된다 하더라도 차별이라는 공통쟁점은 단체구성원 전원에 대하여 존재하는 것이다.[4] 다만 법원 또는 당사자는 배상청구의 이익이 있는 자를 따로 분리 심리할 수 있도록 부분단체로 분할할 수 있다.[5] 단체분할은 단체가 확인된 이후 어느 때이고 당

---

1) Rogers v American Airlines, 527 F Supp 229(SDNY 1981); James v Family Mart, 497 F Supp 891(MD Als 1981); Harrison v Simon, 91 FRD 423(ED Pa 1981).

2) Bradford v Sear, Roebuck & Co, 673 F2d 792, 795(5th Cir 1982).

3) Thompson v Board of Educ of Romeo Community Schools, 519 F Supp 1373(MD Mich 1981).

4) Senter v General Motors Corp, 532 F2d 511, 524(6th Cir 1976), 상고청구기각, 429 US 870(1976); Rich v Martin Marietta Corp, 522 F2d 333, 341-41(10th Cir 1975); US v US Steel Corp, 520 F2d 1043, 1050-55, 재심청구기각, 525 F2d 1214(5th Cir 1976).

5) Penk v Oregon State Bd of Higher Educ, 93 FRD 45(D Or 1981); Williams v Local Co 19, 59 FRD 49(ED Pa 1973); Hecht v Cooperative for Am Relief Everywhere, Inc, 351

사자의 청구 또는 법원의 직권으로 가능하다. 이 경우 법원은 부분단체의 심리를 효율적으로 하기 위하여 연방민사소송규칙 53조의 보조법관에게 분리심리사안을 위탁하여 소송절차의 진행을 담당하도록 하고 있다.[1]

(2) 통계수치의 활용

법원은 단체에 대한 책임유무, 청구취지의 인정여부를 판단하기 위하여 대표당사자가 청구하는 사안이 단체구성원 전원에 대하여 소송상 이익이 있는가를 기준으로 공통쟁점 유무를 판단하기도 한다. 이때 대표당사자는 단체에 대하여 공통하는 차별의 외형이 광범하게 나타나고 있음을 입증하기 위하여 통계수치를 활용한 증거를 제출하는 경우가 많다.[2] 그러나 통계수치가 증명력을 인정받는다고 하더라고 공통쟁점이 있음을 인정받기 위하여 반드시 통계수치상의 증거를 제시해야 하는 것은 아니다. 특히 단체 내에서 다양한 이해관계의 대립가능성이 있을 때, 이들에 대하여 전반에 걸친 특정차별사안이 있다고 인정된다면 공통쟁점은 존재하는 것이고 통계수치를 통한 차별증거가 필요한 것은 아니다.[3]

3. 청구 전형성

이 요건은 대표당사자가 단체구성원의 이익보호를 위하여, 전반에 걸친 고용차별금지 단체소송에 있어서 단체구성원의 청구와 그 단체의 대표당사자 사이에 유사한 이해관계의 존재를 입증해야 하는 요건이다. 청구의 전형성이

F Supp 305, 313(SDNY 1972).

1) Manning v General Motors Corp, 3 FEP Cas(BNA) 104, 106(ND Ohio Jan 6, 1971).

2) Osmer v Aerospace Corp, 30 FEP Cas(BNA) 204, 205-06, n2(CD Cal Oct 20, 1982); Michigan State Univ Faculty Assn v Michigan State Univ, 93 FRD 54(WD Mich 1981); Rajender v University of Minn, 24 FEP Cas(BNA) 1045(D Minn Apr 24, 1978).

3) Hopewell v University of Pittsburgh, 79 FRD 689, 693(WD Pa 1978).

있다 함은 대표당사자의 청구의 구체적 상황과 이것에 연관되어 있는 법적 이론이 단체구성원의 이익과 합리적으로 판단할 때 공존하고 있다든가 연계되어 있어야 한다는 것을 말한다.[1] 그러나 이 청구의 연계성을 엄격히 해석하여 대표당사자의 청구와 단체구성원 사이에 완전히 일치된 이해관계(the same interests)가 있어야 하는 것은 아니라는 것이 다수의 판례이다.[2] 전형성 요건이 충족될 수 있는 사실적 관계의 한 예로는 감독직 근로자와 비감독직 근로자 사이 승진에 있어 양 그룹에 파급적 영향을 미치는 피고의 차별 인사 정책의 존재를 입증하고 있다면 이 가운데 누구든지 대표당사자로서 승진차별금지청구는 청구 전형성 요건을 충족시킨다.[3]

(1) 전형성의 사법적 정의

전형성 요건을 충족하기 위하여, 대표당사자는 그의 구체적 상황 내지 적용법리가 합리적으로 단체구성원의 이익과 일치하거나 연계되어 있음을 입증하여야만 한다. 판례는 전형성 요건의 심사에 있어 ① 상호공존의 이익(coextensive interests)이 있다거나,[4] ② 이익 공동체의 존재(a community of interest)가 있거나,[5] ③ 동일한 법이론으로 그 구제 및 방어를 도출할 수 있는 불쾌함, 이익침해, 소익 등이 있을 때에는[6] 청구는 전형성을 갖는다고 한다.

---

1) General Telephone Co v Falcon, 102 S Ct 2364(1982).

2) Donaldson v Pillsbury Co, 554 F2d 825, 831(8th Cir), 상고청구기각, 434 US 856(1977); Gibson v ILWU, 543 F2d 1259(9th Cir 1976); Duffy V Marshall, 28 FEP Cas(BNA) 1265, 1266-67(ND Ⅲ May 22, 1978).

3) Hannigan v Aydin Corp, 76 FRD 502, 508(ED Pa 1977).

4) Gilchrist v Bolger, 89 FRD 402(SD Ga 1981).

5) Newton v Kroger Co, 83 FRD 449,452(ED Ark 1979).

6) East Texas Motor Freight v Rodriquez, 431 US 395(1977).

(2) 이해관계의 집중성

대표당사자의 청구가 위의 전형성 요건을 충족하기에는 부족하다 할지라도 '전반에 걸친 차별이 있음을 나타내는 계기'를[1] 입증한다거나 이런 차별의 금지를 유도할 수 있는 정도라면, 이해관계가 집중될 수 있다고 보아 전형성 요건의 확대를 인정하고 있다. 이해관계의 집중성을 인정받을 수 있는 요소로는 단체구성원에 해당시킬 수 있는 자 사이에 고용조건의 유사성이 있다거나, 이들에 대하여 일반화 시킬 수 있는 인사관행이 존재하거나, 이들 모두에 대하여 적절하고 필요한 구제의 필요성이 인정될 때다.[2]

(3) 행위과정의 동일성

호봉산정의 다양함,[3] 직위 또는 부서상의 불일치,[4] 연공에 따른 권한 차이, 작업능력의 개인차 등은[5] 근로자 사이의 이해관계의 비동질성(dissimilarities)이 인정되는 요소다. 그러나 비동질적 요소가 있음에도 사용자의 동일한 행위과정(the same course of conduct)에서 야기된 차별이 있다고 하면, 이를 근거로 한 청구는 전형성을 갖는다.[6]

---

1) 102 S Ct 2364, 2371(1982).

2) Lucas v Ripley. 34 Fed R Serv 2d(Callaghan) 100(DDC Feb 12. 1982); Miller v US. 24 FEP Cas(BNA) 696(DDC Oct 31, 1980); Peak v Topeka Hous Auth, 78 FRD 78(D Kan 1978); Valentino v US Postal Serv, 674 F2d 56(DC Cir 1982).

3) Sylvester v US Postal Serv, 23 Fed R Serv 2d(Callaghan) 791(SD Tex Mar 7, 1977).

4) Meyer v MacMillan Pub Co, 95 FRD 411(SDNY 1982); Wells v General Elec Co, 78 FRD 433(ED Pa 1978); Carter v Newsdays. Inc, 528 F Supp 1187(EDNY 1981).

5) Sylvester v US Postal Serv, 23 Fed R Serv 2d(Callaghan) 791(SD Tex Mar 7, 1977).

6) Kraszewski v State Farm Inc Co, 27 FEP Cas(BNA) 27(ND Cal Sept 9. 1981); Resnick v American Dental Assn, 90 FRD 530, 539(ND Ⅲ 1981); Stalling v Califano, 86 FRD140(ND Ⅲ 1980).

4. 대표적합성

　금지청구의 단체소송인 경우 구성원 각 개인에 대하여 소송물에 관한 개별 고지를 요하지 않으므로, 단체구성원은 단체로부터의 제외청구도 인정되지 않는다. 따라서 법원은 금지청구가 대부분인 고용관계 단체소송에 있어서 소송에 직접 참여하고 있지 않은 단체구성원의 이익보호를 위하여 보다 엄격한 대표적합성 요건을 심사하려는 태도를 보이고 있고,[1] 또 이 쟁점에 관한 다툼이 가장 많다.

　일반적으로 이 쟁점에 관한 심리사안을 유형화하면. ① 대표당사자와 그 소송대리의 변호인단이 원활한 소송수행을 할 능력이 있는지 여부, ② 대표당사자와 반대당사자 사이의 결탁가능성 여부, ③ 대표당사자와 단체구성원 사이에는 상반된 이해관계가 있는지 여부 등으로 분류할 수 있다.

(1) 대표적격

　대표적합성은 주관요건으로 자주 전형성 요건과 관련하여 취급되어 왔다. 이 양자가 대표당사자의 바람직한 성격을 규명할 수 있는 기준이기 때문이다. 단체소송이 유지되기 위해서는 이 기준이 충족되어야 한다. 다만 청구가 전형성이 있다 하더라도 대표당사자가 부적격한 경우에는 당사자 교체를 통하여 단체소송의 유지가 가능하지만 전형성을 흠결한 청구는 단체소송 자체가 부인된다.[2]

　① 대표당사자의 청구가 단체구성원 전원에 대하여 공통하는 전형성이 있는 청구이고, 청구취지 또한 대표당사자 개인에 대한 소송상의 이익으로 부터 단체구성원의 전원의 이익으로 광범성(coextensiveness)을 인정받아야 대표

---

1) Clark v South Cent Bell Tel Co, 419 F Supp 697, 701(WD La 1976).

2) Nelson v Mustian, 502 F Supp 698(ND Fla-1980).

적격이 있다.[1] 전형성이 있는 이익이 있다 함은 대표당사자와 단체구성원 사이에 적대감이나 상호이해관계의 충돌가능성이 없는 것도 포함된다.[2] 단체구성원 개개인이 특유한 청구사안이나 방어를 요하는 개별 상황이 있다는 것이 곧 대표적격을 부인하는 것은 아니고, 청구 자체의 전형성 여하에 따라 판단하고 있다.[3]

② 대표당사자는 독자적으로 당해 소송물에 대하여 당사자적격을 인정받아야 하고, 그의 청구가 사건성과 분쟁성을 가져야 함은 물론이다. 대표적합성과 개인적 당사자적격은 별개의 문제로 심리되고 있고, 이 두 요건이 충족되어야 비로소 단체소송의 대표당사자로서 완전한 대표적격을 갖는 것이 원칙이다. 다만 판례는 대표당사자인 원고의 단체청구취지안에 대표당사자인 원고로서는 직접 경험하지 못한 고용관행 내지 인사방침을 포함하고 있을 때, 대표적격이 인정하는 경우도 있다.[4]

(2) 청구취지가 대표당사자 개인에 대하여 의제적인 경우

대표당사자의 개별 당사자적격이 부인되었다고 곧 그의 대표적격이나 단체소송 자체가 무조건 기각되는 것은 아니다. 먼저 단체의 청구사안을 검토하고 단체의 확인유무를 결정해야 하며, 단체의 존재가 인정된 이후 대표적격에 관한 심리에 들어간다. 이 과정에서 대표당사자 개인적으로 당해 소송물에 대하여 이해관계가 없다고 판단되면 대표적격이 부인되고 나아가 단체의 범위결정도 변경될 수 있다.[5] 현재의 대표당사자가 대표적격이 상실된 경

---

1) Lo Re v Chase Manhattan Corp, 431 F Supp 189(SDNY 1977).

2) Donaldson v Pillsbur, 103 FRD 65(SDN& 1983).

3) Gramby v Westinghouse Elec Corp, 84 FRD 655(ED Pa 1979).

4) Mobley v Acme Mkts, Inc, 473 F Supp 851(D Md 1979); Wetzel v y Libert Mut Inc Co, 508 F2d 239, 247(3d Cir), 상고청구 기각, 421 US 1011(1975).

5) Anderson v City of Albuquerque, 690 F2d 796(10th Cir 1982); Huff v ND Cass Co, 485 F2d 710, 714(5th Cir 1973); Parham v Southwestern Bell Tel Co, 433 F2d 421, 428(8th

우 수소법원은 단체를 대신하여 소송을 수행할 수 있는 적절한 대표당사자의 선임을 위하여 합리적인 일정시간을 부여하는 등 당사자 교체를 명할 수 있다.[1]

(3) 대표당사자와 단체구성원 사이의 이해관계

대표적격을 판단하는 또 다른 기준으로 이른바 단체구성원 사이의 이해관계의 긴밀도가 있다. 이 기준은 공통쟁점과 관련하여 제시되고 있는데, 단체구성원 특히 대표당사자와 단체구성원 사이에 적대감이 있으면 공통쟁점이 존재하기 어렵고, 이에 따라 대표적합성도 부인된다는 공통성요건과 대표적합성을 통합하여 판단하는 입장이다. 고용관계 단체소송의 경우, 직업상 차별에 관한 다툼이므로 직업 그 자체에 내재하고 있는 근로자 사이 잠재적 경쟁심리가 단체구성원 사이의 적대감으로 인정될 것인가가 문제된다. 판례는 잠재적 경쟁심리만으로는 구성원사이의 적대감이 있다고 보지 않는다.[2]

단체와 대표당사자와의 다른 형태의 적대감으로는 단체구성원이 소송제기 자체를 반대한다거나, 자신의 권익을 다른 개별소송을 통하여 제기한다거나, 이 양자가 동시에 일어날 때 발생한다. 판례는 일단 차별금지의 단체소송이 계속되면 대표당사자를 반대한다는 이유만으로 소 취하를 구한다거나 독립적 개별소송은 허용하지 않고 있다.[3] 다만 법원의 판단에 따라 대표당사자가 단체구성원에 대한 성실의무의 위반이 있다고 판단되었을 때 대표적격을 부인하고 있다.[4] 이 예로는 단체의 변호인이 스스로 대표당사자가 되었을 경

　Cir 1970).

1) Armour v City of Anniston. 654 F2d 382(5th Cir 1981).

2) Christman v American Cyanamaid Co, 92 FRD 441(NDWV 1981); Bartelson v Dean
　Witter & Co. 86 FRD 657(ED Pa 1980); Quigley v Braniff Airways. 85 FRD 74
　(ND Tex 1979); Rajender v University of Minn. 24 FEP Cas(BNA) 1045(D Minn Apr 24.
　1978).

3) Grogan v American Brand, Inc. 70 FRD 579(MDNC 1976).

4) Payne v Travenol Laboratories. Inc. 673 F2d 798(5th Cir 1982).

우, 대표당사자와 밀접한 친족인 경우, 대표당사자와 수임변호인이 같은 법률사무소에 소속된 경우 등에는 대표적격은 부인된다.[1]

또 단체의 변호인단의 일부가 단체의 반대당사자의 소송업무를 위임받고 있을 경우에도 대표적격은 부인된다.[2]

단체구성원 사이의 이해관계의 대립이 심각하여 대표적합성을 유지하기 어려우면 단체소송 자체가 부인되기도 한다. 그러나 구성원 내의 이해관계의 대립이 유형화가 가능하면 수소법원은 ① 단체분할을 통한 부분단체의 창설로 현재 대표당사자의 대표 적격을 어느 부분단체의 대표당사자로 한정하여 소송을 진행할 수 있고,[3] ② 당해 단체소송에 대하여 소송비참여 단체구성원의 소송참가를 전면적으로 허용하여 자신의 이익을 적극적으로 방어하도록 유도할 수 있고,[4] ③ 단체구성원 개인의 변호인선임도 인정하며,[5] ④ 차별금지청구와 같은 침해배제청구소송이라 하더라도 단체구성원이 단체로부터 제외청구권을 예외적으로 인정하여 가급적 단체소송을 유지하도록 이끌고 있다.[6]

(4) 대표당사자의 역할

대표당사자는 단체 전원의 이익을 위하여 원활한 소송수행을 할 수 있어야

1) Graves v Colorado, 31 Fed R Serv 2d(Callaghan) 1480(D Colo Dec 2, 1980); Rassini v Ogilvy & Mother. Inc, 80 FRD 131. 135(SDNY 1978); Lyon v Arizoan, 80 FRD 665(D Ariz 1978).

2) Phillps v Joint Legislative Comm, 637 F2d 1014(5th Cir 1981), 재심청구기각(Apr 27, 1981).

3) Air Line Stewards & Stewardesses Assn Local 550 v American Airlines, 490 F2d 636, 642(7th Cir 1973); Lynch v Sperry Rand Corp. 62 FRD 78, 85(SDNY 1973).

4) Baxter v Savannah Sugar Ref Co. 46 FRD 56, 59-60(SD Ga 1968).

5) Groggy v General Motors Corp, 72 FRD 523(SDNY 1976).

6) 침해배제청구라도 제외청구를 인정한 판례로는, Alaniz v California Processor, Inc, 73 FRD 269(ND Cal 1976), 청구변경, 73 FRD 289 (ND Cal 1976), 제외청구인락. 572 F2d 657(9th Cir 1978); 소송참가에 관하여는 Women's Comm v NBC. 71 FRD 666(SDNY 1976).

한다. 원활한 소송수행을 하기 위한 전제요건으로 근로자단체의 대표당사자는 사용자 측인 반대당사자와 실질적이고 구체적인 적대관계(adverseness)를 필요로 한다.[1] 이 적대관계를 바탕으로 대표당사자는 일차적으로는 재정적 부담을 감수하면서 단체의 변호인단과 합심하여 자신만을 위한 것(prose)이 아닌 단체구성원 전원을 위하여 소송을 진행해야 할 역할이 부여되어 있다. 또 대표당사자는 소송의 진행과정에서는 단체의 실질적 이익(actual interests)을 보호하기 위하여 적극적으로 대처해야 할 것을 요한다.[2]

(5) 대표당사자의 재정능력

대표당사자가 소송을 능동적으로 진행시킬 수 있는 재정능력이 있어야 대표적합성이 있는가에 대하여, 판례는 고용관계 단체소송의 경우 이 능력은 대표적합성의 필요적 고려사항이 아니라 한다. 그 이유는 침해배제청구형태인 고용차별금지청구 단체소송의 경우 단체구성원에 대한 개별 소송고지를 필요로 하지 않으므로 소송고지비용부담의무가 없고, 통상 고용차별 단체소송의 경우 단체소송이 확정되면서부터는 당해 사건을 수임한 변호인단이 스스로 비용을 부담하거나 각종 기금 및 성금 등으로 재정원조가 있는 것이 거의 대부분이기 때문이라 한다.[3]

(6) 변호인단의 의무

변호인단의 전문성은 일응 이를 인정하지만 판례는 단체소송에 있어서 변호인의 소송대리경험 또는 고용차별소송에 대한 경험 등이 있는가를 심사하기도 한다.[4] 또 그동안 변호인단이 담당하였던 단체소송상 각종 공격·방향

---

1) Marchwinski v Oliver Tyrone Corp. 83 FRD 606(WD Pa 1979).

2) Eirhart v Libbey-Owens-Ford Co, 89 FRD 242(ND Ⅲ 1981).

3) Lim v Citizens Sav & Loan Assn, 430 F Supp 802(ND Cal 1976); Klein v Checker Motors Corp, 87 FRD 5 (ND Ⅲ 1979); Stahler v Jamesway Corp. 85 FRD 85(ED Pa 1979).

에 있어서 그들이 보여주었던 소송진행기술, 성실성 등을 판단하기도 한다. 만일 이런 쟁점에서 변호인단의 역할이 미비하다고 판단되었으면 심리법원은 대표적합성을 부인하기도 하고 자신의 심리재량 범위 내에서 변호인단의 교체를 명하기도 한다.[1]

단체확인청구서의 제출부터 본안의 공격 방어에 있어 단체의 변호인단의 부적절한 대응 또는 지연도 부적합 변호인단을 판단하는 기준이다. 변호인단은 단체의 대표당사자를 비롯하여 모든 구성원과 이해관계의 대립이 있어서는 안 되며, 이해관계의 대립이 발견되면 심리법원은 새로운 변호인단의 선임을 권유하거나 이를 직권으로 명할 수 있다.[2]

V. 대표성을 인정받는 자

대표당사자는 단체구성원으로서 적합대표에 있기 위하여 동일한 고용상의 지위 또는 위치에 있어야 할 것을 요하는 것은 아니다[3] 다음은 대표성에 관한 쟁점을 검토한다.

1. 부서, 직능, 직위가 다른 구성원 간 차별

다양한 근로자집단이 같은 고용구조(the same employment structure) 안에서 각기 다른 회생된 그룹을 대신하고 있는 경우 광범한 단체를 인정하고 있다.[4] 반면, 각기 다른 고용상 직위, 부서, 공장 가운데 전 직원에 대한 통일성을 보여주지 못하고 있을 때에는 단체는 부인되거나 분할된다. 한 단위 이상

---

4) Field v Beech Aircraft Corp, 95 FRD 1(D Kan 1981).

1) Howard v Mclucas, 87 FRD 704(MD Ga 1980).

2) McGowan v Faulkner Concrete Pipe Co, 659 F2d 554(5th Cir 1981).

3) Note, Class Standing and the Class Representative, 94 Harv L Rev 1637(May 1981).

4) 102 S Ct 2364(1982).

의 고용상 직위, 부서, 직능에 영향을 미치는 확산된 인사정책(pervasive policy)이 있거나, 고용상의 직위나 부서에 관계없이 근로자에 대하여 영향을 미치는 집중된 의사결정이 있거나, 혹은 구조적 집중적으로 집행되는 정책으로서 유사한 차별결과를 야기하는 경우에는 이 중 어느 한 그룹이 전체 단체를 대표할 수 있다.

2. 전문직, 비전문직

전문직 근로자는 그 업무와 관계가 있는 기술자, 단순관리직, 경리직과 같은 비전문직 근로자를 대표할 수 있다. 판례는 대표 당사자가 단체구성원의 위치에서 일을 해본 적이 없거나 혹은 일할 자격을 부여받지 못하였을 때, 단체구성원의 청구와 친근성의 결함(lack of familiarity)이 있을 때, 대표성을 부인하였다.[1]

전문직과 비전문직이 혼재된 단체는, 단체구성원이 개개의 차원에서 피고측인 사용자에 대하여 동등한 고용관계가 있지 않으면 어느 한 직의 다른 직의 대표성은 부인된다.[2]

3. 감독직, 경영직, 비감독직, 시간제 근무자

감독직 근로자는 비감독직 근로자를 대표하는 경우 또는 이와 반대되는 경우, 상호관련의 이해관계의 증거(evidence of coextensive interests)를 제출하여야만 하고,[3] 적어도 이 양자에게 해당하는 일반적 차별인사정책(a general discriminatory policy)의 존재를 인정받아야 대표성이 있다.[4]

---

1) Carter v Newsday.lnc. 528 F Supp 1187(EDNY 1981).
2) Meyer v MacMillan Pub Co, 95 FRD 411(1982), Wells v General Elec Co, 78 FRD 433(ED Pa 1978).
3) Holsey v Armour & Co, 743 F2d 199(4th Cir 1984).
4) IMPACT v firestone, 24 FEP Cas(BNA) 572(ND Fla Nov 7, 1980).

4. 채용이 거부된 자를 대표하는 현직 근로자

차별금지 단체소송에 관하여 광의의 대표개념을 채택하여 오고 있고, 지원
은 하였으나 채용이 거부된 자 또는 지원 자체가 거부된 자를 포함한 단체를
대표하는 현직 근로자의 대표성을 허용하고 있다.[1] 특히 이 그룹 사이에 적
대감이나 이해관계의 대립이 있다는 증거가 없는 경우 대표성을 인정한다.[2]

일부 판례는 현직 근로자는 입사희망자를 포함한 단체에 대표성을 갖지 못
한다고 하고 있는데, 이들은 채용과정에 있어 고통받는 차별을 경험한 바 없
고, 따라서 이들의 청구는 입사지원자 또는 지원희망자를 위해서는 청구가
비전형성을 갖기 때문이라 하였다.[3] 그러나 다수의 판례는 현직 근로자가 채
용을 희망하는 자와 더불어 일률적 방법(a common way)으로 영향을 미치는
차별사실이 있음을 입증하면 채용희망자와 이해관계가 긴밀함으로써 청구
전형성 요건을 갖추고, 따라서 채용희망자를 포함한 단체의 대표성이 인정된
다고 하였다.[4]

현직 근로자가 차별적 채용관행에 대하여 불쾌감을 받고 있다거나, 같은
맥락에서 비롯된 사용자의 채용이나 승진·인사정책이 단체구성원 전원에
대하여 중대한 이해관계가 있는 것으로 판단되면 대표성은 인정된다.[5]

5. 다른 직위 또는 분리된 인사정책을 통하여 고통받는 단체를 대표한 현직 근로자

정부나 거대기업군의 경우 분리된 고용관행 또는 인사정책을 바탕으로 한

---

1) Holems v Continental Can Co, 28 FEP Cas(BNA) 1539(ND Ala Sept 17, 1980).

2) Taylor v Charles Bross Co, 26 FEP Cas(BNA) 395(WD Pa July 14, 1981).

3) Scott v University of Del. 601 F2d 76(3d Cir 1979). 상고청구기각, 444U US 931(1980).

4) Talley v Hoechst fibers Indus. 24 FEP Cas Cas(BNA) 580(DSC Jan 16. 1979).

5) Holsey v Armour & Co. 743 F2d 199. 216(4th Cir 1984).

차별적 승진, 전보, 보임의 가능성이 높다. 이 경우 차별의 농도가 보다 덜한 직위 또는 부서의 현직 근로자는 차별의 근본원인이 통합적 또는 전 회사관계의 인사정책 또는 경영 결정에 입각하여 발생되었다고 하면 대표성을 갖는다.[1]

이런 중앙의 인사통제체제가 없는 경우의 차별이라 하면, 대표성은 해당 관련 직장이나 부서에 한정되어 대표성을 제한하고 있다. 판례도 대표당사자가 단체의 전 구성원을 위하여 소송을 제기할 수 있는 당사자로서 진입의 위치에 없을 경우에는 대표성은 제한된다고 하고 있다.[2]

6. 현직 근로자를 대표하는 입사지원자

입사지원자 또는 채용이 거부된 자는 채용과정에서 사용자의 차별적 고용관행에 관하여 다툴 수 있고, 지원자에 대한 차별이 현직 근로자에게까지 확대될 수 있는 인사정책이면 공통쟁점이 인정되어 청구전형성을 가지며, 따라서 현직 근로자의 차별적 고용관행이나 승진정책을 다투는 단체소송에서 대표성이 인정된다.[3]

7. 현직 근로자를 대표하는 전직 근로자

전직 근로자는 현직에 있는 자를 대표할 수 있다고 일반적으로 인정된다. 심지어 전직 대표당사자의 경우 강제퇴직이 아닌 자발적 퇴직이라 하더라도 대표적격을 인정하고, 복직을 구하지 않는 경우도 대표성은 인정된다.[4]

그러나 전직의 자에 의한 현직 근로자의 대표는 이들 사이의 이해관계의

---

1) McKenzie v Sawyer. 684 F2d 62(DDC Cir 1982); Abron v Black & Decker, Inc, 654 F2d 951(4th Cir 1981).

2) Nation v Winn-Dixie Stores, 95 FRD 82(ND Ga 1982).

3) Shannon v Hess Oil Virgin Islands Corp, 96 FRD 236(1982); Fowler v Blue Bell, Inc, 92 FRD 475(ND Als 1981).

4) Lilly v Harris-Teeter Supermarket, 720 F2d 326, 334(4th Cir 1983).

충돌, 피해의 비유사성, 공통쟁점의 결함이 발견되었을 때, 대표성은 부인된다.[1] 사용자의 고용관행에 친숙하지 못한 짧은 기간 동안만 근무하였던 전직 근로자는 현직 근로자에 대한 대표성이 부인된다.[2] 퇴직 및 정년퇴직자는 현직 근로자를 충분히 대변할 수 있고 이들과의 이해관계가 일치할 개연성이 높으므로 대표성 인정에 대하여 법원은 매우 긍정적이다.[3]

8. 입사지원자 및 지원 자체를 단념한 자를 대표하는 입사지원자

채용이 거부된 지원자는 다른 거부된 지원자 또는 지원을 단념한 자 또는 이 양자를 포함한 단체를 대표할 수 있다.

지원 자체를 단념한 자를 위한 구제의 중요성은 International Brotherhood 사건에서[4] 연방대법원이 표명한 바 있는데, 여기에서 법원은 다음과 같이 판시하고 있다.

> "……차별 인사관행의 광범한 피해는 연방법원의 엄밀한 심사를 피할 수 없고, 이것은 소수인종 출신 또는 여자라는 이유만으로 입사지원에 시원적으로 방해를 주는 불공정 인사 관행으로부터 구제를 취지로 하는 것이고 ……이 단체소송은 장래의 입사희망자에 대하여 처음부터 채용지원을 단념하도록 하는 것을 방지하기 위하여 효력을 가지는 것이지, 과거에 이 직업을 원했던 자에 대하여는 그들이 단순히 과거 채용차별에 의하여 받았던 피해의 전보까지 구제의 여력이 있는 것은 아니다."[5]

---

1) Morris v City of Pittsburgh, 25 FEP Cas(BNA) 1736(WD Pa Mar 22, 1979); Kowba v Allstate Ins Co, 32 Fed R Serv 2d(Callaghan) 1330(ED Cal Sept 24, 1981).

2) Rawson v Ducommun Metal Co, 30 Fed R Serv 2d(SD Tex 1982).

3) Eastland v Tennessee Vally Auth, 31 Fed R Serv 2d(Callaghan) 1110(ND Ala July 10, 1980); Atkison v Owens-Illinoise, Inc, 20 Fed R Serv 2d(Callaghan) 433(ND Gar Mar 31, 1975).

4) International Brotherhood of Teamsters v US, 431 US 367(1977).

5) 위 375.

9. 소수인종 및 여자에 의한 대표

흑인이나 여자 또는 이 양자를 대표하여 단체소송을 제기하는 흑인여자가 있을 때 이들 두 그룹 사이의 인종적 편견이라는 생래적 대립이 발견될 수 있다. 이 경우 판례는 상호 이해관계의 대립이 무조건적으로 존재하는 것은 아니며, 승진경쟁 기타 다른 고용관계상 이익에서 구체적이고 실질적인 적대감이 나타나고 있지 않으면 단체를 확인할 수 있고 대표성은 인정된다.[1]

10. 흑인 및 여성을 대표한 흑인여자

흑인여성 대표당사자는 공존의 이해관계 및 이 이해관계에서의 대립이 없으면 흑인과 기타 인종의 여자에 대한 대표성을 갖는다.

판례는 여자 및 흑인을 대표하는 흑인여자에 의한 단체소송은 사용자 측이 일반적으로 흑인보다 백인을 선호하는 차별이 있고 여자보다 남자를 선호한 차별로 원인된 소송이 주류를 이루고 있으므로 이들 사이에 생래적 이해관계의 대립이 있는 것으로 보아 대표성을 제한하고 있고, 이들 사이의 직업상 경쟁심리는 구체적으로 상호적대감으로 발전되었다고 판단된 경우에는 단체확인을 기각하고 대표성을 부인한 바 있다.[2]

11. 여자를 대표하는 흑인여자

성 및 인종에 대한 차별금지청구가 제기되었을 때, 흑인여자와 백인여자 사이의 적대감 또는 이해관계의 대립은 흑·백 양자로 구성된 단체의 대표성을 부인하고 있다.[3]

---

1) Smith v United Bhd of Carpenters, 685 F2d 164(6th Cir 1982).

2) Edmondson v Simon, 86 FRD 375(ND Ill 1980).

3) Richardson v Coopers & Lybrand, 82 FRD 335(DDC 1978).

12. 여자를 대표하는 흑인남자

EEOC에 의거 성차별금지청구를 제기한 여자 대표당사자가 없다든가 흑인남자 대표당사자가 흑인 및 여자를 위하여 인종차별금지와 함께 성차별금지청구를 제기하였을 때, 백인여자를 포함한 단체에 대해서는 대표성이 부인된다.[1]

13. 다른 소수인종을 대표하는 소수인종

성차별금지청구는 제기되지 않고 인종 또는 출신국에 의한 차별금지가 주장되고 있는 소송에서, 판례는 고용차별 단체소송에 있어서 어느 한 단체구성원이 다른 소수인종, 혹은 여러 소수인종, 혹은 이에 영향을 받고 있는 집단의 대표성을 허용하는 것에 긍정적 입장이고, 특히 이 집단들이 소송의 전과정에 비추어 차별유무의 쟁점과 관련, 유사한 이해관계를 인정할 수 있을 때 그러하다.[2] 예컨대, 흑인이 Mexican-Americans,[3] Chicanos,[4] 혹은 스페인 성을 가진 자,[5] Native Americans,[6] 그리고 아시아인[7] 등을 대표하는 것을 인정한다.

---

1) Badillo v Central Steel & Wire Co, 495 F Supp 299(ND 111 1980).

2) Caton v Canal Zone Covt. 522 F Supp 1(DCZ 1981).

3) McLendon v David Lowe Personnel Servs. 15 FEP Cas(BNA) 245(SD Tex Apr 5. 1977).

4) NOW v Bank of Cal. 6 FEP 1238(ND Cal 1970).

5) Minority Alliance Group v Cook County. 28 FEP Cas(BNA) 298(ND III Dec 23. 1976).

6) Minority Alliance Group v Cook County. 28 FEP Cas(BNA) 298(ND III Dec 23. 1976).

7) Ellis v Naval Air Rework Facility. 404 F Supp 391(ND Cal 1975).

14. 노동조합에 의한 대표

노동조합은 조합원이 포함되는 단체를 대표하기 위하여 자신이 피해를 받았다거나 당해 단체의 구성원이 될 필요는 없다.[1] 공통쟁점과 관련 기관 대표당사자로서 대부분의 경우 노조의 대표성은 매우 긍정적으로 평가되고 있다. 판례는 Open Shop제도하에서 비조합원의 이익보호를 위하여 그 대표성은 심리법원이 재량에 따라 일부 제한될 수 있음을 인정하고 있다.[2]

VI. 관련 문제

1. 기판력의 범위

고용차별금지에 관한 종국판결이 내려진 경우 단체구성원 전원을 포함하여 동일 당사자사이에 동일 소인에 의한 쟁송이 부인되는 것이 기판력의 범위다.[3] 연방민사소송규칙 23조의 단체소송판결은 단체구성원 전원에 대하여 원하든 그렇지 않든 그 효력이 미친다.[4] 차별금지청구의 경우 차별행위의 다양성이 있으므로 그 기판력의 범위가 어디까지 미칠 것인가가 문제되고 있다. 단체의 정의 안에 포함시킬 수 있는 잠재적 단체구성원(potential class members) 또는 당해 단체소송을 인식조차하지 못하고 있는 소송비참여 단체구성원(the absent class members)에 대하여 판결효가 미칠 것인가의 문제다.

기판력의 객관적 범위에 대하여 판례는 연방민사소송규칙 23조의 취지와

---

1) Woodworkers v Chesapeake Bay Plywood. 659 F2d 1259(4th Cir 1981).

2) EEOC v Printing Indus of Metro Washington, DC, Inc. 92 FRD 51(DDC 1981); 상세히 는, Mote, Reconsidering Union Class Representation In Title Ⅶ Suit, 95 Harv L Rev 1627(May 1982).

3) Black Grievance Comm v Philadelphia Elec Co, 79 FRD 98(ED Pa 1978).

4) Fed R Civ P, Rule 23(c)(2); Rules Advisory Committee Notes, 39 FRD 69, 105(1966).

적법절차에 따라서 결정되어야 한다면서,[1] 동 규칙 23조(b)(2)의 금지청구유형의 고용차별금지 단체소송은 소송에 관한 개별고지가 필요치 않고, 단체로부터 제외청구권이 인정되지 않으므로 대표적합성을 그만큼 엄격히 심사할 필요가 있고, 이 대표적합성을 충족한 단체소송의 종국판결은 소송비참여 단체구성원 전원에 대하여 구속력이 있다고 한다.[2] 따라서 어느 고용차별금지 단체소송의 단체구성원이었던 자 또는 이 단체구성원에 해당될 것이 합리적으로 보아 명백한 자가 단체소송 종국판결이 있은 후에 제기하는 후속의 개별청구의 제기는 기각된다.[3] 확인판결형식을 구한 고용관계 단체소송의 경우도 그 기판력의 범위는 위와 같다.[4]

2. 소송참가

소송비참여 단체구성원 또는 확인된 단체의 범위 안에 해당될 수 있는 잠재적 단체구성원은 당해 소송의 종국판결을 기다리기보다는 직접 또는 그의 변호인을 통하여 당해 단체소송에 참가하는 것을 허용하고 있다.[5] 통상적으로 소송참가가 이루어지는 경우는 대표적격성 여부에 관한 단체구성원 간의 다툼이 있거나,[6] 당해 단체소송의 소송물이 의제적이 되는 것을 방지하기 위해서나,[7] 순수하게 자신의 권익보호를 위한 경우이다.[8]

고용차별금지 단체소송에서 소송비참여 단체구성원 등에 의한 소송참가는 비교적 다른 분야의 단체소송보다 폭넓게 인정되고 있다.[9] 특히 단체분할을

---

1) Kemp v Birmingham News Co, 508 F2d 1049(5th Cir 1979).

2) Kemp v Birmingham News Co, 508 F2d 1054(5th Cir 1979).

3) Byrd v Prudential Ins Co, 30 FEP Cas(BNA) 304(SD Tex Nov 15, 1982).

4) EEOC v Children's Hosp Medican Center, 719 F2d 1426, 1431(9th Cir 1983).

5) Smith v Josten's Am Yearbook Co, 78 FRD 154(D Kan 1978).

6) vanguard Justice Socy, Inc v Hughes, 471 F Supp 670(D Md 1979).

7) Brown v Eckerd Drugs, Inc 663 F2d 1268(4th Cir 1979).

8) Greene v Southland Corp, 83 FRD 117(ND Tex 1979).

9) Burkhalter v Montgomery Ward & Co, 92 FRD 361(ED Ark (981).

한 경우 부분단체에 대하여 구제형식이 각기 다를 때에 대표당사자 이외의 소송참가를 인정하고 있고, 수소법원은 필요하다고 판단되면 독립당사자 참가도 허용하고 있다. 그러나 현재 계속 중인 사안에 대한 참가신청이 남소의 우려 또는 불필요한 소송지연의 가능성이 있거나, 참가신청자의 청구를 기각하더라도 당해 신청자에 대하여 피해가능성이 없다거나 이해관계가 없는 자의 참가신청은 기각된다.[1]

3. 급료변상

민권법에 의거한 고용차별금지청구 등과 같은 이른바 형평법상 구제청구는 그 청구취지가 인용되었을 때, 그동안 있었던 피해에 대한 전보가 인정될 것인가가 문제된다. 왜냐하면 배상청구와 같은 보통법상 손해전보소송은 별도의 재판절차에 따라야 하거나 배상액의 결정 등에 있어 배심절차를 요하는 경우가 많기 때문이다.[2] 판례는 고용차별로 인한 쟁송에서 급료배상은 금지청구의 당연한 부속절차로서 별도의 쟁송절차가 필요 없이 금지청구의 단체소송의 범위 안에 포함시켜야 한다는 것이 다수다. 또 고용차별금지 단체소송에서는 배심절차를 반드시 거쳐야 하는 별도의 징벌배상청구는 인정되지 않는다.[3]

급료배상의 산정방법은 사용자의 위법·부당의 차별행위에 대한 징벌적 성격이 아니므로, 차별 그것으로 인하여 발생한 순수한 피해정도의 원상회복에 초점을 맞추어 법원의 재량으로 결정하고 있다. 피해액의 입증책임은 근로자 측에 있고, 단체의 규모에 입각하여 하든, 개별적·선택적이든 무관하

---

1) Jones v United Gas Improvement Corp, 69 FRD 398(ED Pa 1975); Leach v Standard Register Co, 94 FRD 192(WD Ark 1982).

2) Comment, The Right to Jury Trial Under Title Ⅶ of the Civil Rights Act of 1964, 37 U Chi L Rev 167(1969).

3) Gill v Monroe County of Social Servs, 79 FRD 316(WDNY 1978): 상세히는, Davison, Back Pay Award Under Title Ⅶ of the Civil Rights Act of 1964, 26 Rut L Rev 741(1973); Comment, Developments In the Law-Employment Discrimination and Title Ⅶ of Civil Rights Act of 1964, 84 Harv L Rev 1109(1971).

다.[1] 성 및 인종을 이유로 한 고용차별금지청구의 경우 급료 변상액의 산정 기준으로는 통상의 평균임금으로 하고, 연공 및 승진차별의 경우에는 청구가 인용됨으로써 허용되는 그동안의 호봉승급분을 인정할 뿐, 위자료 등 기타의 배상액은 이를 산정하지 않음이 원칙이다.

4. 화해절차

고용차별금지의 단체소송도 재판절차의 진행인 만큼, 재판상 화해를 비롯하여 각종 합의제도가 인정된다. 그러나 단체소송의 특성상 소송에 직접 나서는 대표당사자뿐 아니라 재판결과에 구속되는 소송비참여 단체구성원이 존재하므로, 이들의 이익보호를 위하여 일반소송과는 달리 화해절차 중의 법원의 엄격한 감독과 심사를 받으며, 화해조서는 심리법원의 승인을 얻어야 효력을 갖는다.[2]

고용차별금지의 단체소송에서 법원이 화해절차의 심리사항으로 고려하는 기본요소로는 아래와 같은 것을 기준으로 하는데, 이들 요소에 대하여 소송비참여 단체구성원을 위하여 합리적이고 공정한 합의사항이 있다고 판단되어야 화해조서는 승인되고 그 효력은 종국판결효와 일치한다. 화해절차진행시 심리법원이 고려하는 사항으로는 ① 근로연공서열 결정방법에 관한 합의,[3] ② 채용, 승진, 각종 인사절차상 공정성,[4] ③ 채용기준의 합리성,[5] ④ 소수인종보호안의 제시,[6] ⑤ 채용광고상 합리적 요건,[7] ⑥ 근로자 복지위원

1) Domingo v New England Fish Co, 727 F2d 1429, 1445(9th Cir 1984).

2) Reed v Arlington Hotel Co, 476 F2d 721. 725(8th Cir 1973); Moore v City of San Jose, 615 F2d 1265(9th Cir 1980).

3) Wattleton v Ladish Co, 89 FRD 677(ED Wis 1981).

4) Jones v Milwaukee County, 95 FRD 715(ED Wis 1980).

5) Rajender v University of Minn, 546 F Supp 158(D Minn 1982).

6) Norwalk Guardians Assn v Beres, No B-77-229(D Conn Jan 6 1981).

7) Rajender V University of Minn, 546 F Supp 158(D Minn 1982).

회의 구성여부,[1] ⑦ 근로자 복지기금의 조성여부,[2] ⑧ 대표당사자에 대한 개별구제여부와 그 정도,[3] ⑨ 변호사비용부담[4] 등에 관한 합의가 이루어져야 할 것을 유도하고 있다.

Ⅶ. 결론

1. 고용차별금지 단체소송의 현황

미 연방법원의 사건목록에 의하면, 연방법원 사물관할의 단체소송이 가장 빈번하였던 시기는 1967년부터 1984년까지이다. 이 기간에 단체소송건수는 2,473건으로, 이 중 고용관계 단체소송건수는 1,126건으로 24개의 소송물분류기준 가운데 가장 많은 비율을 차지하고 있다. 다음의 표는 필자가 추계·작성한 고용차별이 소인이 된 단체소송 추이에 관한 분포도이다.

Specialty	Number of class Upheld	Number of class Denied	Total Number of Cases	Total Percentage	승소율 (U/T×100)	패소율 (D/T×100)
Antirust	167	166	333	8.4	50.2	49.8
Civil Rights	129	63	192	4.8	67.2	32.8
Contract	7	28	35	0.9	20.0	80.0
Credit & Truth	98	92	190	4.8	51.6	48.4
Criminal Justice	165	65	230	5.8	71.7	28.3
Education	85	49	134	3.4	63.4	36.6
Employment Discrimination	621	505	1,126	28.4	55.2	44.8

---

1) EEOC v Children's Hosp, 695 F2d 412(9th Cir 1982).

2) Rosario v New York times Co, 24 FEP Cas(BNA) 994(SDNY Nov 26, 1980).

3) Bartelson v Dean Witter & Co, No 78-839(ED Pa 1982).

4) Parker v Anderson, 103 S Ct 63(1982).

Environmental	19	18	37	0.9	51.3	48.7
Estates & Trusts	3	2	5	0.1	60.0	40.0
Governmental Regulation	26	16	42	1.1	61.9	38.1
Health Care	58	13	71	1.8	81.7	18.3
Housing & Property	121	42	163	4.1	74.2	25.8
Insurance	7	8	15	0.4	46.7	53.3
Labor	67	37	104	2.6	64.4	35.6
Military Rights	18	7	25	0.6	72.0	28.0
Patent Copyright	5	7	12	0.3	41.7	58.3
Political Rights	62	26	88	2.2	70.4	29.6
Securities	412	198	610	15.4	67.5	32.5
Sex Discrimination	23	8	31	0.8	74.2	25.8
Taxes	9	8	17	0.4	52.9	47.1
Tort	14	34	48	1.2	29.2	70.8
Welfare, etc.	354	97	451	11.4	78.5	21.5
Miscellaneous	3	5	8	0.2	37.5	62.5
Total	2,473	1,494	3,967	100.0		

이 표를 보면, 고용관계 Class Action이 급증하였던 시기는 1975년부터 1979년까지이다. 이 시기는 단체소송에 관한 일반법규인 연방민사소송 규칙 23조에 관한 해석이 성숙된 시기이고, 법원의 분위기 역시 신보수주의 사상에 영향을 강하게 받을 때여서 개인의 자유에 가장 많은 가치를 부여한 때다. 고용관계 단체소송의 승률은 평균 57.1%로서 다른 소송물과 비교하여 볼 때, 상위권을 형성하고 있다.

2. 평가와 전망

고용관계 Class Action은 다민족 국가인 미국에서 인종 및 각 이익집단 사이의 관계조정에 큰 기여를 하였다. 앞의 표에서 보듯이 1984년 이후 이런 소송건수는 급격히 감소하였고, 1989년 연방대법원에 고용차별금지 단체소송의 이송신청건 1건을 제외(청구기각)하고는 현재까지 연방대법원에서 심리한 사건이 없을 정도다.[1] 이 점은 그동안 고용차별 Class Action을 통하여 각 이익집단 간의 대립을 거의 완벽하게 조정하여 노사관계의 민주화를 이룩하였다고 평가된다. 특히 인종 및 성차별금지에 관한한, 평등권의 실현이 완수된 것이라 하겠다. 다만 Class Action사건은 아니지만 노사관계에 있어서 연령차별금지청구가 등장하고 있는 점에서, 앞으로는 이 분야의 Class Action 대상이 증가될 것으로 예상된다.[2]

고용관계 Class Action에 관한 판례를 종합하여 볼 때, 연방법원은 우선 단체정의에 관하여는 비교적 이를 폭넓게 인정하려는 태도가 강하고, 단체확인에 관한 요건도 근로자 개개인에 관한 차별의 양상과 피해정도가 다양함에도 불구하고 전반에 걸친 차별을 인식할 수 있으면 단체소송을 인정하여, Class Action이 인정된 소송물이면 거의 전부 근로자 단체의 청구취지를 인용하고 있다. 우리나라도 미국과 같은 다민족국가는 아니지만 노사관계의 갈등은 1980년대부터 점증하고 있고, 산업별·직능별·직장별 집단이해대립 가능성은 매우 높다. 또 다음 세기에는 각국의 노사관계에 따른 불공정무역을 규제하려는 Blue Round가 발효될 전망이다. 이에 대비하여 우리나라도 불공정 노동행위의 선진국 기준의 하나로 미국의 노사관계 집단분쟁에 관한 연구와 검토가 더욱더 요청된다 하겠다.

---

1) Comment, The Supreme Court 1990 Term, 104 Harv L Rev 104, Appendix Table Ⅲ (1990).

2) 상세히는 Note, Classwide Arbitration and I0b-5 Claims in the Wake of Shearson/American Express, Inc v McMahon, 74 Cornell L Rev 380, 403-05(1989).

제3장 일반심판절차

Ⅰ. 들어가며

우리나라도 증권 관련 집단소송법과 소비자기본법이 제정·발효됨으로 써[1] 그동안 논란이 되었던 다수당사자 소송제도의 새로운 장을 열고 있다. 아직 이 제도의 성패에 관하여 평가하기에는 이른 감이 없지 않지만 일반적 시각은 그리 긍정적이지 못하다.[2] 무엇보다 증권관련 집단소송법은 미국의 Class Action제도를 도입한 것인데, 소송수행과정에서 드러난 고비용과 장기간의 시간소요에 부딪쳐 제도의 도입취지가 무색해지고 있다.[3] 소비자기본법상 단체소송의 경우에도 제소권을 등록소비자단체에 한정하고 있기 때문에 그 실효성에 대하여 회의적 시각이 적지 않다.[4] 특히, 소비자단체소송에 대하여는 많은 논의 끝에 소위 독일식 단체소송방식을 채택한 바 있으나 구체적인 적용에 있어서는 문제점들이 지적되고 있다.[5]

독일식 단체소송방식을 취하게 된 배경에는 미국의 Class Action제도가 주로 사후적 구제로서 금전배상방식에 의존하고 있다는 점이 우리 실정에 적합하지 않다는 데에 있다. 즉, Class Action은 소송형식에 대한 제한은 없으나 주로 소액다수의 손해배상청구소송으로 개별적인 피해에 대해 사후적인 구제를 주목적으로 하고 있는 데 반해, 소비자소송 및 환경소송을 포괄하는 독일 및 프랑스의 단체소송은 주로 위반행위의 방지를 통한 손해발생의 금지 또는 사전예방을 위하여 활용되고 있다는 것이고, 남소의 폐해라든가 소송수행능력 등을 고려하여 독일식을 택하였다는 것이다.[6]

---

1) 법률 제8635호(일부개정 2007.8.3); 법률 제9257호(일부개정 2008.12.26).
2) 한충수, 소비자보호를 위한 바람직한 집단소송 시스템-소비자보호법 개정안의 단체소송제도를 중심으로-, 145, 151-154(민사소송: 한국민사소송법학회지, 10권 1호, 2006).
3) 한충수, 앞의 논문, 153.
4) 고형석, 소비자단체소송제도에 대한 연구-일본 소비자계약법상 소비자단체소송제도와 비교를 중심으로-, 43면 (소비자학연구, 제19권 제2호, 2008. 6).
5) 김원기, 박수영, 소비자기본법상 단체소송, 102-103(법학논총, 제27집 제1호, 전남대학교, 2007).
6) 강난숙, 소비자집단피해구제-집단소송으로서 소비자단체소송을 중심으로-, 120-124면(충

도리어 미국의 Class Action은 금전배상 청구소송으로 활용되기보다는 선언적 의미를 갖는 금지청구형태를 띠고 있는 경우가 많다는 점을 감안할 때,[1] 보다 심도 있는 검토가 필요하다고 하겠다. 더구나 미국은 2005년 2월 18일, 부시행정부의 입법과정에서 7년 이상이나 소요된, 공화당과 대기업들의 노력의 산물인 '2005년 집단소송 공정법(The Class Action Fairness Act of 2005: 이하 CAFA)'에 서명을 함으로써 동법을 발효시켰다. 동법은 미국 연방의회(Congress)가 주 법원차원에서 발생하고 있는 집단소송제도의 남용을 막기 위해 취해온 일련의 조치 중 마지막 시도이기도 하다.[2] 이후 Class Action제도가 갖고 있는 문제점을 극복하기 위하여 새로운 입법이나 판례가 축적되기도 하였다.

여기에서는 미국의 소비자 Class Action제도를 재조명한다는 취지에서 최근 소비자 Class Action과 관련된 개정법령과 판례를 중심으로 쟁점을 살펴보는 한편, 종래에 논의되었던 문제점의 발전방향을 검토하여 우리나라의 소비자단체 소송에서 갖고 있는 문제점을 극복하기 위한 하나의 대안을 모색하고자 한다.

Ⅱ. Class Action 개관[3]

1. 의의

미국은 소액 다수피해에 대한 집단구제제도로서 두 가지 소송유형인 Class

남대학교 대학원 박사학위청구논문, 2008,2)

1) 상세히는, Thomas R. Grande, INNOVATIVE CLASS ACTION TECHNIQUES-THE USE OF RULE 23(B)(2) IN CONSUMER CLASS ACTIONS, 14 Loy. Consumer L. Rev. 251, 253-254(2002) 이하 참조.

2) 이와 관련하여 문기석, 미국집단소송제의 최근 동향에 대한 고찰-미국 2005년 집단소송 공정법(The Class Action Fairness Act of 2005)을 중심으로-, 455(기업법연구 제21권 제3호(통권 제30호)).

3) 상세히는 졸고, 미국 Class Action상 당사자에 관한 연구(성균관대학교 대학원 박사학위청구논문, 1990); _____, 집단피해에 대한 배상청구 유형에 관한 고찰-미국의 단체소송(Class Actions)의 적용을 중심으로-(청주대학교 법학연구소 법학논집 27집, 2007) 이하 참조.

Action과 공공소송(Public Action or Public Interest Action)이 있다. 공공소송은 Common Law나 제정법에 의하여 인정되고 있는 권리나 이익이 침해된 자에게만 원고적격을 준다고 하는 기본원칙을 수정하는 연방법원의 판례에 의해 인정된 집단적 구제이다. 즉, 환경이나 소비자문제 등에 관한 문제에서 공공의 이익을 해하거나 광범위하게 아주 많은 다수인에게 확산된, 개개인에 있어서는 비교적 작은 피해를 주고 있는 경우에 주민이나 시민, 소비자단체 또는 환경보호단체 등 누구든지 원고가 되어 행정청이나 사기업에 대하여 금지(Injunction)나 선언적 구제(Declaratory) 등을 구하는 소송을 Class Action과 구별하여 공공소송이라 한다.[1] Class Action은 소액다수의 손해배상청구의 소송뿐 아니라, 소비자소송, 환경소송 등에서 보는 바와 같이 금지청구의 소가 허용되고 있다. 양자의 차이점은 공공소송은 객관적 소송형태를 띠고 있다면 Class Action은 주관적 쟁송이라는 점이고, Class Action은 연방민사소송규칙 제23조에 규정한 것이고 공공소송은 개별법인 연방수질오염통제법, 연방대기정화법 등의 연방제정법에 규정한 것과 1978년 8월 법무부 사법행정개선국(Office for Improvements in the Administration of Justice)에 의해 상원에 제출된 Class Action절차 개정법률안 제23조 규정이 채택한 방안이다. 양자의 차이점은 Class Action이 일반법규로 정립되어 있어서 그 개념과 요건이 체계화된 반면, 공공소송은 개별법에 근거하여 소송이 가능하도록 한 점이다.[2] 그러나 이 같은 차이는 실제사건에 접하여 한계가 불분명하다. 실무에서는 공공소송이 개별준거법의 미비로 인해 소송이 불가능한 경우 Class Action방식을 통하여 소를 제기하는 사례가 많다.

---

1) 이에 관한 제정법으로는 Federal Water Pollution Control Act(FWPCA) 305 · 505조; Noise Control Act 4911조; Safe Drinking Water Act 300조, National Environmental Policy Act(NEPA) 10조; Marine Protection Research and Sancturaise Act 1416조 등이 있다.

2) Class Action의 일반법규의 대표적인 것으로 연방민사소송규칙 제23조이며, 공공소송을 규정하는 개별법으로는, the Civil Rights Act Prohibitions of Discrimination in Employment, Housing, Education, 42 U.S.C.(US code) §§ 2000c-2000c-9(1976)(public education); id §§ 2000e-2000e-17(1976) & Supp. Ⅳ(1980)(employment); id, §§ 3501-3631(Housing), the Consumer Products Safety Act, id §§ 2051-2082 등이 대표적이다.

2. 소송의 유용성

Class Action은 미국연방민사소송규칙(Federal Rules of Civil Procedure: Abbr. Fed. R. Civ. P.; FRCP) 제23조에 근거를 두고 있는 소송제도로서, 집단(class) 으로 묶을 수 있는 정도로 이해관계가 밀접한 다수의 개인이나 집단 중에서 그 집단을 대표하는 대표당사자가 소송을 수행하며, 손해전보 Class Action의 경우에는 집단의 성원들 중에서 별도로 배제신청을 하지 않는 한 판결의 효 력이 집단구성원 전체에 미치게 하는 제도로 구성원들의 별도의 대표자선정 절차 또는 수권절차가 필요없다는 점에서 우리의 선정당사자제도와 구별된 다. 여기서 Class라 함은 일정한 조직을 가진 것이 아니라 단순히 이해공통의 다수인을 의미한다. 이 소송에서 대표자가 승소하면 집단의 구성원 전원에게 그 이익이 돌아간다. 만약 패소하면 집단의 구성원 전원이 이에 구속된다.[1]

이 제도는 처음 영국에서 정치적 산물로서 집단소송형태의 제도로 발생하 였으나 미국에서는 사법적 차원에서 이 제도를 정립·발전시켰다. Class Action 상 대표당사자 적합성의 문제는 정치적 대표자인가, 소송상 대표당사자인가 의 대표의 개념이 혼재되어 설명되고 있다.

Class Action은 개인의 구제가 소규모일 때 적절성이 인정되므로 소비자와 관련된 피해구제에도 초점을 두고 있으며, 이외에도 독점금지법상의 집단적 소송이나 환경오염으로 인한 피해구제에도 활용되고 있다.[2] 즉, 다수의 당사 자가 관련된 소비자소송, 환경소송과 같은 공공문제(public issue)에서 동일 또 는 유사한 원인으로 인하여 피해를 받은 자가 다수 존재하고 있는 경우에 모 든 피해자가 개별적으로 소송을 제기하는 데에 따르는 노력이나 비용을 절감 함으로써 소송경제(judicial economy)의 촉진과 재판의 효율성을 도모하는 한

---

1) J. MacDonald & J. Conway, Environmental Litigation, 227(Madison, U. of Wis. Exten. 1972).

2) Ira Rheingold, PROPOSED REVISIONS TO NACA GUIDELINES FOR LITIGATING AND SETTLING CONSUMER CLASS ACTIONS, 495(11th Annual Consumer Financial Services Litigation Institute, March-May, 2006).

편, 기업이 불법행위나 불공정행위와 같은 위법행위를 통하여 부당이득을 취득하는 것을 방지함으로써 손해발생을 억제하는 기능을 담당하고 있다. 따라서 Class Action의 기능은 독점규제, 증권거래, 공해, 인종차별 및 사회보장 등의 여러 분야에서 널리 이용돼 미국 민주주의의 발전에 크게 기여하는 것이라고 할 것이다.[1] 최근 신용카드 수수료율의 과도함을 이유로 한 Class Action의 경우에는 소비자 각자의 경우에는 불과 몇 달러의 손해배상액이 분배되지만 이 소송을 대리한 수임변호사에게는 수백만 달러의 수임료가 보장된다는 문제가 있음에도 불가피한 수단일 수밖에 없다.[2] 또한 독점금지법(Antitrust Act)에 금지된 행위에 의해서 재산상의 피해 등을 입는 경우 피해자는 3배의 손해배상을 받을 수 있으며, 승소 시 변호사비용 및 각종 소송비용을 배상받을 수 있다.[3] 이 같은 규정을 통해 경쟁적 시장구조에서 소비자이익과 소비자주권이 실현되므로 경쟁을 촉진하기 위한 강력한 의도를 엿볼 수 있다. 한편 Class Action소송과 병행할 수 있는 관련청구로 선택적 병합청구와 징벌배상이 있다.

3. 소비자 Class Action

1971년 닉슨 대통령은 소비자보호에 관한 대통령교서를 발하였는데, 당시 공화당 행정부와 의회의 다수당이던 민주당은 효과적인 소비자보호를 위하여 새로운 입법조치가 필요하다고 동의하였다. 결국 닉슨의 제안을 흔쾌히 받아들여 이를 계기로 품질보증(warranty) 등에 관한 기준을 위반했다는 이유로 소비자가 연방법원에 Class Action을 제기할 수 있는 가능성이 열렸다.[4]

---

1) 졸고, 미국의 Class Action 제도의 현황과 문제점, 227(법무자료 149집, 법무부, 1991).

2) H. Newberg & A. Conte, Newberg On Class Actions §§5.49 & 5.51(4th ed. 2002).

3) Baer W. J., Surf's up: Antitrust enforcement and consumer interests in a merger wave, 291-321(The Journal of consumer Affairs, Vol. 30, No. 2, 1996).

4) 1966년부터 1973년에 이르는 기간 워싱턴 DC에 제기된 집단소송의 건수가 매년 46%씩 증가하였다; 대한상공회의소, 미국의 집단소송제 운영 실태와 정책시사점, 경제연구총서 제380호, 2005. 10, 34면.

이런 과정을 거쳐 1973년까지 독점금지, 증권거래, 소비자보호, 환경 및 차별고용에 관해서 집단소송을 제기할 수 있는 법적 장치를 갖추게 되었으며 사건 수가 폭발적으로 증가하고 사건규모가 막대해지면서 많은 문제점을 야기하였다. 구체적으로는 1988년부터 1998년까지 주법원에서 소비자 단체소송의 증가율은 1300%이고, 연방법원에서는 340% 증가하였다.[1]

1981년 레이건 정부가 들어서자 집단소송제도가 제도 자체의 문제점과 운영상 발생하는 문제점들로 인하여 많은 비판을 받게 되었다. 그리고 1980년대 중반부터 대량불법행위소송(mass tort suit)이라고 부르는 전에 없었던 새로운 형태의 소송이 제기되기 시작하였다. 대량 불법행위소송으로는 석면사건을 시작으로 1983년 고엽제사건, 1994년 실리콘겔 유방임플란트 사건 등이 있다.[2] 최근 제조물 책임사건과 소비자 Class Action이 급격하게 증가되고 있다. 그 타깃은 담배, 개인소지총기, 휴대용컴퓨터, 건강보험, 물 데우기, 생명보험, 신용카드수수료율, 전화서비스 산업 등에서 소비자보호와 관련한 소송이 빈발하고 있다.[3] 연방대법원은 주도적으로 1987년과 1998년 두 차례에 걸쳐 동 규칙 제23조를 부분적으로 개정하였고, 2003년 다시 Class Action 확인의 시기, 통지, 화해에 대한 법원의 조사, 변호사의 임명 및 보수 등에 대한 규정들을 광범위하게 제정 또는 개정하였다.[4]

---

1) Scott S. Partridge/Kerry J. Miller, SOME PRACTICAL CONSIDERATIONS FOR DEFENDING AND SETTLING PRODUCTS LIABILITY AND CONSUMER CLASS ACTIONS, 74 Tul. L. Rev. 2125(June, 2000).

2) Heidi Lindsey v. Dow Corning Inc.; In re Dow Corning Inc., 86F. 3d 482, 486(6th Cir. 1996); In re 'Agent Orange' product Liability Litigation, 100 F.R.D. 718(E.D.N.Y. 1983); affirmed 818 F. 2d 145(2nd Cir. 1987).

3) Scott S. Partridge/Kerry J. Miller, SOME PRACTICAL CONSIDERATIONS FOR DEFENDING AND SETTLING PRODUCTS LIABILITY AND CONSUMER CLASS ACTIONS, 74 Tul. L. Rev. 2125(June, 2000).

4) 대표적인 제정 또는 개정규정은 다음과 같다. ① 규칙 제23(c)(1)(A)에서 법원으로 하여금 집단소송의 허가 여부를 현실적으로 가능한 빨리(as soon as possible) 결정하도록 규정하였다. ② 규칙 제23(c)(1)(B)에서 집단소송을 허가하는 명령은 그 집단과 집단의 청구, 쟁점, 방어방법을 정의하여야 한다. ③ 규칙 제23(c)(1)(c)에서 법원은 집단소송허가결정을 최종판결 이전에는 언제든지 변경하거나 수정할 수 있도록 권한을 부여하였다. ④ 규칙 제23(c)(2)에서 손해배상 집단소송에 대하여는 일정한 방식에 의하여 제외신고 등의 내용을

석면, 고엽제, 항공기 충돌, 증권사기, 근로자 차별, 실리콘겔 소송 등의 Class Action의 범람으로 인해 회사가 파산하게 되고, 법원으로 하여금 엄청난 업무 부담을 갖게 하였고, 소송대리 변호사에게는 엄청난 부를 갖다 준다는 비판이 제기되자 집단소송에 대한 개혁요구가 강하게 되었다. 1995년 사적 증권소송개혁법의 영향 등이 요인이 되어 소비자 Class Action은 '사법적 협박(judicial blackmail)'이라는 인식하에 집단소송의 규제에 역점을 두어 왔던 부시행정부는 2005년 2월 집단소송공정법를 발효하여 2005년 3월 18일부터 시행하고 있다.[1] 이 법에 의해 피해규모가 500만 달러가 넘거나 원고의 수가 100명 이상인 경우는 연방법원에서만 소 제기를 할 수 있고, 쿠폰보상의 경우에도 법원이 개입하며 변호사보수까지 법원의 승인을 얻도록 하였다. 이 법의 시행으로 그동안 변호사들이 전국 각지에서 피고들을 모아 자신들에게 유리한 주의 법정에서 소송을 제기하는 일이 없어지게 되었으며 다른 주의 사업체와 근로자들과 주주들이 그들에게 배타적인 주의 법정으로 가는 일도 적어져 경제적으로 사법부와 개인 모두에게 경제적 손실을 줄이게 되었다.[2]

포함할 통지를 의무화하고, 그 외의 집단소송에 대하여도 법원의 재량으로 통지할 수 있도록 하였다. ⑤ 규칙 제23(e)에서 집단소송에서 이루어지는 화해는 법원의 승인을 얻도록 강제하고, 구성원들에 대한 화해 사실의 통지도 요구하였다; 위 연방민사소송규칙은 모두 연방법원을 기속하며, 주 법원을 직접적으로 기속하지는 아니한다. 그러나 미국 각 주 가운데 약 3분의 2는 위 연방민사소송규칙을 주 법원의 재판절차에도 적용하고 있기 때문에 실제 미국 내의 대부분의 집단소송사건은 위 연방민사소송규칙의 규율을 받는다고 할 수 있다(Conte, Alba & Herbert B. Newberg, id, p.52; Georgine v. Amchem Products, Inc., 83 F.3d 610, 34 Fed. R. Serv. 3d 407(3d Cir. 1996), reh'g and suggestion for reh'g in banc denied(June 27, 1996) and cert. granted, 519 U.S. 957, 117 S. Ct. 379, 136 L. Ed. 2d 297(1996) and aff'd, 521 U.S. 591, 117 S. Ct. 2231, 138 L. Ed. 2d 689, 37 Fed. R. Serv. 3d 1017(1997)(asbestos personal injury class inappropriate for certification); Ortiz v. Fibreboard Corp., 527 U.S. 815, 119 S. Ct. 2295, 144 L. Ed. 2d 715, 43 Fed. R. Serv. 3d 691(1999)).

1) Joseph W. Cotchett, Consumer Class Actions, in Class Actions Primer 119, 119-36 (Jacob D. Fuchsberg ed., 1973).

2) The Class Action Fairness Act of 2005, Pub. L109-2,119 Stat. 4; Robin Miller, J.D., Construction and Application of Class Action Fairness Act of 2005, Pub. L. 109-2, 119 Stat.4, A.L.R. Fed. 2d2 2005(이 법안은 상원에서 72대 29, 하원에서 279대 149로 통과시켰다. 2002년 미상원의원회공청회 의원 7명이 제기한 찬반의견은 Committee on the judiciary united states senate, "Hearing: Class action litigation", One hundred seventh congress,

CAFA가 시행된 후 제일 처음으로 접수된 사건은 Pritchett v. Office Depot, Inc., 사건으로 200여 명이 손해배상 집단소송을 제기한 것으로, WL 주에 접수된 사건을 CAFA 발효와 함께 콜로라도 District 소재 연방법원으로 이송하였다. 이에 고용주는 WL 주법원에 소송이 이미 접수된 것이므로 연방법원으로 사건을 이송하는 것은 불합리하다며 주법원에서 재판이 열릴 것을 청구하였다. 그러나 연방법원은 사건이 주법원에 이미 접수되었으나 CAFA 시행이 된 시점에 아직 재판이 열리지 않았으며, 100명 이상의 집단소송은 CAFA 개정된 조항에 의해서 연방법원 관할임을 이유로 기각하였다. 앞으로 CAFA로 인해 지금까지 당사자 자율에 맡겨왔던 합의나 소송 진행과정에 법원이 보다 깊숙이 관여할 수 있게 되었다고 하겠다.[1] 대체로 소비자 Class Action의 인정여부가 기업의 생존여부에 중대한 영향을 미칠 정도로 그 파급효과가 큰 만큼, 심리법원은 Class Action의 확정에 신속을 기하는 경향이 있고, 일반적으로 Class Action의 인정에 엄격하거나 부정적인 경향을 띠고 있다고 하겠다.[2] 그러나 단체소송을 통하여 기업 내지 산업부문의 체질을 강화함으로써 기업의 위험성을 최소화할 수 있는 계기를 마련할 수도 있고, 기업활동의 법적 정당성을 담보하거나 법원으로 하여금 화해나 중재를 유도할 수 있는 순기능도 있다.[3] 무엇보다 Class Action의 장점은 개인별 소송으로는 경제성과 현실성을 기대하기 어려운 소액 다수의 피해에 대한 사법적 구제의 가능케 하는 소송이라는 데에 의미가 있다.[4] 나아가 소비자 Class Action은 개인의 구체적인 손해전보의 의미보다는 전체로서의 소비자보호라는 취지에서 상거래 내지 물품거래상의 잘못된 혹은 위법적 행위 또는 관행을 방지하고자 하는 데 의미가 있다.[5]

2nd session, Serial No. J-107-98, U.S. Government printing office Washington, 2003.

1) The Class Action Fairness Act of 2005, Pub.109-2, 119 Stat. 4.

2) Blair v. Equifax Check Servs., Inc., 181 F.3d 832, 834(7th Cir. 1999).

3) Id.

4) Deposit Guar. Nat'l Bank v. Roper, 445 U.S. 326, 339(1980).

5) H. Newberg & A. Conte, Newberg On Class Actions, 21, 29.

Ⅲ. Class Action의 성립요건

　　제23조(a)항과 (b)항에서 Class Action의 소 제기, 유지요건 등으로 7가지 요건을 명시하고 있다. (a)항은 소제기요건으로 4가지 요건을, (b)항은 유지요건으로 3가지 요건을 충족시켜야 한다. 그 외에 집단소송의 성격상 손해배상형 집단소송에 특별히 요구되는 요건이 부과되어 있다.

1. 소제기요건

　　Class Action을 제기하기 위한 전제요건으로 다수성, 공통성, 청구전형성, 대표적합성을 규정하고 있다. 이를 포괄하여 Class확인절차라 한다. Class확인은 피고 측으로 하여금 소송으로 맞설 것인가, 화해를 진행할 것인가를 결정하는 중요요인이므로 현실적으로 가능한 범위에서 신속히 이루어져야 할 것을 규정하고 있다. 개별 법규에는 주로 60일에서 90일 이내에 이를 결정하도록 하고 있다.[1] 다만, 단체확인이 소송 초기 청문절차상 인정되었다고 하더라도 조건부일 수 있으며 이 확인을 부인할 수 있는 노력을 피고 측은 포기하지 말아야 한다.[2] 또한 원고적격이 인정되기 위해서는 Class를 대표하는 명의상의 원고는 Class의 다른 구성원과 동일한 이해관계를 가지고 있거나 동일한 피해를 입고 있어야 한다.[3]

(1) 다수성

　　집단의 구성원이 매우 많아서 그들 개별적 소송을 병합하여 공동소송을 진행하는 것이 현실적으로 불가능한 다수를 의미한다. 그러나 당사자가 병합하

---

1) Fed. R. Civ. P. 23(c)(1).

2) Id.

3) East Tex. Motor Freight Sys., Inc. v. Rodriguez, 431 U.S. 395, 403(1976).

여 공동소송을 수행하기에 현실적으로 불가능한 다수라고 하는 것이 어느 정도의 수를 의미하는 지는 명확하지 않다. 일반적으로 구성원들의 수가 수천 명, 수백만 명에 이르거나 많은 수일 것으로 추정하면서도 유동적이거나 불확정적인 사건에서도 다수성이 충족되었다고 한다.[1] 상대적으로 소수라고 볼 수 있는 29명, 35명, 40명, 50명 또는 150명인 경우에도 충분하다고 한 사건이 있는가 하면, 그보다 다수인 123명, 205명, 400명, 600명이 넘는 집단을 다수성이 충족되지 않았다고 하여 부인한 사례도 있다. 다만 20명의 집단은 집단소송을 허가하기에는 너무 적으며, 20명부터 40명 사이의 구성원은 다수성을 충족시킬 수도 있고 그렇지 않을 수도 있으며 40명 이상은 다수성을 충족시키기에는 충분하다고 판시하기도 했다. 다수성 요건은 공동소송이 '불가능'이 아니라 '현실적으로 어려운'으로 정의되어 있으며 법원은 일반적으로 21인 이하는 이 요건을 충족하지 못하고 있는 것으로 보고 있다.[2] 현실적으로 공동소송이 어려운 것으로 판단하는 것은 일차적으로 수적문제도 고려사항이라고 할 수 있으나, ① 앞으로 전개될 잠재적 class구성원의 규모, ② class구성원의 공간적 분산정도, ③ 단체구성원의 확정의 용이성, ④ 소송의 성격 등을 고려하고 있다.[3]

(2) 공통성

구성원 전원에게 공통되는 법률상 또는 사실상의 쟁점이 있을 것을 요한다. 소송을 심리하는 법원은 이 요건을 통하여 비로소 사건의 상황을 인식하게 된다. 따라서 이 요건이 충족되기 위해서는 그 문제가 청구의 원인을 이루고 있어야 하고, 부재구성원들 사이에도 존재하여야 하며, 판결에 의하여 영

---

1) Ribidoux v. Celani 987 F. 2d 931(2d Cir.1993); 원고들이 Vermont 주 복지부가 공적 부조 제도에 다른 자금지원을 위법하게 지연 처리하였다고 주장하면서 복지부를 상대로 제기한 집단소송에서 잠재적 피해자가 주 전역에 걸쳐 있다는 이유로 원고들 자신 및 유사한 지위에 있는 모든 사람을 위하여 제기한 소송을 허가하였다.

2) Cox v. American Cast Iron Pipe Co., 784 F.2d 1546, 1553(11th Cir. 1986).

3) Zeidman v. J. Ray McDermott & Co., 651 F.2d 1030, 1038(5th Cir. Unit A July 1981).

향을 받을 Class를 소장에 기재하여야 한다. 또한 Class Action이 행해지기 위해서는 이하에서 규칙 제23조(a)의 요건을 충족시키고 제23조(b)의 적어도 하나의 요건을 충족시켜야 한다. 공통성 요건은 전형성, 대표적합성 요건 등과 혼합적 의미로 적용되고 있다.[1]

표준약관에 의해 차를 구매한 구성원들이 자동차딜러를 상대로 제기한 소송인 Chandler사건에서 법원은 각 구성원 사이에 해당 계약내용을 어느 정도 알았는지 여부와 사실상의 손해액에 대한 약간의 개별적인 주장이 있지만 모두 계약상의 설명의무조항이 규정되어 관련법들을 위반하였는지 여부라는 공통된 쟁점의 존재가 있으므로 공통성 요건을 충족한다고 판시하였다.[2] 반면, Ikonen사건에서와 같이 의료보철물과 같은 사용자 의존성이 제각기 다를 수 있는 제품에는 공통성 요건을 충족하기 어렵다고 하였다.[3]

(3) 청구전형성

대표당사자의 청구나 항변이 class구성원 전원의 청구나 항변의 전형이어야 한다. 이 요건은 흔히 대표당사자가 소송물과 관련하여, 다른 구성원의 이익과 충돌되는 이익을 가져서는 안 된다는 의미로 이해되어 왔다. 이 요건은 결국 결석자의 이익을 보호하기 위한 것으로서, 이를 독립한 요건으로 볼 것이 아니라 대표의 적절성의 요건에 포함시켜 이해할 수 있다. 한편 청구전형성의 충족 여부를 판단함에 있어 구성원들의 주장과 대표당사자의 주장의 차이의 정도나 성격을 비교했을 때 어느 정도의 차이가 있을 경우에 법원이 소송을 하나로 모아 Class Action을 진행하는 것이 소송의 효율성을 저해할 것인가의 중요한 판단의 근거라고도 한다.[4] 청구전형성 판단은 대표당사자와

---

1) Amchem Prods., Inc. v. Windsor, 521 U.S. 591, 626 n.20(1997)(quoting General Tel. Co. v. Falcon, 457 U.S. 147, 157 n.13(1982)).

2) Chandler v. Southwest Jeep-Eagle, Inc. 162 F.R.D. 302(N.D. Ill. 1995).

3) 122 F.R.D. 258, 262(S.D. Cal. 1988).

4) Boggs v. Divested Atomic Corp., 141 F.R.D. 58, 61-2(S.D.Ohio 1991).

Class의 연결 정도에 대한 판단이 되고 결국 대표자의 적합성에 대한 판단에 도움을 준다는 면에서 청구전형성이 대표의 적절성과 중복되거나 유사한 것이라는 주장도 있다.[1] 대체로 청구전형성 요건은 Class의 대표당사자와 비참가 Class구성원의 청구가 동일한 사건에서 유래되었거나, 동일한 법적 또는 구제법리에 기초를 둔 것이면 족하다.[2]

(4) 대표적합성

대표적합성으로 대표당사자가 공정하고 적절하게 구성원의 이익을 대변할 수 있을 것을 규정하고 있다. 이는 소송절차에 참여하지 않은 구성원의 재판 청구권을 보장하기 위한 것으로서, ① 대표당사자와 이외의 Class구성원 사이의 이해관계의 충돌이 없을 것, ② 대표당사자가 소송을 원활히 수행할 수 있는 능력이 있어야 함을 입증할 것을 요건으로 하고 있는데 실제 이 요건이 가장 많이 문제시되고 있다. 이에 대해 법원은 주로 적절한 재정적 능력과 유능한 법률가의 조력이 있음을 인정받음으로써 이 요건이 충족되었다고 한다.[3] 이러한 이유로 Class의 구성원들이 대표당사자의 청구에 반대하거나 상충되는 이해관계를 가지고 있다면 일반적으로 대표적합성이 충족되었다고 볼 수 없다.[4] 이 사건에서 법원은 대표당사자의 적합성 요구는 구성원의 이익과 반대되거나 상충되지 않을 때 만족되며 부재구성원과 기명구성원 사이

---

1) 이외에도 청구전형성을 인정한 사례로 Rosario v. Livaditis, 963 F. 2d. 1013, 1021(7th Cir.1992)이 있다. 이 사례에서 미용대학졸업생들이 대학에서 입학 시 설명과 달리 미용사 면허취득을 위한 교육을 거의 받지 못했거나 허술하게 받았다며 대학 측의 관계법률(RICO) 과 Illinois Consumer Fraud Act 위반을 이유로 손해배상청구를 구한 Class Action에서 법원 은 Chandler v. Southwest Jeep-Eagle, Inc.와 같은 입장을 취하였다.

2) Becher v. Long Island Lighting Co., 164 F.R.D. 144, 151(E.D.N.Y. 1996).

3) In re American Med. Sys., Inc., 75 F.3d 1069, 1079(6th Cir. 1996); Buford v. H&R Block, Inc., 168 F.R.D. 340, 348(S.D. Ga. 1996); Morel v. Giuliani, 927 F. Supp. 622, 632-33(S.D.N.Y. 1995); Arnold v. United Artists Theatre Circuit, Inc., 158 F.R.D. 439, 448(N.D. Cal. 1994); Riordan v. Smith Barney, 113 F.R.D. 60, 62(N.D. Ill. 1986).

4) Heartland Communications, Inc. v. Sprint Corp, 161F.R.D. 111, 116(D.Kan. 1995).

에 이익충돌이 있으면 대표당사자의 적합성이 부족하다고 판시하였다.[1]

2. 소송유지요건

제23조(b)는 (1) 구성원 각자에 의하여 또는 이들 명목에 의하여 개별적인 소송이 수행됨으로써, (i) 집단의 구성원 각자에게 서로 모순되거나 혹은 서로 다른 판결이 내려지게 되어, 그 집단의 상대방에게 양립할 수 없는 행동기준을 제시할 우려가 있는 경우, (ii) 집단의 구성원 각자에 대한 재판이 실제로 그 재판의 당사자가 아닌 다른 구성원의 이익을 처분하거나, 혹은 그들의 이익을 보호할 능력을 훼손하거나 방해할 우려가 있는 경우, (2) 집단에 대립하는 상대방이 집단구성원 전원에게 일반적으로 적용될 수 있는 이유에 근거하여 어떤 행위를 하거나 또는 거부하기 때문에 금지적 구제(injunctive relief)나 이에 상응하는 선언적 구제(declaratory)를 부여함이 적당할 경우, (3) 집단의 구성원에게 공통적 법률상 또는 실제상의 문제가 개개의 구성원에게만 관계되는 문제를 압도하고 분쟁에 관한 공정하고 능률적인 재판을 하기 위해서는 Class Action이 다른 가능한 방법보다 우수하다고 법원이 판단하는 경우에 Class Action은 유지된다고 규정하고 있다.[2]

우수성의 판단기준으로는 시간, 노력, 비용의 경제성을 달성할 수 있고, 유

---

1) 대표당사자가 class구성원들과 사이에 이해충돌이 없다고 하더라도 대표당사자의 변호사와의 사이에 각 구성원들의 이익보다 변호사의 이익을 더 선호할 만한 관계가 있어서는 아니되나 집단소송을 전문으로 하는 변호사가 대표당사자를 부추겨 Class Action의 대표당사자로 자처하도록 나섰다는 것만으로 대표당사자가 적합성의 요건을 결여하였다고 판단할 수는 없다. Chandler v. Southwest Jeep-Eagle, Inc. 162 F.R.D. 302(N.D. Ill. 1995)에서는 피고 측은 원고대리인이 이전에도 많은 Class Action을 수행한 바 있고, 이 사건 소송도 대표당사자를 부추겨 이루어진 것이라고 항변했으나 법원은 이는 대표적절성에 대하여 어떤 손해도 입히지 않았다고 판시하였다.

2) 여기서는 4가지 사항이 고려되고 있다. 즉, ① 집단의 구성원이 개별소송에서 공격이나 방어를 개별적으로 통제함으로써 가지는 이익, ② 동일한 분쟁에 관하여 이미 집단 구성원에 의하여 또는 이에 대하여 시작된 소송의 정도나 성질, ③ 일정한 재판 부에 일정한 청구에 관한 소송을 집중시키는 것이 바람직한지의 여부, ④ 집단소송을 운영함에 있어서 부딪칠 수 있는 애로점 등이다.

사한 처지에 놓은 사람들에 대하여 동일한 결정을 촉진할 수 있는 경우로 불합리한 결과나 절차상의 공정성을 결하지 않은 경우이다.[1] 이를 위한 부수적 기준으로는 ① Class의 각 구성원이 개별적으로 자신의 이익을 위하여 충분히 소송상 통제가 가능하고, ② Class의 구성원에 대하여 이미 분쟁이 계속되고 있으며, ③ 특정 쟁점에 관하여 이미 소송상 문제점이 발생하고 있으며, ④ Class Action을 통하여 기 문제점이 존재하고 있을 것 등이다. 따라서 우수성이 인정되기 위해서는 이미 Class Action절차가 진행되어 있어야 한다.[2] 소극적 요건으로는 개인적 쟁점이 우세한 경우라면 단체소송의 우월성이 인정될 수 없다.[3] 때문에 이 경우 구성원 전원에 대하여 합리적으로 가능한 범위 내에서 통지를 하여야 하며, 구성원 개인의 선택에 따라 배제권이 인정되고 있다.[4] 이때 피고 측 변호사가 원고 측 class구성원과 별도로 협의하는 것이 금지되고,[5] 개별 class구성원과 화해절차를 진행하는 것도 인정되지 않는다.[6]

위 유형들 중 (1)항은 침해배제집단소송(anti-prejudice Class Action), (2)항은 확인 내지 금지소송(Class Action for injunctive or declaratory relief), (3)항은 손해배상청구집단소송(damage Class Action)을 규정한 것으로 요약할 수 있다. 특히, (b)(1), 동(2)를 필요적 Class Action이라 한다.[7]

그 구분의 실익은 유지조건의 차이에서 찾을 수도 있지만 중요한 것은 구성원들에게 통지를 해야 하는지, 제외신고의 기회를 부여해야만 하는지에 있다. 규칙 제23(c)(2)는 (b)(3)으로 유지되는 손해배상청구집단소송에 대하여만 통지(notice)와 제외신고 권리(opt-out right)를 강제하는 조항을 두고 있기 때문이다. 이 절차들은 소송경제(judicial efficiency)와 당사자의 재판청구권의 보

---

1) Amchem, 521 U.S. at 615.
2) Fed. R. Civ. P. 23(c)(2).
3) Castano v. American Tobacco Co., 84 F.3d 734, 745(5th Cir. 1996).
4) Ortiz v. Fibreboard Corp, 527 U.S. 815, 833 n.13(1999).
5) Model Rules of Professional Conduct Rule 4.2(1998).
6) Id.
7) See Ortiz v. Fibreboard Corp, 527 U.S. 815, 833 n.13(1999)

장 사이의 타협책이라고 한다.[1] 하나의 소송이 이 세 유형 중 두 개 이상의 유형에 속하는 경우도 있을 수 있다. 예컨대 현재 및 장래의 침해의 금지 및 손해배상을 동시에 구하는 소송은 (b)(1)과 (b)(3) 유형 모두를 만족시키게 된다. 제조물책임과 소비자 Class Action은 (b)(3) 유형의 단체소송으로 주로 제기되어 왔고, (b)(2) 유형의 소송은 그리 친한 소송유형이 아니었다. 왜냐하면 금지적 구제나 비금전적 구제는 실질적 구제를 위한 예비적 형태인 경우가 많기 때문이다.[2]

Ⅳ. 집단피해 불법행위에 대한 Class Action절차의 적용

초기 Class Action의 경우에는 주로 금지나 확인을 구하는 소송형태를 띠고 있었고, 이는 주로 일원화된 재판, 또는 민권구제에 그 비중을 두었던 공공소송적 성격이 강하였다. 그러나 1980년대 이후 제조물책임, 대형 참사에 대한 금전구제소송에서 Class Action의 적용여부에 대한 쟁점이 대두되었고, 기본적으로 회의적 시각이 많았다.[3] 90년대 이후에는 민권과 관련하여 금전배상소송이 확인적 구제나 금지적 구제 또한 형평적 구제와 더불어 제기되는 경향이 강하였고, 여러 법원에서는 금지적 민권관련 소송을 제한하기 시작하면서 적용배제론이 탄력을 받기도 하였다.[4]

---

1) Allen Idles Christofer N. May, id, p. 803.
2) Banks v. New York Life Ins. Co., 737 So. 2d 1275, 1282-83(La. 1999), cert. denied, 120 S. Ct. 1168(2000).
3) Edward F. Sherman, CONSUMER CLASS ACTIONS: WHO ARE THE REAL WINNERS? 56 Me. L. Rev. 223, 225(2004).
4) Thomas R. Grande, INNOVATIVE CLASS ACTION TECHNIQUES-THE USE OF RULE 23(B)(2) IN CONSUMER CLASS ACTIONS, 14 Loy. Consumer L. Rev. 251, 252(2002).

1. 적용배제론

Class Action조항이 전면 개정되었던 1966년을 전후하여 볼 때, 법원은 불법행위의 경우에는 아무리 그 피해가 집단적이라 하더라도 Class Action절차를 적용하는 데에는 소극적이었다. 특히, 사망 또는 중대한 신체손상과 같이 인적 피해가 주된 집단피해 불법행위사건에서는 설혹 피해자 측이 단독의 소와 Class Action을 선택적 병합 청구하였더라도 법원은 일관되게 Class Action절차의 적용을 배제하였다.[1] 다만 그 피해가 집단적으로 발생되었다는 점에서 ① 피해자 중의 어떤 사람이 나서서 일단 시험소송(the test case)을 함으로써 먼저 공통사항을 선언적으로 해결하여(확인판결형식), 이 선례에 구속되어 후속의 소송에서 심리의 신속을 꾀한다거나, ② 어느 불법행위에 대하여 이미 여러 재판적에서 소송 계속 중에 있는 경우라면 상급법원의 직권명령에 따라 소송물을 이송·병합한다거나 본안심을 집중하는 방법으로 집단피해 불법행위에 관한 배상청구 등을 심리하는 것이 바람직하다는 것이다.[2] 이러한 적용배제론의 근거로는 연혁적 이유와 절차법리상의 이유가 있다.

(1) 연혁적 이유

앞에서 보듯이 사망 또는 중대한 인적 피해가 발생된 배상사건에서 피해자는 그 자신의 단독의 소로서 소송을 진행해야 한다는 것이 법원의 그동안의 관례라는 것이다. 여객기 추락사고로 인하여 생긴 집단피해 배상청구사건인

---

1) 상세히는 졸고, 미국 Class Action상 당사자에 관한 연구(성균관대학교 대학원 박사학위청구논문, 1990); ____, 집단피해에 대한 배상청구 유형에 관한 고찰-미국의 단체소송(Class Actions)의 적용을 중심으로-(청주대학교 법학연구소 법학논집 27집, 2007) 이하 참조

2) Sarah-Katherine Adams Wright, Case Note: MASS TORT-CLASS ACTION CERTIFICATION -THE UNAVAILABILITY OF CLASS CERTIFICATION UNDER THE TENNESSEE CONSUMER PROTECTION ACT & THE APPROPRIATENESS OF CLASS CLAIMS ALLEGING COMMON LAW FRAUD & MISREPRESENTATION IN TENNESSEE, 76 Tenn. L. Rev. 491(Winter, 2009) 이하 참조.

Hobbs사건에서 연방법원은 Class Action절차의 적용을 배척하고 있다. 그 이유는 통상의 Class Action은 그 소송물의 성격이 인적 피해의 심각성과는 거리가 있는 것이 일반적이고 이 사건과 같이 인명의 손상정도가 심각한 경우는 Class Action절차를 적용할 수 없다는 것이다. Causey 사건에서도 위 논지를 그대로 인용하면서 Class Action의 적용을 배제한 바 있다, 석면침착증으로 인한 집단피해 불법행위사건인 Yandle사건의 경우도 그 피해정도가 사망 같은 중대한 인명피해는 아니지만 "피해자 각자는 단독의 소로서 청구할 권리만 인정되며, 변호사선임도 자신의 청구범위 내에서만 가능하다는 것이 법원의 통념이다"라고 하였다.[1]

다른 이유로는 집단피해 불법행위에 대하여 Class Action절차를 적용하게 된다면 반사회적인 소송유발의 위험성이 있다는 것이다. 미국은 변호사강제주의를 택하고 있으므로 집단피해 불법행위로 인한 배상청구사건을 Class Action으로 처리하게 되면 변호사들의 충동에 휘말려 소송유발이 많아지고 남소에 따른 사회불안도 심각할 수 있다는 우려도 있다. 뿐만 아니라 Class Action절차를 적용하면 단독의 소에 비하여 사건수임변호사 내지 변호인단에 대한 감시가 소홀해질 가능성이 있고, 수임변호사는 의뢰인보다 소가 등의 증액과 같이 자신만의 이익을 위하여 중요시되는 쟁점만을 부각하여 다툴 개연성도 무시할 수 없다면서, 피해자를 위한 진정한 이익보호가 흐려지지 않겠는가 하는 법원의 불신도 적용배제론의 근거라고 할 수 있다.

(2) 절차법적 이유

Class Action절차를 적용하기 위해서는 먼저 규칙 제23조의 요건을 갖추어야 한다. 따라서 공통의 쟁점이 우선함을 입증해야 하고, 배상청구소송이라한다면 다른 이용 가능한 어떤 재판수단보다 Class Action의 적용이 우수하다고 인정받아야 한다. 그러나 불법행위사건은 피해정도가 개인에 따라 다르고

---

1) In re Bridgestone/Firestone, Inc., 288 F.3d 1012, 52 Fed. R. Serv. 3d 422(7th Cir. 2002).

소인 역시 다양하기 때문에 일률적으로 단체소송절차의 적용이 월등하다든가 우선하고 있는 공통의 쟁점이 있다고 결정하기 어렵다. 그리고 Class Action절차를 적용하는 목적은 가해자 측이 구속되는 배상책임 등에 관하여 양립할 수 없는 행위기준을 설정하기 위한 것도 있는데, 약물사고나 제조물의 하자로 인한 배상청구의 경우 피해발생의 원인은 너무 개별성이 강하므로 하나의 기준을 세운다는 것은 공정한 재판을 저해할 우려가 있다는 지적이다. 집단피해 불법행위에 국한된 문제는 아니지만 단체의 반대당사자는 소송개시단계에서부터 어느 때이고 규칙23조에 근거하여 이의제기, 반소, 항소 등을 할 수 있다. 이렇게 되면 단독의 소에 비하여 심리과정의 과도한 지체가 따를 우려가 있다는 점도 적용배제론의 논거 중 하나라고 할 것이다.[1]

---

1) In re Telectronics Pacing Systems, Inc., 221 F.3d 870, 47 Fed. R. Serv. 3d 407, 2000 FED App. 236P(6th Cir. 2000) Weinstein, Revisions in Procedure: Some Problems in Class Actions, 9 Buffalo. L. Rev. 433, 469(1960)를 원용; 불법행위사안의 속성상 아무리 그 피해가 집단적으로 발생하였다 해도 피해정도, 피해자 각 개인이 갖는 법적 지위 등에 따라 법적용 선택의 개별성과 다양성이 있기 때문에 Class Action으로 불법행위사건을 처리한다는 것은 현실적이지 못하다는 견해도 있다. 여객기 추락사고로 인한 배상청구 사건의 경우, 승무원과 승객의 손해배상청구에는 법적 근거와 배상액 결정방법 및 배상금은 차이가 있다. 음식물중독사고로 인한 배상청구사건인 Bentkowski사건에서 법원은 Class Action절차가 적용될 수 있음을 인정하면서도 사망 또는 중대한 신체상 피해가 야기된 불법행위의 경우 피해자 및 유족의 개별적 소추가 가능하다면 그 배상정도 나아가 개인별 입증책임의 유형에는 상대적 복잡성이 있음을 강조하면서 법원의 심리부담을 이유로 단체소송의 적용을 거부한 바 있다. 앞의 Causey사건에서도 법원은 현실적 심리불능론을 지지하면서 설혹 징벌배상을 구하는 경우라도 그 청구는 단독의 소를 원칙으로 한다고 하였다; In re American Honda Motor Co., Inc. Dealers Relations Litigation, 979 F. Supp. 365(D. Md. 1997); 이외에도 불법행위사안의 속성상 아무리 그 피해가 집단적으로 발생하였다 해도 피해정도, 피해자 각 개인이 갖는 법적지위 등에 따라 법적용선택의 개별성과 다양성이 있기 때문에 Class Action으로 불법행위사건을 처리한다는 것은 현실적이지 못하다는 견해도 있다. 여객기 추락사고로 인한 배상청구사건의 경우, 승무원과 승객의 손해배상청구에는 법적 근거와 배상액 결정방법 및 배상금은 차이가 있다. 음식물중독사고로 인한 배상 청구사건인 Bentkowski사건에서 법원은 단체소송절차가 적용될 수 있음을 인정하면서도 사망 또는 중대한 신체상 피해가 야기된 불법행위의 경우 피해자 및 유족의 개별적 소추가 가능하다면 그 배상정도 나아가 개인별 입증책임의 유형에는 상대적 복잡성이 있음을 강조하면서 법원의 심리부담을 이유로 단체소송의 적용을 거부한 바 있다. 앞의 Causey사건에 서도 법원은 현실적 심리불능론을 지지하면서 설혹 징벌배상을 구하는 경우라도 그 청구는 단독의 소를 원칙으로 한다고 하였다; In re American Honda Motor Co., Inc. Dealers Relations Litigation, 979 F. Supp. 365(D. Md. 1997).

2. 적용긍정론

불법행위사건에 대하여 Class Action절차의 적용을 거부하여 왔던 법원의 소극적 태도는 비판을 받기 시작한다. 현대형 분쟁형태인 집단피해 불법행위를 원활히 해결하기 위해서는 이런 태도를 버리는 것이 시대적 요청이라는 것이다. 무분별한 소송유발의 위험성이라는 반대논지도 일단 Class Action절차를 적용하면 수소법원은 필요에 따라 Class의 대표당사자, 변호인단, 나아가 비참가자도 구속할 수 있는 Class Action절차에서는 개별의 소송에서는 불가능한 강력한 직권명령을 규칙 23조(c)에 의거하여 발할 수 있으므로 이 위험성은 충분히 통제될 수 있다는 지적이다. 대형사고, 제조물책임분쟁의 경우 그 피해집단 사이에 이해대립이 생긴다 해도 법원은 그 단체 내에서 sub-class를 창설하여 내부의 이해대립에 따른 심리난점을 극복하고 원활한 소송 진행을 이룰 수 있다.[1] 또한 심리의 복잡성을 내세운 적용배제론은 집단피해 불법행위사건과 비슷한 정도의 복잡성을 지닌 반트러스트분쟁이나 유가증권에 관한 다툼 등을 Class Action절차를 적용하여 법원이 성공적으로 심리하여 왔다는 점에서 설득력을 잃었다는 것이다. 절차법리상 적용배제론에 대하여 이는 현실을 도외시하고 너무 가해자인 피고 측 보호에 치중하고 있고, Class Action제도의 근본취지를 잘못 이해한 면이 있다는 반론이다.[2] 즉, Class Action의 목적은 일원화된 판결을 함으로써 원고, 피고, 제3자에게 혼란을 야기하지 않기 위한 것이다. 집단피해 불법행위사건도 원고로 하여금 복잡다기한 사실주장을 하나로 묶음으로써 입증의 용이함과 함께 청구사유의 난립을 피할 수 있고, 피고 측도 명확한 쟁점에 대하여 효율적으로 대처할 수 있다. 심리법원도 재판의 신속을 기할 수 있다는 장점이 있는 것이다.

소비자 Class Action의 경향은 금전배상청구소송이라는 외형에 치우치지 않

---

1) In re American Medical Systems, Inc., 75 F.3d 1069, 34 Fed. R. Serv. 3d 685, 1996 FED App. 49P(6th Cir. 1996) Matter of Rhone-Poulenc Rorer Inc., 51 F.3d 1293(7th Cir. 1995)에서 Class Action을 인정하였다.

2) Manual for Complex Litigation(3d ed.) 33.2.

고 주로 화해성립을 위한 촉진제로서의 성격이 강하게 나타나기 시작하였고, 소송의 목적도 기본적으로 잘못된 거래관행을 개선하는 데에 이 소송절차가 활용되고 있다는 점에서 적극적 해석이 필요하다.[1] 나아가 금지적 구제를 구하는 Class Action과 병합하여 적극적으로 인정될 필요가 있다고 한다. 즉, 금지적 구제를 구하는 Class Action은 각 구성원에 대한 통지가 필요하지 않고, Class 배제권이 인정되고 있지 않은 점에 금전배상 Class Action의 전단계로 활용될 수 있으므로 의미가 있다. 피고 측의 입장에서도 이 유형의 소송은 기판력의 주관적 범위에서 장래에 형성될 수 있는 잠재적 Class구성원을 구속할 수 있다는 장점이 있다. 형평적 전통에 유래한 금지적 청구는 손해전보 소송에 비하여 완화된 소송요건이고, 금전배상 Class Action의 심리를 용이하게 할 수 있으므로 적용배제론은 논거가 약화되었다고 할 수 있다.[2]

Ⅳ. 소송절차의 진행 및 종료

1. 법원의 판단사항

소송 제23조(c)에서는 심리법원으로 하여금 다음의 사항을 판단하여야 한다고 규정하고 있다.

① 소송으로 소가 제기되면 법원은 가능한 한 신속히 그 소의 유지가능성 여부를 심사해야 한다. 이 결정에는 조건을 붙일 수 있고, 본안에 대한 판결 전까지 변경 또는 수정할 수 있다.[3] 그러나 소송이 연방법원에 제소되기 위해서는 그 구성원 각자의 소송물가액의 총액이 10,000$ 이상일 것이 요구된다.[4]

---

1) Deborah R. Hensler et al., Class Action Dilemmas: Pursuing Public Goals For Private Gain 58-59, 126(Rand Institute for Civil Justice 2000).

2) Id. at 271.

3) Fed. R. Civ. P. 제23조(c)(1).

4) 26 U.S.C. §§ 1331, 1332(1970).

② 제23조(b)(3)의 규정에 의하여 유지되는 소송에 있어서 법원은 구성원에 대하여 당해 상황 아래에서 취할 수 있는 최선의 통지방법을 강구하여야 하며, 이 통지에는 합리적인 노력에 의하여 확인될 수 있는 모든 구성원에 대한 개별적 통지가 포함된다. 단순 신문광고와 같은 방법은 인정되지 않는다. 이 통지에는 다음 사항이 포함된다.[1] ⓐ 집단의 구성원이 지정된 기일까지 제외의 요구를 하면 법원은 그를 집단에서 제외시킬 것이라는 것, ⓑ 판결에는 유리, 불리에 관계없이 제외를 요구하지 아니한 모든 구성원이 포함된다는 것, ⓒ 제외를 요구하지 아니한 구성원은 그가 원한다면 그의 변호인을 통하여 출정할 수 있다는 것이다.

③ 소송에 있어서는 법원은 상당하다고 인정되는 때에는, ⓐ 특정한 쟁점에 관하여만 소송으로 제소되거나 유지될 수 있고, ⓑ 하나의 집단을 소집단(sub class)으로 나누어 각 소집단을 하나의 집단으로 하여 동 규칙 제23조를 적용할 수도 있다.[2]

2. 통지

제23조(b)(3)항에 의한 Class Action에서 법원은 당시 상황에서 최선의 방법으로 구성원들에게 통지를 할 것을 명해야 한다. 이는 합리적인 노력으로 주소를 알 수 있는 구성원들에 대한 개별고지를 포함한다. 통지서는 간결하고 명백한 이해가 쉬운 말로 소송의 성립, 허가된 집단의 정의, 집단과 관련된 청구, 쟁점 또는 항변사항, 구성원이 희망할 경우 변호인을 통해 법정에 출석할 수 있다는 사실, 모든 구성원은 제외 신고를 할 수 있다는 사실, 제외신고의 시기와 방법, 제23조(c)(3)항 소정의 집단에 대한 판결의 구속력 등을 명시해야 한다. 통지와 관련하여 1974년 제23조(b)(3)에 의하여 제기된 Eisen사건에서 연방대법원은 "상당한 노력을 기울이면 확인할 수 있는 모든 구성원에

---

1) Fed. R. Civ. P. 제23조(c)(2).

2) Fed. R. Civ. P. 제23조(c)(4).

대하여" 우편으로 개별 통지하여야 한다고 판시하였다.[1]

3. 화해

제23조(e) 규정에 의해 Class Action으로 확인된 집단의 청구, 쟁점 또는 항변사항에 대한 화해나 소 취하에 대하여 법원의 승인을 요하고 있다. 이때 화해진행만을 위한 단체확인도 인정된다.[2] 화해는 화해의 예비적 승인과 본 승인 절차로 구분되며 제안된 화해나 소 취하로 인하여 그 효력이 미치게 될 모든 구성원에 대하여 상당한 방법으로 고지할 것을 명하여야 하고, 심문절차를 개최하여 제안된 화해나 소 취하가 공정하고 상당하며 적절한지를 확인

---

1) Eisen v. Carlisle & Jaquelin, 427 US 156(1974) 사건에서 원고인 Eisen이 뉴욕 증권거래소의 두 개의 중개법인이 공모하여 단주거래를 독점하여 가격조작을 함으로써 독점금지법을 위반하였다고 주장, 약 375만 명의 거래자들을 대표하여 제기한 소송에서 부재자(absent class members)의 대표로서 적절하지 못하고, 통지가 불가능하며 공통의 문제가 중요하여 집단으로 소송을 하는 것이 개개인이 소를 제기하는 것보다 압도적인 경우에 해당하지 않는다고 하여 Class Action으로 유지할 수 없는 사안이라고 판시 하였다(41 F.R.D. 147(1966)). 18개월 후에 항소심법원은 지방법원이 Class Action으로 다루기를 거부했던 판결을 취소하였다. 즉, 수백만 명의 구성원들에게 통지하고 배상금을 분배하는 것이 어렵다는 점을 감안하더라도 Class Action이 다른 방법보다 이용하기에 우월한 방법인가와 연방민사소송규칙 제23조(c)(2)의 통지의 요건이 충족될 수 없는가를 다시 검토하라는 내용으로 하여 지방법원에 환송하였다. 환송을 받은 지방법원은 원고인 Eisen이 적절한 대표라고 했으며 통지의 방법으로 대부분의 구성원들에게 개별통지를 하고 몇몇 사람에게는 무작위표본추출 방법에 의해 통지하며 그 나머지는 유명일간지에 광고를 함으로써 통지할 수 있다고 판시하였다(52 F.R.D. 253(1971)). 다시 계속된 항소심법원에서 이 사안은 대표당사자소송으로 다루기가 쉽지 않다고 판시하였다(479 F.2d 1005(1973)). 최종적으로 연방대법원은 연방민사소송규칙 제23조(c)(2)에 의하여 통지이므로 확인이 가능한 2백만이 넘는 집단의 구성원의 주소와 이름으로 통지를 해야 한다는 입장을 취하였다. 결국 이 사건의 결론은 통지가 되지 않으면 헌법상의 적법절차보장이 충분하지 못할 수도 있으므로 대표당사자소송에서 통지는 모든 구성원에게 개별적으로 행해져야 한다는 것이다. 수많은 구성원에게 일일이 통지를 요하는 것은 사실상 Class Action을 허용하지 않는 것과 다름이 없기 때문에 이 사건은 이후의 Class Action을 위축하는 계기가 되었다. 따라서 이 사건은 대표당사자소송을 광범위 하게 활용하고자 하는 흐름에 제동을 건 판례라는 점에서도 중요한 의미를 가진다고 볼 수 있다(Richard H. Field, Benjamin Kaplan & Kevin M. Clermont, Civil Procedure Seventh ed., Westbury, New York, the Foundation Press, Inc., 1997, pp.1318-1327).

2) Manual for Complex Litigation, (3d ed.) 30.45, at 243.

한 다음에만 구성원들에게 효력이 미치게 될 화해나 소 취하를 승인할 수 있다.[1]

심리법원의 화해승인에는 특정의 기준이 있는 것은 아니다. 다만 공정성, 합리성, 적절성을 들고 있을 뿐이다. 일반적으로 다음의 요소를 고려하여 이 요건의 충족여부를 판단하고 있다. ① 소송의 복잡성과 지속성, ② 화해에 대한 단체의 반응, ③ 소송 진행의 단계, ④ 형성된 책임의 위험(요소), ⑤ 형성된 손해의 위험도, ⑥ 단체소송을 유지함에 있어서 사회적 부작용, ⑦ 대형판결을 감내할 수 있는 피고의 능력, ⑧ 최선의 구제라는 견지에서 화해의 합리성 여부, ⑨ 모든 소송의 결과 나타날 수 있는 위험요소에서 화해의 정당성과 합리성의 여부 등이다.[2] 경우에 따라 차량 뒷문잠금장치의 결함으로 인한 손해배상청구소송의 화해승인 여부에 관하여 전적으로 경제적 상황에 의한 현실적인 대안으로 화해절차의 진행을 승인한 바도 있다.[3] 800만 명의 Class가 확인된 보험상품판매에서 허위 과장광고로 인한 소송의 경우에는 전체적 판결 가능성의 어려움을 이유로 화해를 승인하기도 하였다.[4]

화해성립은 장래에 대하여도 충분히 Class를 확정할 수 있는 범위 내에서 이루어져야 한다. Class의 정의는 시간, 공간, 상품의 사용 등에 한정하여야 한다. 화해내용에서 피고는 장래의 소송가능성에 대비하여 그 단체의 범위를 광범하게 확정해서 추후 잠재적 소송가능성의 폭을 줄이고 있다.[5]

화해승인의 형식적 요건으로도 궁극적으로 제23조(a)와 (b)의 요건을 충족시켜야 한다.[6] 화해시기는 기본적으로 단체확인이 있은 때부터이다.[7] 이미

---

1) Manual for Complex Litigation, (3d ed.) 30.41, at 236.

2) General Motors Pick-Up Truck Litig., 55 F.3d at 785.

3) Hanlon v. Chrysler Corp., 150 F.3d 1011(9th Cir. 1998).

4) In re Prudential Insurance Co. of America Sales Practices Litigation, 148 F.3d 283(3d Cir. 1998), cert. denied, 525 U.S. 1114(2000).

5) Scott S. Partridge/Kerry J. Miller, SOME PRACTICAL CONSIDERATIONS FOR DEFENDING AND SETTLING PRODUCTS LIABILITY AND CONSUMER CLASS ACTIONS, 74 Tul. L. Rev. 1605(June, 2000).

6) Amchem Prods., Inc. v. Windsor , 521 U.S. at 624-25.

7) Id. At 620.

확인된 Class의 범위를 넘어 피고 측이 화해를 다시 시도하면서 새로운 Class의 정의를 구하거나 이를 확대하고자 할 경우에, 기존의 Class로 정의된 class 구성원의 이익이 경시되거나 침해될 가능성이 있으므로 이러한 경우에도 심리법원은 적극적으로 심사를 할 수 있다.[1]

제23조(e)(1)의 규정에 의해 화해나 소 취하의 허가 신청을 하려는 당사자는 제안된 화해나 소 취하와 관련된 일체의 합의를 담은 진술서를 법원에 제출하여야 한다. 그리고 법원은 제23조(b)(3)에 의해 Class Action으로 승인된 소송에서 그 사실을 통지받고도 제외신고 기간에 제외신고를 하지 아니하였던 구성원들에게 다시 한 번 제외신고의 기회를 주지 아니한 경우 화해승인을 유보할 수 있으며, 구성원은 누구든지 제23조(e)(1)(A)에 따라 법원의 승인을 득하여야 하는 화해나 소 취하에 대하여 반대의견을 제시할 수 있고, 다만 제23조(e)(4)(A)에 따라서 제시된 반대의견은 법원의 승인이 있어야 철회될 수 있다.[2]

소비자 Class Action과 관련하여 화해진행의 최근 경향은 주로 쿠폰화해가 쟁점이 되고 있다. 이 화해방식은 구제의 실효성을 제고하기보다는 제조물책임이나 잘못된 상관행을 방지하고자 하는 사법정책적 고려에서 인정되었다.[3] 실례로 GM트럭 연료통 결함으로 인한 소비자 Class Action에서 리콜이나 무료수선판결과 아울러 차량 교환 가능한 쿠폰발급을 일정한 단체에 대하여 하도록 하는 화해를 승인한 사건이 있다.[4] 쿠폰 화해는 실제로 Class의 구성원

---

1) Ira Rheingold, PROPOSED REVISIONS TO NACA GUIDELINES FOR LITIGATING AND SETTLING CONSUMER CLASS ACTIONS, 500(11th Annual Consumer Financial Services Litigation Institute, March-May, 2006).

2) 예컨대, 통지 및 법원의 허가가 매우 많은 비용과 시간을 들이기 때문에 당사자들이 Class Action의 확인 전에 미리 상호 화해를 하는 경향이 있었으나 법원은 확인 전이라도 화해 혹은 소 취하를 하기 위해서도 법원의 승인을 받아야 한다고 판시하였다(Baker v America's Mortage Servicing, Inc. 58 F. 3d 321(7th Cir. 1995).

3) Tex. Civ. Prac. & Rem. Code 26.003; 28 U.S.C. 1712; 109 P.L. 2, 119 Stat. 4(109th Cong. 1st Sess.).

4) In re General Motors Corp. Pick-up Truck Fuel Tank Products Liability Litigation, 55 F.3d 768 (3d Cir.); cert. denied, 116 S.Ct. 88(1995); Bloyed v. General Motors Corp., 881 S.W.2d 422(Tex. App.-Texarkana 1994), aff'd, General Motors Corp. v. Bloyed, 916

에 대하여 금전을 지급하는 것과는 구별되어야 하지만 기업의 이익과 사회적 이익 등을 고려할 때 합리적이고 다수의 소송에서 이를 합리적이라 하여 승인하고 있다.[1]

화해와 관련하여 변호사보수는 법원이 일정한도로 제한하는 것이 일반적으로 법원은 변호사보수의 액수를 산정함에 있어 광범한 재량을 가지고 있다. 다만 그 방법은 여러 가지여서 성공보수금이 상환을 정하는 방법, 화해협상과정에서 변호사보수를 화해기금에서 충당하지 못하게 하는 방법, 일정 기준을 정하여 그 보수가 적당한지를 검토하는 방법, 경쟁입찰과 유사한 방식으로 보수를 산정하는 방법 등 다양하다.[2]

변호사비용과 관련하여 고려해야 할 사항은 ① 법정 비용으로 피고가 부담해야 하는 비용, ② 공통기금에서 부담하는 비용으로 Class의 각 구성원이 구제받았을 때 공제하는 비용, ③ 공동비용으로 피고가 법령에 규정이 없는 경우에도 부담하는 비용형태가 문제이고, 그 비용의 규모가 쟁점이 되고 있다. 결국 변호사 비용은 개인이 직접 수령한 배상액의 범위에 따라 인정되는 것이 일반적이다. 가령 전체 배상액이 1,500만 달러임에 비하여 개인의 배상액이 각 50달러 정도에 불과한 경우에 200만 달러의 변호사 비용이 지급될 수 있다는 것인데, 200만 달러는 전체 소가의 14% 이하이고 이러한 점에서 과도한 변호사 비용이라는 논란은 소송의 복잡성과 지체성을 고려할 때 설득력이 부족하다고 할 것이다.[3] 과도한 변호사 비용이라는 문제점을 극복하기 위

S.W.2d 949(Tex. 1996).

1) Ira Rheingold, PROPOSED REVISIONS TO NACA GUIDELINES FOR LITIGATING AND SETTLING CONSUMER CLASS ACTIONS, 512(11th Annual Consumer Financial Services Litigation Institute, March-May, 2006).

2) 연방지방법원 Vaughn Walker 판사는 Class Action에서 수석변호사로 선임하여 달라고 하는 변호사의 신청에서 변호사들이 요구하는 표준기준방식과 잔여금의 일정비율을 변호사 보수로 신청하는 방식에 근거한 변호사들의 주장을 모두 물리치고 경쟁입찰의 방식을 제시하기도 하였는데, 이는 법관이 수석변호사의 역할을 맡기를 원하는 모든 원고 측 변호사들에게 판사실에서 비공개로 심리하는 절차인 In Camera절차를 원용하여 수석변호사로서의 자질이 된다는 근거와 변호사보수로 받기를 원하는 비율을 확정하여 판사실에 제출하라는 것이었다. 그 후 법관은 제출된 자료를 비교하여 그중에서 수석변호사를 선발한다.

3) Ira Rheingold, PROPOSED REVISIONS TO NACA GUIDELINES FOR LITIGATING

하여 실제로 소송업무를 수행하였던 시간을 기준으로 하는 방식이 있다. 여기에는 업무의 질도 가중치를 주어 산정하고 있다. 주로 금지적 또는 선언적 구제에 적합한 방식이라 할 수 있으나 가중치 내지 중복적 소송업무에서의 공제에 기준이 불명확하다는 것이 문제로 지적되고 있다.[1]

class구성원에 대한 실질적 구제의 비율에 따른 산정방식도 있는데, 전체 배상액 중 구성원에게 직접 반환분에서 일정한 비율을 변호사비용으로 산정하는 방식이다. 잠재적 class구성원을 비롯하여 전체 Class에 대한 피고의 변상액이 결정되면, 일단 구성원 각 개인에 대하여 배상액을 분배하고 잔여 미분배 배상액 중에서 일정분을 변호사 비용으로 산정하는 방식이다. 문제는 strong사건에서 보듯이 각 class구성원은 24개월간 매월 50에서 60센트의 배상액이 분배된 반면(전체배상액은 6,400만 달러), 구체적으로 분배된 배상금 총액은 170만 달러인데 변호사 비용은 무려 600만 달러가 산출되는 기형적 결과가 나타나고 있다는 것이다.[2] 이러한 문제에 관한 대안으로 전체 배상금 총액 중에서 실제로 class구성원에게 지급된 배상액분을 기준으로 한 방식이 있다. 소액 다수의 소비자 Class Action에서 금전적 배상을 전제로 하여 이것이 인정되고 있는 경우에는 실제 반환금 총액을 기준으로 일정비율을 변호사 비용으로 산출하는 방식이 가장 일반적이다.[3]

4. 중재

Class Action 진행 중 구속적 중재(Binding Mandatory Arbitration: 이하 BMA)가 회사 또는 산업별 결합체와 관련하여 문제되고 있다. 특히, 일반적으

AND SETTLING CONSUMER CLASS ACTIONS, 524(11th Annual Consumer Financial Services Litigation Institute, March-May, 2006).

1) Hailyn Chen, Comments: ATTORNEYS' FEES AND REVERSIONARY FUND SETTLEMENTS IN SMALL CLAIMS CONSUMER CLASS ACTIONS, 50 UCLA L. Rev. 879, 880(February, 2003).

2) Id. at 885.

3) Id. at 892.

로 이 중재방안에는 Class Action의 제기를 사전에 포기하도록 하는 내용이 있을 수 있다. 장래의 class구성원에 대하여 제소권을 박탈할 수 있는 위험이 있고, 중재를 받아들인 소비자 Class의 후속의 소권을 침해할 우려가 있으므로 비구속적 중재만 가능한 것으로 보고 있다.[1] 소위 자작적(do-it-yourself) 불법행위를 통하여 구속적 중재를 유도하려는 시도에 대하여는 입법론적 해결이 필요하다는 지적도 제시되고 있다.[2]

5. 판결효

소송의 판결에는 Class의 구성원이 될 자를 기술하고 모두 판결에 포함시킨다. 다만 규칙 제23조(b)(3)의 규정에 의한 소송의 경우에는 예외를 요구하지 아니하고 또한 법원이 구성원으로 인정한 자를 명기하고 두 판결에 포함시킨다. 판결의 효력은 구성원 전원에게 미친다.[3]

1979년 연방지방법원은 "후소법원은 전소 법원 판결의 기판력이 후소에 미치는지 여부를 심리하기 위해서는 일반적인 기판력 적용 요건 외에도, ① 후소의 원고가 종전 사건에서 집단의 구성원이었는지 여부, ② 후소 원고가 주장하는 청구원인과 동일한 청구원인이 전소에서 주장되었는지 여부, ③ 전 소송이 Class Action의 요건과 절차에 맞게 진행되었는지 그리고 적법절차를 따라 이루어졌는지 여부를 심리하여야 한다"고 판시하였다.[4]

---

1) Eric J. Mogilnicki and Kirk D. Jensen, Arbitration and Unconscionability, 19 Ga. St. U. L. Rev. 761, 765-68(2003).

2) Jean R. Sternlight/ Elizabeth J. Jensen, USING ARBITRATION TO ELIMINATE CONSUMER CLASS ACTIONS: EFFICIENT BUSINESS PRACTICE OR UNCONSCIONABLE ABUSE? 67-SPG Law & Contemp. Probs. 75(Winter/Spring 2004).

3) Fed. R. Civ. P. 제23조(c)(3).

4) Keen v United States, 81, F.R.D. 653, 656(S.D.W.Va. 1979): 이 사건은 원고에 의하여 Class Action으로 제기된 사건으로 판사는 심리 중 피고로부터 사건 자체의 기각을 구하는 중간판결(summary decision)을 요청받자, 집단소송을 허가하거나 기각하지 아니한 채 중간판결로 원고의 청구를 기각하였다. 이에 그 구성원이던 원고는 대표당사자가 피고 측의 중간판결 요구에 적절한 대응을 하지 않는 등 집단구성원을 위한 적절한 대표로서의 행위를 하지 못하였다면서 위 판결의 기판력을 부정하고 제기한 소송에서, 후소법원은 이전 소송

한편 판례 중에는 금지명령을 구하는 Class Action에서 대표당사자가 자신을 제외한 나머지 모든 구성원 청구부분에 대하여 패소하였는데도 항소하지 아니하였다면, 비록 그가 판결이전의 모든 재판과정에서 구성원들을 적절하게 대표하였다고 하더라도 중요한 소송행위인 항소를 하지 아니함으로써 더 이상 적절한 대표라고 볼 수 없어 그 판결의 효력은 구성원들에게 미치지 아니한다고 판시하였다.[1] 판결의 효력과 관련하여 제기될 수 있는 문제는 제외신청을 한 집단구성원이 나중에 판결이 자기에게 유리하게 내려진 것을 알고 이 판결의 효력을 수용할 수 있는가이다. 이에 대하여는 부정하는 것이 일반적인데 왜냐하면 이를 긍정하게 되면 제외신청을 하여도 아무런 불이익이 없기 때문에 누구든지 제외신청을 하려고 할 것이며 이 경우 Class Action의 효용이 손상될 것이기 때문이다.

6. 배상액의 분배

Class 전체에 대하여 손해배상액이 지급된 경우에는 이를 각 구성원에게 분배하여야 한다. 손해배상은 일반적으로 총액배상방법을 통하여 이루어진다. 총액배상방법은 Class Action에서 총액배상액을 우선 산정한 다음, 이를 분배하는 이원적인 절차운영을 말한다. 이와 같은 총액배상액 산정 후 분배방법은 당사자들이 소송절차에서 개별 구성원들의 손해를 주장 또는 입증하는 부담을 피할 수 있다는 점에서 전통적인 소송방법보다 간편한 방법이며, 개별 구성원들은 쉽게 손해를 배상받을 수 있다.

가령 생산자 계정 또는 자료에 의하면 하자 있는 물품의 판매고가 쉽게 확인되어 배상금 총액의 산정이 용이하지만, 배상금분배과정에서 미지급의 잉여배상금이 훨씬 더 많은 경우가 일반적이다. 이 경우 배상액 총액에 대한 변호사 보수가 결정되기 때문에 실제 소비자에게 분배된 배상금에 비하여 변호

이 그 구성원들에게 미치지 아니한다고 판시하면서, 판시 이유로 Class Action의 허가 이전에 이루어진 것이라는 점을 이유로 들었다.

1) Conzales v. Cassidy, 474. F. 2d. 67, 75(C.A.5, 1973).

사 비용이 과다하게 배정되는 문제점이 발생할 수 있다는 것이 소액다수의 소비자 Class Action의 문제점으로 지적되고 있다. 이러한 문제를 해결하기 위하여 화해절차에는 쿠폰배상, 할인배상, 또는 비금전적 급부를 제공할 수 있는 여지를 두고 있다. 나아가 금지적 선언적 판결을 구하는 Class Action의 경우에는 심리법원이 일실이익의 평가를 결정하도록 하고 있다.[1]

분배절차는 법원이 직접 진행할 수도 있고 magistrate, special master 또는 committee of counsel을 임명하여 진행한 후 이를 승인하는 방식으로 운영하기도 한다. 총액배상금이 화해로 조성된 경우와 판결에 의하여 조성된 경우가 있을 수 있으나 분배절차는 본질적으로 다르지 않다.[2] 다만 화해로 이루어진 총액배상금의 경우 대표당사자나 그 대리인이 화해 당시에 또는 그 이후에 분배계획이 있으며 그에 다를 것이지만 그러한 분배계획이 없을 경우에는 통지, 개인적 청구에 관한 입증의 제출, 주장확인, 분배라는 4단계의 과정을 거친다.[3]

다만, 명의상의 원고와 소송대리 변호인단은 여타의 Class의 구성원에 비하여 시간 비용 등 많은 노력과 비용을 감당하였으므로 이에 대하여 부가적 배상이 허용되고 있고, 화해협상에서도 이런 점이 인정되는데, 이것이 대표적합성을 약화시키는 것은 아니다.[4] 명의상의 원고에 대하여 배상을 통한 인센티브를 인정하는 것은 일종의 공공의 정책상의 이유라고 법원은 판시하고 있다.[5]

배상금은 개별적 입증이 요구될 때에는 입증이 완료된 후에나 지급된다. 만약 개인적 손해를 미리 배당하는 것이 가능한 상황이라 하더라도 개별적인

---

1) Hailyn Chen, Comments: Attorneys' Fees and Reversionary Fund Settlements in Small Claims Consumer Class Actions, 50 UCLA L. Rev. 880(February, 2003).

2) Conte, Alba & Herbert B. Newberg, Newberg On Class Actions, 507(4th Ed. Vol. 1 Thomson West, 2002).

3) Id.

4) Great Neck Capital Appreciation Inv. P'Ship, L.P. v. Price water house coopers, 212 F.R.D. 400, 412(D. Wis. 2002).

5) Cook v. Niedert, 142 F.3d 1004, 1016 (7th Cir. 1998); In re Cendant Corp., 232 F. Supp. 2d 327, 344(D.N.J. 2002); Van Vraken v. Atlantic Richfield Co., 901 F. Supp. 294, 300(D. Cal. 1995).

손해청구의 신고기간 만료 시까지 기다렸다가 배당한다. 이 배상금분배의 단계에서 Class의 크기가 감축되는 것이 일반적이다. 그 이유는 인가된 집단에 배상받을 자격이 없는 자가 포함될 수 있고, 제외신청 주소불명, 개별청구의 부제출, 개별청구권의 부존재 등의 사유가 있기 때문이다. 이러한 사유로 분배하고 남는 잔여금에 대한 처리로 가변배상의 방법, 피고에게 돌려주는 방법, 국고에 귀속하는 방법들이 채택되고 있다.

V. 평가와 전망

미국의 소비자 Class Action의 공과를 평가할 때, 쟁점이 되는 사항이 적지 않고 심리법관으로 하여금 지나친 재량이 부여되어 있다는 것이 문제로 지적되고 있다. 그럼에도 소액다수의 소비자 피해의 유일한 사법적 구제수단일 수밖에 없다는 결론 또한 타당하다. 사실 소비자 Class Action이 종국판결에 이르는 경우가 드문 형편이고 이 소송절차는 어떤 면에서 화해를 도출하는 사법절차로 이해하는 것이 보다 타당할 것이다.

현재 이 소송의 전개과정을 보면, 주로 거대 변호사 회사 대 기업 내지 산업별 다툼의 양상으로 나타나고 있다. 그 다툼은 의회, 법원에서 단체의 범주를 어떻게 할 것인가 종국적으로 귀결된다 하겠다.[1] 주로 사회적·정치적 고려에 의하여 계층 간의 타협을 법원을 통하여 달성하여 오고 있다는 점을 고려한다면 우리나라의 소비자단체소송이 직면할 과제에 시사하는 바가 크다고 하겠다.

---

1) Edward F. Sherman, On Sumer Class Actions: Who are The Real Winners? 56 Me. L. Rev. 236(2004).

제4장 담배소송
Class Action

I. 서설

"담배는 중독성이 있습니까?"
"그렇습니다."
"흡연은 암을 유발합니까?"
"네, 그렇습니다."

1997년 3월 20일 Lark와 Chesterfield라는 담배를 제조하는 LIGGET그룹이 미국 담배회사로는 처음으로 담배의 유해성을 법정에서 인정하였다.[1] 이 회사는 10대 청소년을 주된 판촉대상으로 삼았다는 사실도 시인하였다. 담배 Class Action을 승리로 이끈 결정적인 이 증언으로 사실상 미국의 담배회사는 소비자에게 무조건 항복을 한 것이다. 이전까지 미국의 담배소송은 막강한 자금력과 로비력을 지닌 다국적 담배기업 대 시민단체와 주정부가 지난 50여 년 동안 줄기차게 다투어 왔으며, 담배 유해논쟁은 번번히 담배회사의 승리로 막을 내렸지만 이번에는 시민단체와 주정부가 값진 1승을 거둔 것이다.[2]

이 사건에서 원고 측인 주정부가 비로소 '담배가 중독성이 있다'는 담배회사의 시인을 받아낸 것이다. 미국 내 다섯 번째 순위의 담배회사인 Brook그룹의 리겟사는 담배가 중독성이 있다는 내용을 담뱃갑의 경고문에 포함시키기로 원고 측인 22개 주정부와 합의함과 동시, 주정부는 리겟사로부터 2천5백만 달러의 배상금 및 향후 25년 동안 매년 세전이익의 25%를 받아내기로

---

1) Joseph Menn & Carrick Mollenkamp, Global Tobacco Pact Could Break Liggett, NEWS AND OBSERVER(Raleigh, N.C.), May 27, 1997, at A5.

2) 담배소송에 관한 최근의 자료로는, In Re Simon II Litigation, No. 00-CV-5332, Related to No. 98-CV-0675, No. 98-CV-1492, No. 98-CV-3287, No. 99-CV-1988, No. 99-CV-6142, No. 00-CV-2340, No. 00-CV-4442, No. 00-CV-4632, No. 02-CV-0599(UNITED STATES DISTRICT COURT FOR THE EASTERN DISTRICT OF NEW YORK: 2002 U.S. Dist. LEXIS 19773)(October 15, 2002, Decided). 이 자료에는 그동안 미국의 담배소송과정에서 쟁점이 되었던 사항을 총망라하여 항목별로 정리하고 있다. 중독성과 유해성에 관하여는, Blue Cross & Blue Shield of N.J. v. Philip Morris Inc., 2000 U.S. Dist. LEXIS 17447, No. 98 CV 3287, 2000 WL 1738338 at 1-3 (E.D.N.Y. Nov. 1, 2000) 이하 참조.

포괄적 화해(MSA: Master Settlement Agreement)를 한 뒤 소를 취하하였다. 리 겟사는 더 나아가 담배회사 측이 담배의 유해성을 알고 있었다는 것을 입증 할 만한 수천 쪽 분량의 내부문건을 주정부 측에 넘겨주기로 하였다.[1]

미국의 담배소송은 많은 시행착오를 거치면서 지금에 이르게 된 것이다. 초기 개인의 인적 피해의 구제라는 단순한 개인의 불법행위소송에서 현재의 동등자소송(qui tam action)에 이르기까지 궁극적으로는 민권보장의 일환으로 담배소송이 제기되었던 것이다.[2] 여기에서는 미국의 담배소송을 통하여 우 리나라에서 진행되고 있는 담배소송을 가름하는 한편, 쟁점을 검토하고, 최근 미국에서의 담배소송의 결과로 파생되는 알코올소송 등을 살펴본다. 이를 위 하여 ① 담배소송의 기원과 발전, ② 담배소송의 정착, ③ 소송유형, ④ 포괄 的 화해, ⑤ 평가와 전망 등을 중심으로 고찰한다.[3]

Ⅱ. 담배소송의 제기와 발전

1. 담배소송의 제기[4]

1950년대 미국 성인남자의 흡연율은 50%를 넘고 있었고 여성흡연율도 30% 정도로 담배는 일반화된 대중문화로서 당시 미국인은 자동차만큼 담배

---

1) Charles Joseph Harris, NOTE: State Tobacco Settlement: A Windfall of Problems, 17 J. L. & Politics 167, 168-69(Winter, 2001).

2) Robert F. Cochran, Jr., BEYOND TOBACCO SYMPOSIUM: TORT ISSUES IN LIGHT OF THE CIGARETTE LITIGATION: From Cigarettes to Alcohol: The Next Step in Hedonic Product Liability?, 27 Pepp. L. Rev. 701(2000).

3) 우리나라에서도 금연운동과 아울러 담배소송이 현재 진행 중에 있다. 특히, 담배소송에 관하여 미국에서 이를 연구한 배금자 변호사가 대표적이며, 최재천 변호사도 인터넷상의 담배소송 관련 홈페이지를 운영하고 있다. 이 논문은 위 두 변호사와 김운묵 학위 청구논 문상 미국의 담배소송 관련 자료에 전적으로 의존하고 있다.

4) 김운묵, 건강보험 가입자의 흡연피해와 관련한 보험자의 구상권행사, 24-36(박사학위청구 논문, 인제대학교 대학원(2000, 12).

를 좋아한다고 하였다. 이때까지는 과거 25여 년 동안의 흡연과 관련하여 담배소송을 제기할 만한 어떤 위기감도 없었다. 당시 제조물책임에 의한 소송은 소다병의 우연한 폭발, 빵덩어리 속의 핀, 또는 자동차 축거의 균열 등 거의 제조기준의 위반에 기인한 것이었다. 특히, 통상 소비재의 경우는 기준에 맞는 생산라인에서 합리적으로 생산된 것이라 인정되면 다툼의 대상이 되지 않았고, 석면사업장 근로자, 방사선 피폭자 등과 같이 장기간 원인물질에 노출이 축적되어 발생한 질병에 관하여도 손해배상청구를 하지 않았으며, 담배도 이와 같은 맥락에 있었다.[1]

그러나 1953년 전미의학협회지와 같은 학회지에 흡연과 암 발생 간의 상관관계를 과학적으로 밝히는 논문이 발표되고 이것을 Reader's Digest에서 일반인들이 이해하기 쉽도록 흡연의 위험을 알리는 기사로 생생하게 연재하면서 사태는 크게 변하였다. 1953년과 1954년에는 20세기 들어서 처음으로 성인 1인당 담배소비가 연속하여 감소하였고 암에 대하여 두려움을 갖기 시작한 것이다. 그러자 담배회사는 필터담배를 대대적으로 판촉하여 다시 담배소비를 회복시켰다. 그리고 1954년 7월 Reader's Digest가 '담배논쟁의 뒷면(The Facts Behind the Cigarette Controversy)'이라는 기사를 통하여 흡연과 관련한 암에 관한 연구, 즉 실험쥐의 등에 담배 타르를 바르는 실험과 역학연구에 관한 내용을 쉽고 상세하게 게재하고 담배필터의 효과에 대해서도 의문을 제기하였다. 관련하여 흡연위험을 심각하게 다룬 TV프로그램도 방영되기 시작하였다.[2]

이런 상황에서 1954년 초 St. Louis에서 Lowe v. R.J. Reynolds사건이라는 최초의 담배소송이 제기된 것이다. Lowe사건 이후 담배분쟁과 관련해 최소 11차례의 判決은 있었지만 대략 100~150개의 담배소송은 판결에 이르지 못하고 종료되었다. 당시 소송은 흡연으로 폐암 등에 걸린 피해자 개인이 청구하

---

1) Robert L. Rabin, A Sociolegal History of the Tobacco Tort Litigation, 44 STAN. L. REV. 853, 856(1992).

2) Robert L. Rabin, A Sociolegal History of the Tobacco Tort Litigation, 44 STAN. L. REV. 856(1992).

는 개별소송형식이었다. 결과적으로 원고를 대리한 변호사 대부분은 자력이 약한 개인 상해 변호사였고, 담배회사 측은 사사건건 이의를 제기하며 소송에 이르기 전 증거조사절차에서부터 막대한 비용이 소요되게 만들어 이를 견디지 못한 원고 측이 소송을 중도에 취하하게 만드는 수법을 동원했다. 또한 담배회사 측의 최대 전략은 담배를 즐긴 흡연자는 그로 인한 모든 결과를 감수해야 한다는 주장, 즉 흡연자에게 모든 비난과 책임을 뒤집어씌우는 희생자 비난(victim blaming) 전략이었다. 또한 담배소송이 제기되면 비용에 관계없이 일단 이용 가능한 모든 신청절차를 통하여 원고의 모든 청구에 적극 대항하고, 원고 측에 아무것도 주지 않는다는 비타협전략(no-compromise strategy)을 견지하였다. 이 전략은 다른 소인에 의한 인사사건의 90% 이상이 화해로 종료되던 당시의 관례와는 대조적인 것으로, 그 후 35년 이상 담배회사는 단 한 건의 담배소송에서도 화해를 하지 않았다. 비타협전략은 피고(담배회사) 측의 막강한 경제적 힘을 발휘하여 철저하고 물량투입적인 소송방어 전략으로서 당시 담배소송은 단독 또는 소규모로 개업하고 있는 변호사가 대리하고 있고 후불제 성공보수방식이 일반적이었으므로, 소송대리 변호사는 실제로 자력이 없는 원고로부터 그 비용을 회수할 수도 없고 또 화해할 전망도 없이 지루하게 진행되는 소송지연으로 말미암아 원고 측은 지칠 수밖에 없었고 담배회사 측은 이런 점을 최대한 이용한 것이다.[1]

특히 담배회사 측은 공판전 절차(pretrial)를[2] 이용한 소송기술을 적절히 구

---

1) Brian H. Barr, NOTE: Engle v. R.J. Reynolds: The Improper Assessment of Punitive Damages for an Entire Class of Injured Smokers, 28 Fla. St. U.L. Rev. 787, 791-805 (Spring, 2001).

2) 미국의 법원은 제조물 책임소송에서 공판(trial)에 앞서 pleading, discovery, conference의 단계를 채택하고 있다. pleading이란 당사자가 사건의 분쟁해결을 요구하여 법원에 소송상의 청구를 하고 상대방 당사자가 개개의 소송상의 주장을 교환하는 과정으로 분쟁에 있어서의 사실적 쟁점과 법률적 쟁점에 대한 당사자의 입장을 설명하는 서면교환의 단계를 말한다. pleading이 끝나면 discovery단계로 移行하는데 이는 당사자가 민사소송규칙 등에 의하여 인정된 절차를 통하여 상대방이나 외부 증인에게서 사건에 관한 정보를 획득하는 절차이다. 당사자는 discovery를 이용하여 사건의 쟁점을 명확하게 하고 사실과 사건의 증거를 조사할 수 있는데 그 주요한 수단으로는 구두에 의한 증언(oral deposition), 서면에 의한 증언 (written deposition), 소송당사자에 대한 질문서(interrogatory), 상대방에 대한 문서 등의 제출

사하였는데, 우선 소송 초기에 흡연과 폐암 발생 간의 인과관계에 관하여 전문가의 증언을 요청하였고, 이런 전문가의 증언을 토대로 원고 측에 일일이 이의를 제기하였다. 또한 진료의사와 여러 병리학자로 하여금 원고가 언제 그 질병에 이환되었으며, 흡연과 관련되는 전형적인 질병형태로 이환된 것인지 여부, 흡연의 위험을 명백하게 알려주는 과학적인 보고서가 언제 처음 발간되었는지 여부 등을 증언하도록 하였다. 전문가의 감정수수료, 공판 전 증언과정에서 각 전문가의 여비와 시간에 대한 비용을 부담해야 하였고, 또한 마케팅 및 광고 전문가와 2단계 과정에서는 중독전문가 등의 증언과 감정을 폭넓게 요구하였다. 공판 전 증언에서 피고 측은 연방민사소송규칙 등과 관련하여 많은 여러 수단의 방어전략을 구사할 수 있었는데, 주로 원고가 흡연의 위험을 얼마나 알고 있었는가와 원고가 통상 개인적 위험에 무관심하지 않았는지를 원고의 과거행적을 다각도로 조사하여 노출시켰고, 피고 측은 이 공판 전 증언과정에서 끊임없이 이의를 제기하여 소송진행 자체를 철저히 봉쇄하였다. 당시 담배회사 측이 원고 변호사를 파산시키는 전략을 보여주는 유명한 일화로 "우리가 담배소송에서 이기는 길은 담배회사의 돈을 소비하는 것이 아니라, 개새끼들(원고 변호사를 이렇게 칭함)의 돈을 다 써버려서 파산하게 만드는 것이다."[1]이라고 하여 철저한 소송지연과 응징전략을 구사하였

요구(production of documents and such), 신체정신 감정신청(physical and mental examination), 자백의 요구(requests for admission) 등의 방법이 있다. conference는 pleading단계를 거치고 당사자 간에 discovery에 의하여 확산된 사건을 판사의 감독 아래 당사자가 협의하는 과정이며 여기서 법원은 당사자에게 쟁점을 명확히 하도록 한다. discovery에서 당사자는 강력한 소송상의 무기를 활용할 수 있고 또한 discovery를 요구할 수 있는 범위가 매우 넓어 개인의 privacy 침해, 비용부담의 고액화, 시간의 낭비, 부당한 화해의 강요라는 폐해가 나타나 그 남용을 억제하고자 1980년에 discovery conference제도를 도입하여 당사자가 discovery를 남용하는 것을 방지하고 있다. 그리고 pretrial conference단계에서는 사건의 조기해결과 공판의 원활한 진행을 위하여 쟁점의 명확화, pleading의 수정가능성, 불필요한 증명을 피하기 위한 사실의 자백 내지 문서의 승인가능성, 감정증인의 숫자 제한 기타 사건의 해결에 도움이 될 것을 법원에 출두하여 협의하도록 한다. 이와 같은 공판전의 과정을 공판 전 절차(pretrial)라고 한다(미야모리 노리유끼 著, 서기환 譯, 미국의 PL소송을 알자: 이론과 실무의 해명, 대광서림, 1998: 109-168).

1) 담배회사의 변호를 맡았던 어떤 변호사가 했다는 이 말은 지금도 금연운동가들이 담배회사를 비난할 때 수시로 인용되고 있다.

던 것이다.[1]

1950년대 담배소송이 제기되기 시작한 시점에 그나마 사실심(trial)까지 갈 수 있었던 사건은 극히 일부에 한정되었으며 이 경우에도 심리법원은 담배회사의 책임을 엄격하게 추궁하는 데는 소극적이었다. 이 당시 원고는 과실책임이론이나 묵시적 보증법리를 논거로 소송을 제기하는 경향이 일반적이었다. 과실책임이론에 의하면 원고 측은 ① 담배회사는 이미 담배의 잠재적 폐해에 대하여 인지하고 있었으며, ② 때문에 담배회사는 더욱더 조사나 경고를 했어야만 하고, ③ 건강에 아무런 피해도 주지 않는 것처럼 보이는 광고를 중지해야만 한다고 주장하면서 담배회사 측의 과실을 이유로 배상을 구하는 형태의 소송이 기본유형을 이루고 있었다. 그러나 원고 측은 담배회사가 잠재적 폐해를 이미 알고 있었다는 증거를 제출하지 못하였고, 결국 법원은 과실책임이론을 논거로 한 원고 측 주장을 인정하지 않았다.[2] 한편, 묵시적 보증법리라 함은 상품이 갖추어야 할 적정한 품질을 갖추지 않았거나 합리적 용도를 위한 것이 아닌 상품을 판매했다는 사실을 증명하면 상대방이 과실이 없다고 하더라도 제조물에 대한 엄격책임을 이유로 법적 구제가 가능하다는 이론이다. 이 법리에 의한 소 제기에 대하여도 법원은 엄격책임론에 대하여 소극적이라는 견지에서 청구취지가 받아들여지지 않았다. 즉, 1963년 Lartigue v. R. J. Reynolds Tobacco Co 사건에서 "제조업자는 예견 가능한 위험부담에 대하여는 보증하여야만 하나, 사전에 알 수 없는 위험부담이나 신규기술, 예견할 수 없는 피해에 대하여는 보증할 수 없다"고 판단하고 있다. 당시 대학교수, 판사, 변호사 등으로 구성되어 권위와 영향력을 지니는 전미법률가협회(The American Law Institute: ALI)는 65년 제2차 불법행위법 주석집(the second Restatement of the Law of Torts) 402A조에서 '불합리하게 위험함'이란 의미와

---

1) 담배회사들은 처음 소송에서부터 미국에서 가장 유능한 법률회사(law firm)에 사건을 위임하였고, 그 법률회사들은 소송에서 서로 협조하였는데 원고 측 변호사는 공판 전 단계에서부터 피고 측 변호사들을 10명 또는 15명씩 상대하여야 했다.

2) Robert L. Rabin, A Sociolegal History of the Tobacco Tort Litigation, 44 STAN. L. REV. 864(1992).

같은 뜻을 지닌 결함 제품에 대하여 제조업자는 엄격히 책임을 추궁받게 된다고 명시했으나, 코멘트가 추가되어 좋은 담배는 흡연의 효과가 해롭다는 것만으로 그 자체로 불합리하게 위험한 것으로는 볼 수 없다고 하였다. 다만 마리화나와 같은 물질을 함유한 담배는 불합리하게 위험하다고 볼 수 있다는 단서를 부과하여 담배회사에 대하여 면죄부를 주는 결과를 초래하였다.[1] 결론적으로 담배소송이 제기된 50년대 중반에서부터 60년대 초반까지는 소송 전략적인 측면이나 담배의 폐해에 관한 과학적인 증명이 부족한 상태에서 패소가 계속된 문제제기를 위한 준비기였다고 하겠다.[2]

2. 담배소송의 발전

1964년 미국 외과의사협회가 처음으로 담배가 폐암 따위의 질병을 일으킨다는 보고서를 발표하였다.[3] 이것은 흡연의 질병관련성을 밝히는 가장 영향력 있는 보고서로 그 후 해마다 새로운 자료가 추가되고 있다. 동시에 유해한 제조물을 생산한 업체에 무과실책임을 묻는 제조물 책임이론이[4] 등장함에

---

1) 당시 예측가능성이라는 개념은 오늘날에 비하여 훨씬 제한적이었으며, 오늘날의 법원은 1940년대 과학자들이 제기한 문제점에 근거하여 담배회사의 책임을 인정하고 있는 데 비하여 1950년대 법원은 이를 받아들이지 않았다. 요컨대, 담배소송이 제기된 1950년대 소송을 제기한 청구인은 시대를 앞서 나간 사람들이었다. 이 시기의 담배소송에서 담배회사 측은 줄곧 담배가 해롭지 않다고 주장하였고 원고 측은 실제 흡연과 질병발생 간의 관계를 정립하는 의학연구가 부족하였다는 것이 결정적인 패인이라 하겠다.

2) 대표적인 사건으로는 Brown & Williamson Tobacco Corp., 56 F.T.C. 956 (1960); Liggett & Myers Tobacco Co., 55 F.T.C. 354(1958); Philip Morris & Co., Ltd., 51 F.T.C. 857(1955); R. J. Reynolds Tobacco Co., 48 F.T.C. 682(1952); London Tobacco Co., 36 F.T.C. 282(1943); 상세히는 Brian H. Barr, NOTE: Engle v. R.J. Reynolds: The Improper Assessment of Punitive Damages for an Entire Class of Injured Smokers, 28 Fla. St. U.L. Rev. 794(Spring, 2001).

3) PUBLIC HEALTH SERVICE, U.S. DEP'T OF HEALTH, EDUCATION & WELFARE, PUB. NO. 1103, SMOKING AND HEALTH: REPORT OF THE ADVISORY COMMITTEE TO THE SURGEON GENERAL OF THE PUBLIC HEALTH SERVICE 26(1964).

4) 1960년대 초기에 미국에서는 특히 눈에 보이지 않는 독성물질에 노출될 수 있다는 것을 강조하는 등 건강과 안전에 대한 관심이 전례 없이 높아졌다. 그 결과 공기, 물의 관리와 유해 쓰레기를 통제하기 위하여 소비자와 환경을 규제하였고 고엽제(Agent Orange), 유산

따라 담배소송이 새로운 전기를 마련하게 되었다.

(1) Cipollone v. Liggett Group, Inc[1]

담배소송의 발전을 상징하는 소송으로 Cipollone사건을 들고 있다. 이 사건은 계속된 흡연으로 인하여 사망한 로즈 치폴론 부인 측이 원고로 리겟 담배회사를 상대로 한 손해배상소송이다. 이 소송은 1983년 제소되어 그녀가 사망한 4년 뒤인 1988년 심리에 착수, 일심의 배심에서 40만 달러의 배상을 명하는 평결을 받았다.

이 사건에서 법원에 의한 증거개시(discovery)의 결과, 담배회사가 소지하고 있던 흡연의 유해성을 증명하는 많은 내부문서가 법정에 제출되었다. 예컨대, 내부문서 중에는 담배회사의 컨설턴트가 리겟그룹을 위해 준비한 보고서가 있다. 그 보고서에 따르면 담배는 암의 원인이 되고(cancer causing), 암을 유발하고(cancer promoting), 독성을 가지고 있으며(poisonous), 자극적이며, 쾌락을 가져오며 향기가 좋은(stimulating, pleasurable and flavorful) 생물학적 활성물질이 존재한다고 기재되어 있다. 이에 대하여 담배회사 측은 치폴론은 남편과 가족으로부터 자주 담배를 끊으라는 말을 들어 왔다. 또한 그녀는 흡연이 위험하다는 사실에 관한 충분한 지식을 가지고 있었다. 그럼에도 불구하고 그녀는 담배를 피우는 것이 좋았기 때문에 흡연의 길을 선택했다는 점을 들어 담배회사 측의 면책을 주장하였다. 반면, 원고 측은 치폴론은 담배가 안전하다는 담배회사의 선전을 믿고 흡연을 했다. 일단 치폴론은 흡연습관이

방지 합성여성호르몬제(DES), 자궁 내 피임기구(Dalkon Shields), 임신구토증치료제(Bendectin) 등의 독성물질의 사용에 의하여 발생한 후유증과 관련되는 불법행위에 대한 소송도 많이 증가하였다. 담배소송이 오랫동안 소강상태에 있을 때 제조물책임법은 과거 독성물질에 노출되어 예상하지 못한 질병에 이환된 희생자에 대한 손해배상의 가능성을 높였다. 1973년 석면에 노출되어 질병에 이환된 희생자에 대한 석면제조자의 책임이 인정된 Borel v. Fibreboard Paper Products Corp.사건 이후 10년 동안 약 2만 5천여 건의 소송이 제기되었는데, 이 석면소송(asbestos litigation)의 결과가 담배소송의 물결을 일으키는 계기가 되었다

1) Cipollone v. Liggett Group, Inc., 693 F. Supp. 208, 210(D.N.J. 1988).

들자 담배중독증에 걸리고 말았으며 담배를 끊으려고 해도 끊을 수가 없었다. 즉, 그녀에게 자유로운 선택권이 주어져 있었다고 말할 수 없다는 이유로 피고 측의 항변을 공격하였다. 결국, 일심판결은 항소심에서 번복되었고, 이 와중에 100건이 넘는 쟁점의 공방을 거치면서 1건만 연방대법원에 상고청구가 허가되어 담배소송사상 처음으로 연방대법원의 심리가 이루어지게 된 것이다.1) 원고의 변호사사무실은 치폴론 사건과 관련하여 사실심(trial)까지의 제반 비용으로서 50만 달러 이상 변호사와 그 외 직원들의 시간당 수당으로 대략 200만 달러가 넘는 돈을 스스로 부담하였으며 사실심 이후에는 각각 15만 달러 이상과 90만 달러 이상의 비용을 부담하였다. 반면, 치폴론 사건 변호를 위하여 담배회사 측이 사용한 비용은 적어도 7,500만 달러에 이른다. 피고 측 변호인단이 불굴의 의지로 소송에 대처한다는 소문이 돌면서 많은 변호사들이 이 전쟁에 참전하기를 주저하였다. 원고 측 변호인은 불투명한 소송결과뿐만 아니라 거대한 담배회사를 상대로 한 계란으로 바위치기에 불과할 외로운 싸움을 해왔던 것이다. 소 제기로부터 10년이 지난 92년 연방대법원은 치폴론 사건을 사실심으로 다시 돌려보냈다. 원고 측은 담배회사의 경고태만을 주법을 근거로 항변하였으나 이에 대하여 담배회사 측은 연방의 두 가지 규제입법-66년의 '담배경고문과 광고에 관한 연방법률(Federal Cigarette Labeling and Advertising Act)'과 69년의 '공중위생 흡연법(Public Health Cigarette Smoking Act)'이 주법에 우선하여 적용되어야 하며, 담배회사 측은 연방법에 위배되지 않았다고 하여 피고 측의 항변을 연방대법원은 인정하였다.2) 다만 연방대법원은 연방법이 존재하지 않았던 1965년 이전의 통상 과

---

1) Cippollone v. Liggett Group, Inc., 505 U.S. 504, 519-20(1992).

2) Cippollone v. Liggett Group, Inc., 505 U.S. 504, 528-529(1992): 이 사건에서 담배회사는 좋은 담배는 그 자체로 유해한 제조물이라 할 수 없다는 주장을 펼치면서 강력한 로비를 바탕으로 하여, 법률가들을 자신의 편으로 붙들어 매 두었다. 한편, 이 시기에 담배회사들의 중요한 전략 가운데 또 하나는 1965년부터 담뱃갑에 담배의 유해성에 관한 경고 문구를 부착하기 시작했으므로 흡연의 해로움을 알고도 담배를 피운 원고의 잘못이라고 몰고 나가는 것이었다. "흡연자가 위험을 감수했다"는 논리가 담배회사들의 가장 강력한 방어수단이 되었다. 참고로 1965년 담뱃갑에 적힌 최초의 경고 문구는 "주의: 흡연은 당신의 건강에 해로울 수도 있다"였다. 이것은 1970년에 "미국 외과의사협회는 흡연이 당신의 건강

실책임을 묻는 것은 가능하다고 판시하였다. 요컨대, 묵시보증위반, 사기적 부실표시, 사기공모를 포함한 독점금지의 법리에 근거해 소송을 진행할 수 있는 선택의 여지를 원고 측에 남겨주었으나 원고 측 변호사는 원고인 치폴론의 남편도 사망하고, 남은 자녀들이나 법률사무소도 거액의 소송비용을 견디지 못해 연방대법원의 판결이 내려진 5개월 뒤 소 취하 신청을 했고, 뉴저지 주 연방법원은 치폴론 사건에 대한 변호사의 소 취하 신청을 받아들였다. 이리하여 10년에 걸친 소송에도 불구하고 결국 아무런 결실도 맺지 못한 채 끝났으며, 92년 담배소송은 일단의 획을 긋게 되었다. 즉, 담배회사를 상대로 한 40년에 걸친 전쟁을 통해 얻은 전망은 절망적인 것이었다. 이때까지 813건의 담배소송이 제기되어 그중 법원의 사실심을 받을 수 있었던 것은 23건, 그중 담배회사가 패소한 것은 2건이나 이 2건의 판결도 모두 항소심에서 번복되었다. 결국 담배회사는 1센트의 손해배상금도 지불하지 않았다.[1]

(2) 비교과실론(comparative fault principle)의 적용

담배소송이 증폭하게 된 직접적 계기는 석면소송과정에서 석면노출과 흡연 간의 상승효과를 나타내는 흡연과 폐암 간의 과학적·역학적 인과관계의 상당성에 대해 어느 정도 공감을 얻고 있었고, 담배회사 측의 물량공세적인 소송전략에 대하여 원고 측은 소송을 위한 재원을 공동출자함과 동시에, Cipollone사건과 Horton v. American Tobacco Co.사건에서와 같이 공판 전 절차에서의 신청, 증언, 기타 다른 소송절차에 효과적으로 대처하기 위하여 서로

에 해롭다고 판정했다"로 강화되었다. 원고는 니코틴에 중독되었기 때문에 흡연의 위험을 알아도 담배를 끊기가 어렵다고 재항변했지만, 배심원과 판사들의 마음을 움직이기에는 부족했다. 배심원과 판사들은 한결같이 담배를 피운 사람이 충분한 경고를 받고도 담배를 피웠으므로 잘못이 있다고 생각했다. 그리고 그때까지는 니코틴의 중독성에 대한 증거가 충분히 나오지 않았고, 담배회사들도 계속 이 점에 대해서는 인정하지 않고 있었다(미야모리 노리유끼 著, 서기환 譯, 미국의 PL소송을 알자: 이론과 실무의 해명, 대광서림, 1998: 54-55면).

1) Richard A. Daynard & Graham E. Kelder, Jr., The Many Virtues of Tobacco Litigation, TRIAL, Nov. 1, 1998, at 34, 36.

협조할 수 있게 되었기 때문이었다.[1]

나아가 제조물책임법리의 지속적인 진보로 인하여 우선 주석집 402A조의 규정에 의거, 큰 위력을 발휘하던 담보책임에 기인한 1950년대의 예측가능성론에 근거한 접근방법에서 제품의 본질적 위험성(intrinsically dangerous nature)에 초점을 두는 엄격책임론으로 시각을 전환시킬 수 있었다. 엄격책임론은 위험/효용분석(risk/utility analysis)을 강조함으로써 담배소송에서 새로운 원고 측의 공격도구로 활용될 수 있었다. 이에 따라 1980년대 초부터 법원은 결함 있는 제조물에 관한 사건에서 엄격책임론을 토대로 전통적인 기여과실론(contributory negligence)에서 입장을 전환하여 비교과실론(comparative fault principle)을 적용하기 시작하여 담배소송에서도 원고가 일부 승소할 가능성을 가지게 된 것이다. 여기에서 비교과실론이라 함은 우리의 과실상계와 유사한 개념으로 원고와 피고 간의 과실비율에 따라서 손해배상액을 조정한다는 이론이다. 한편, 기여과실론이라 함은 전통적인 판례법에서 생성되던 것으로 가해자 측에 과실이 있다고 하더라도 피해자 측이 결과발생에 기여한 과실이 있을 때에는 손해배상을 인정할 수 없다는 법리이다.[2] 비교과실의 법리가 적용되기 시작함에도 불구하고 소송과정에서 담배회사 측이 전개한 대규모의 자금을 투입하는 전략에는 결과적으로 속수무책이었다 하겠다.[3]

---

1) CIPOLLONE v. LIGGETT GROUP, INC., ET AL., 505 U.S. 504; 112 S. Ct. 2608; 120 L. Ed. 2d 407; 1992 U.S. LEXIS 4365(June 24, 1992) 참조. 이 사건에서 담배의 유해성 경고의 과실, 또한 의도적 은폐임증 등에 소송 집중이 이루어졌다.

2) 담배소송과 관련 당시 미국에서는 피해자가 위험을 감수하였다면 손해배상을 전혀 청구할 수 없는 기여과실론이 담배회사 측을 결정적으로 유리하게 하였다. 그 결과가 부당하다는 학계의 비판이 끊임없이 제기됨에 따라 법원은 점차 비교과실론을 채택하기 시작하였다. 1990년대 무렵에는 미국의 거의 모든 주가 이 법리를 채택하였는데, 여기에는 두 가지 유형이 있다. 하나는 pure comparative fault 제도이고, 다른 하나는 modified comparative fault 제도였다. 전자는 원고에게 99% 과실이 있어도 피고에게 1% 과실이 있다면 1%의 손해배상을 청구할 수 있는 것이고, 후자는 원고의 과실이 50%를 넘으면 손해배상을 청구하지 못하는 제도였다. 미국의 38개 주가 후자의 modified comparative fault 제도를 채택하고 있다. 이러한 과실이론의 변화는 담배소송에서 흡연가인 원고에게 설령 해로움을 알고 담배를 피운 데 대하여 과실이 있다고 하더라도, 담배회사 또한 책임이 있다는 법리구성이 가능하게 하였다.

3) 이 전략은 끊임없이 계속하는 증언 요청, 그리고 논란이 될 수 있는 모든 신청에 대하여

또한 담배소송이 증가하면서 흡연과 질병 간의 직접적인 인과관계가 의학적 연구에 의하여 확고해지기 시작하자 담배회사 측은 역설적으로 흡연자가 자유롭게 흡연을 선택함으로써 흡연의 위험을 인수하였으며, 스스로의 위험에 기여한 과실이 있다는 것을 주장하였으며, 이러한 논리가 법원에서 받아들여지고 있었다. 이와 같은 담배회사 측의 위험인수론(assumption of the risk)과 기여과실론(contributory negligence)은 담배경고문과 광고에 관한 연방 법률이 모든 담뱃갑에 경고문을 넣어 흡연의 위험을 알리도록 의무를 부과한 것을 크게 부각시켰다. 그 결과는 담배소송의 배심원은 흡연과 질병 간에 관련이 있음을 알리는 건강에 대한 경고를 고지하였음에도 불구하고 흡연을 계속한 원고에 대한 구제를 인정할 수 없다는 입장이었다. 즉, 담배가 건강에 해롭다는 것을 담배에 표시된 경고문을 통하여 알고 있음에도 담배를 피웠다면 흡연자가 스스로 그 위험을 인수하였으므로 담배회사는 그 결과에 대하여 아무런 책임이 없다는 것이 담배회사 측의 주장이었고, 법원은 이 주장을 그대로 받아들인 것이다.[1]

원고 측은 위험인수론에 대항하여 비교과실론에 의거하여 담배회사에게도 최소한의 부분적 책임이 있다는 것과, 담배의 중독성 정도에 따라 일정한 경우에는 흡연자 스스로 진정한 선택의 자유가 있을 수 없다는 주장을 피력하였다. 그러나 법원은 극히 일부의 사건에서만 담배회사에 부분적인 잘못을 인정하였으나 그 과실비율은 담배회사 측에 극히 유리하게 산정되었다. 또한 중독성의 문제도 1990년대 중반까지는 이를 입증하는 과학적인 증거가 그리 많지 않았고,[2] 따라서 법원도 니코틴중독성에 대하여 심각함을 인식하지 못

이의를 제기하고 서류제출 등의 모든 소송수단을 동원하여 원고 측 변호사의 출혈과 파산을 위협하고, 결국 원고 측이 포기하도록 하는 전략이다(Kelder Jr./GE, Daynard RA, Judicial Approaches to Tobacco Control: The Third Wave of Tobacco Litigation as a Tobacco Control Mechanism, Smoking: Who has the Right?, Prometheus Books, New York, 1998: 203).

1) Pennington v. Vistron Corp., 876 F.2d 414(CA5 1989); Roysdon v. R. J. Reynolds Tobacco Co., 849 F.2d 230(CA6 1988); Stephen v. American Brands, Inc., 825 F.2d 312(CA11 1987); Palmer v. Liggett Group, Inc., 825 F.2d 620(CA1 1987).

2) 니코틴의 중독성에 대하여 1988년 Surgeon Generral's Report는 담배의 니코틴 성분이 헤

하였다. 때문에 담배회사 측은 흡연자가 진실로 원한다면 담배는 얼마든지 끊을 수 있다고 주장하였고 법원은 이를 받아들였다.[1]

결론적으로 90년대 중반까지는 담배의 해악에 관한 과학적 증거확립의 진전, 거대 담배회사를 상대로 한 공동대응이라는 전술개발, 비교과실론의 적용 법리를 통하여 담배소송이 증가하였음에도 불구하고 구체적인 성과는 이루지 못한 준비기간 내지는 시행착오를 거친 기간이었다고 하겠다.

Ⅲ. 담배소송의 정착과 새로운 증거의 제시

1. 담배소송의 정착

1994년을 기점으로 담배소송은 새로운 양상을 띠기 시작한다. 그 흐름은 동년 3월 Florida 최고재판소의 Broin v. Philip Morris Companies, Inc.사건과[2] Louisiana연방법원의 Castano v. The American Tobacco Company사건에서[3] 비롯하였다. 이 사건에서 주목하여야 할 점은 소송유형으로 Class Action방식을 택함으로써 거대한 담배회사를 상대로 한 대결에서 실질적 무기대등의 원칙을 구현할 길을 열었고, 공적 의료보험의 보험자인 주정부가 원고로 나섬으

로인, 코카인과 유사한 수준의 중독성을 가진다고 발표하였다. 이것은 제2단계 소송 말기에 밝혀진 것으로 1990년대의 밝혀진 새로운 증거들과 함께 제3단계 담배소송에서 원고들의 강력한 무기로 사용된다. 니코틴의 중독성에 대한 여러 과학적인 연구가 발표된 이후에도 담배회사들은 공식적으로는 담배의 중독성을 계속 부인하여 왔다. 1994년 4월 14일 미 의회에서의 증언에서도 미국의 7대 담배회사 대표들은 니코틴에 중독이 없다고 증언하였다. 그러나 담배의 중독성을 입증하는 여러 담배회사의 내부 자료가 유출되어 공개되고 담배회사 관계자의 증언에 의하여 니코틴의 중독성이 증명되면서 이것이 담배소송의 정착단계에서 담배회사가 불리하게 되는 결정적인 원인이 된다.

1) Robert L. Rabin, A Sociolegal History of the Tobacco Tort Litigation, 44 STAN. L. REV. 875(1992).

2) 641 So. 2d 888; 1994 Fla. App. LEXIS 2269; 19 Fla. L. Weekly D 588.

3) 160 F.R.D. 544(E.D. La. 1995).

로써 담배소송에 직접 참가한 것이다. 뿐만 아니라 ① 담배회사가 담배의 중
독성과 발암성을 이미 알고 있었던 사실이 밝혀짐에 따라 담배중독성을 전적
으로 흡연자의 개인책임으로 돌릴 수 없다는 논지가 설득력을 얻을 수 있게
되었고, ② 고의성 짙은 부실 표시, ③ 담배의 유독성을 알고 있었음에도 이
를 은폐한 점, ④ 증거개시의 해태 등 여러 가지 논리에 근거해 제조물책임
등을 주장할 수 있게 되었다.[1] 또한 흡연자는 스스로 흡연을 시작하였다는
이유로 흡연자에 대한 금전보전을 인정하는 것에 대하여 배심원들은 소극적
이었으나, 새로운 접근방법을 이용한다면 이제까지 패소의 원인으로 작용했
던 이러한 문제점들도 극복할 수 있었으며, 연방법에서 문제된 독점여부에
관한 쟁점도 피할 수 있었다.

앞의 Broin사건은 비흡연 항공기승무원들이 승객의 흡연으로 말미암아 간
접흡연(second-hand smoke)을 하게 되어 질병을 얻게 될 수 있음을 확인받은
Class Action이다. Castano사건은 전국적 규모의 Class Action으로 원고범위를
확대하여 제소한 사건이나, 이것이 기각되자 각 주 단위로 Class Action을 수
행하게 되었고 이에 따라 각 주정부도 원고에 참가하거나 단독의 원고로 담
배회사를 상대로 한 Class Action의 기폭제가 된 사건이다. 동시에 1994년 5월
에 제기된 Engle v. R.J. Reynolds Tobacco Company사건에서[2] 원고는 ① 피고
담배회사 측과 그 대리인은 이미 오래전부터 니코틴이 중독물질임을 알고 있
었음에도 계속 그렇지 않다고 주장하고 있다는 것, ② 니코틴의 중독성에 대
한 과학적·의학적 증거를 감추려고 온갖 노력을 다 했다는 것, ③ 담배회사
는 니코틴의 중독성에 대한 정보를 감춤과 동시에 담배의 중독성을 높이기
위하여 니코틴의 수준을 고의적으로 조작하여 왔다는 점 등을 주장하였다.[3]
주정부가 나선 대표적인 소송으로는 1994년 5월 Mississippi 주의 법무부장

---

1) Graham E. Kelder, Jr. & Richard A. Daynard, The Role of Litigation in the Effective
Control of the Sale and Use of Tobacco, 8 STAN. L. & POL'Y REV. 63, 64(1997).

2) No. 94-08273(Fla. 11th Cir. Ct. 2000).

3) Brian H. Barr, NOTE: Engle v. R.J. Reynolds: The Improper Assessment of Punitive
Damages for an Entire Class of Injured Smokers, 28 Fla. St. U.L. Rev. 800-801(Spring,
2001).

관인 Mike Moore가 흡연과 관련된 질병치료에 소요된 주의 의료보험 진료비를 배상받고자 州의 납세자를 대신하여 담배회사를 상대로 담배소송을 제기한 Moore v. American Tobacco사건이[1] 있다. 이 사건에서 Mike Moore는 흡연 때문에 발병한 피해자를 대신하여 소송을 제기하면서 부당이득반환이론(theories of unjust enrichment and restitution)에 근거한 형평법절차(비배심절차)를 택하였다. Mike Moore가 취한 형평법에 의한 청구취지는 Mississippi주의 납세자는 담배와 관련된 질병 발생으로 말미암아 의료보험 분담금을 추가로 부담할 수밖에 없었으므로 담배회사는 이를 보전해야 한다는 논리였다.[2]

1996년 9월 Minnesota, West Virginia, Florida, Massachusetts 등 14개 주에서도 의료보험 진료비지급에 따른 담배소송을 제기하였고, 이 소송도 Mississippi주의 소송과 같은 논지, 즉 담배회사는 자신의 행위로 인하여 발생한 막대한 의료보험 진료비를 배상하여야 한다는 것이었다. 이들 소송은 주정부의 진료비부담을 보전시키려는 공통된 목적을 가지고 있었고 이후 전국적으로 확대되었다. 그 결과 담배회사 측은 향후 25년 동안 막대한 합의배상금을 주정부에 지불하는 것으로 합의하게 되었고, 담배소송은 이러한 방향으로 정착되게 되었다.[3]

2. 새로운 증거의 제시

담배회사가 니코틴의 약리학적 특성과 중독성을 이미 알고 있었고 흡연자가 중독될 정도로 담배회사가 니코틴 함량을 조작하였다는 사실들이 폭로됨으로써 니코틴중독에 대한 흡연자의 책임이 담배회사 측에 있는 것으로 밝혀

---

1) Nos. 93,148 and 93,195, No. 93,633(1994); 이후 723 So. 2d 263; 1998 Fla. LEXIS 2199; 23 Fla. L. Weekly S 593(November 13, 1998).

2) Christa Sarafara, Making Tobacco Companies Pay: The Florida Medicaid Third-Party Liability Act, 2 DEPAUL J. HEALTH CARE L. 123, 136(1997).

3) Margaret A. Little, SYMPOSIUM: A Most Dangerous Indiscretion: The Legal, Economic, and Political Legacy of the Governments' Tobacco Litigation, 33 Conn. L. Rev. 1143, 1172(Summer, 2001).

졌고 담배회사의 책임부담은 배가되었다. 1994년 2월 FDA의 David Kessler 국장이 주로 Cippollone사건에서 발견된 문서에 근거하여 '담배에 있는 니코틴 성분은 강력한 중독물질'이며, 중독될 수 있도록 담배회사가 니코틴 함량을 조작한다는 증거를 FDA가 입수하였다는 서신을 금연건강단체(Coalition on Smoking Or Health)에 보냈다. 그는 결론적으로 행정절차나 사법절차로 가능하다면 담배는 의약품으로 관리하여야 하고 또한 담배는 '중독을 야기하고 이를 유지시키기 위하여 니코틴을 공급하는 것'으로서 궁극적으로는 금지시킬 것을 제안하였다. 1994년 2월 ABC방송이 기획뉴스를 통하여 담배회사가 흡연자를 중독시키기 위하여 니코틴을 조작한다는 사실과 담배의 성분에 관한 비밀자료를 폭로 보도한 것에 대하여 Philip Morris사는 ABC방송사를 명예훼손죄로 고소함과 동시 방송사를 상대로 50억 달러의 손해배상청구소송을 제기하였다. 이때에도 담배회사 측은 담배는 중독성이 없으며 흡연은 건강에 해롭지 않다고 주장하여 왔고, 이것은 담배회사 측으로서는 깰 수 없는 무언의 규준(code of silence)이었다. ABC방송보도와 Kessler 국장의 공개발언에 따라 열린 의회 공개청문회는 니코틴 조작에 관한 소위원회 청문회에서 FDA의 Kessler 국장은 담배는 '고도로 기술화된 니코틴 전달체계(high-technology nicotine delivery system)'라고 증언하였고, 담배가 기술적으로 니코틴이 강화된 물질이며, 니코틴을 조작하는 담배회사의 특별한 기술, 그리고 니코틴의 약리학적 효과에 관한 담배회사의 비밀연구에 대하여 증언하였다. 그럼에도 이 소위원회에서 7대 담배회사의 대표들은 한결같이 니코틴은 중독성이 없으며 흡연을 암의 원인으로 볼 수 없다고 주장하였다. 이와 관련하여 기자, 금연운동가, 흡연피해자의 변호인 등은 담배회사를 계속 추적하였고, 그 결과 1994년 5월 7일 New York Times지에 표지기사로 Brown & Williamson Tobacco사의 내부문서가 게재되었고, 그 기사는 Wall Street Journal, USA Today, The Washington Post 등 다른 주요 신문에도 게재되었다. 내부문서에는 Brown & Williamson사가 수년간에 걸쳐 니코틴을 연구하였고 외부에 발표한 것과는 달리 흡연이 건강에 위해하다는 것을 회사 측이 이미 알고 있었지만 회사는 니코틴의 중독성에 대한 사실과 직접흡연 및 간접흡연이 모두 건강에 위험하다는 사실을 모두 외부에 알리지 않기로 방침을 정했고, 이러한 조사연구사업의 관리에 담배회사의 변호사들도 개입하고 있다는 것이었다. 그러나 1994년 3월 담배소송이 본격화된 이후 흡연의 해악과 니코틴의 중독성을 담배회사가 이미 알고 있다는 폭로가 여러 형태로 이어졌는데, 니코틴이 흡연자에게 미치는 약리적 효과를 연구 기록한 Philip Morris사의 문서자료, Brown & Williamson사와 그의 모기업인 British American Tobacco사로부터 획득한 분석자료, 추적기자들이 획득한 R.J. Reynolds Tobacco사의 자료, Brown & Williamson사의 연구소장이었던 Jeffrey Wigand의 1995년 11월 Moore v. American Tobacco사건에서의 증언, 1996년 3월 18일 시작된 FDA에 대한 증언에서 Philip Morris사의 전직 직원 3명이 행한 진술, 즉 Philip Morris사는 그 회사의 사업이 니코틴을 공급하는 사업이라고 믿고 있음은 물론 담배를 만들 때 니코틴 수준을 조절하고 있다고 증언한 것 등이 그것이다.[1]

이와 같은 일련의 발표에 의하여 밝혀진 사실들은 담배소송을 수행하는 원고 측에 중요한 소송자료가 되었다. 이때까지 담배회사 측은 니코틴은 약리학적으로 작용하거나 중독성이 있거나 해롭지도 않으며, 흡연자를 중독시키거나 중독된 흡연자를 중독 상태로 유지시키기 위하여 니코틴 수준을 조작하지 않았다고 계속하여 발표하였다. 그러나 새로 입수된 위 증거에 의하여 담배회사 측은 담배가 약리적으로 작용하고 중독성이 있으며 해악이 크다는 것을 잘 알고 있었음은 물론, 이러한 정보가 소비자와 대중에 알려지지 않도록 고의적으로 숨겼음이 분명하게 밝혀졌다. FDA는 1995년 8월 11일 발간한 Federal Register에서 담배회사로부터 지원을 받고 담배연구소(Council for Tobacco Research)는 '두뇌에 미치는 니코틴의 약리적 영향에 대하여 실질적인 연구를 하였고, 또한 이 연구진은 니코틴이 정신에 작용하는 약물이라는 것을 알고 있었다고 결론을 내렸다. 이 담배연구소는 담배회사에 니코틴의 중독성에 대한 정보와 니코틴의 조작기술에 관한 정보도 주었다. FDA는 일부 담배회사가 니코틴연구를 공동으로 하기로 한 사실도 발견하였다. 그동안

---

1) Uydess Statement, 1996; Rivers Statement, 1996; Farone Statement, 1996.

담배회사 측은 흡연이 암이나 심장질환 같은 질병을 일으킨다는 명백한 증거가 없다는 것도 주장하여 왔으나 확인된 자료에 의하면 Brown & Williamson 사 등은 1960년대부터 담배의 타르가 실험동물에게 암을 일으킨다는 자체 연구결과를 가지고 있었다.

그러나 담배회사 측은 이러한 사실이 밝혀질 경우 법적 책임을 져야 할 것을 우려하여 소비자와 대중에게 이러한 사실을 은폐하였고 오히려 니코틴수준을 높이도록 조작하였을 뿐만 아니라 니코틴의 흡수를 촉진시키는 암모니아를 첨가시키는 방법으로 흡연자를 더 빨리 중독시키는 연구를 계속하였다는 것이 발각되었다. 뿐만 아니라 미성년자에 대한 마케팅을 강화하여 흡연을 빨리 시작할 경우에 더 빨리 중독이 되고 평생 동안 담배회사의 고객이 되도록 하는 판매 전략까지 알려지게 되었다. 이러한 새로운 증거들은 이때까지 40년에 걸친 담배소송에서 흡연자에게 책임을 묻고 있던 사회적 정서를 전적으로 담배회사의 책임으로 전환하도록 하는 계기가 되었다.[1]

Ⅳ. 담배소송의 소송유형

새로운 증거가 나타나고, 소송 등을 통하여 담배회사의 책임이 인정되기 시작하면서 담배소송의 유형이 정형화되었다. 그 유형으로는 ① 개개의 흡연자들의 담배회사에 대한 제조물책임소송, ② 흡연으로 인한 건강 피해나 중독에 대한 손해배상을 청구한 흡연자의 Class Action, ③ 간접흡연(ETS: environmental tobacco smoke)으로 인한 건강침해에 대한 배상청구, ④ 흡연으로 인한 건강피해에 따른 의료비지출 구상청구소송 또는 주정부나 의료보험 단체 등이 담배회사를 상대로 배상청구 등이다.[2]

---

1) Erin McClam, CDC Estimates Cost of Smoking, Newsday, Apr. 11, 2002; New York Times, Anti-Smokers are Set Back by Success, April 3, 1994, at 13.
2) 기본적인 소송유형으로는 외국정부나 외국에서의 담배소송제기를 제외하고는 위 4가지 유형을 기본으로 하고 있다. 상세히는, In Re Simon II Litigation, 23-24.

1. 개인의 제조물 책임소송

전통적인 담배소송은 흡연자가 담배회사를 상대로 제조물 책임을 추궁한
소송유형이다. 1990년대 후반부터는 ① 담배의 위험성은 이미 사람들에게 널
리 알려진 사실이라는 담배회사 측의 항변을 사기적·공모적 부실표시와 은
폐의 법리에 따라 반격할 수 있다는 점, ② 흡연자의 자발적 위험인수라는 담
배회사의 항변을 니코틴 중독성을 지적함으로써 반박할 수 있게 되었다는 점
이다. 나아가 담배회사 측이 이미 담배가 유해하다는 증거를 갖고 소송에 임
하였다는 사실을 증명할 수 있는 내부 문서가 내부고발자와 소송개시절차를
통하여 밝혀지면서, 이러한 문서들을 담배회사의 위법행위 입증에 이용할 수
있게 되었다. 이 문서의 증명력이 인정됨에 따라 1996년 8월 9일 플로리다
배심원은 드디어 원고승소평결을 내렸다. 이것이 카터 사건이며 40년에 걸친
흡연으로 인해 한쪽 폐의 절반을 잃은 공기조정업자 카터에 대해 750만 달러
(약 8억 8,500만 원)의 손해배상 평결이 내려진 것이다.[1] 그 충격은 엄청난
것이었다. 필립 모리스사의 주가는 145포인트가 하락하고 담배업계 전체로서
도 엄청난 주가 하락을 기록했다. 이 사건은 위르너 변호사가 담당한 최초의
소송이다. 그는 사실심까지만 가면 50% 이상의 확률로 승소할 것이라 생각
해 사건을 어떻게든 사실심까지 만이라도 가져가려 노력했다. 카터 사건 이
후 2건의 패소를 거쳐 1998년 6월 윈딕스 사건에서도 다시 승소평결을 얻어
내었다. 액수는 그리 많지 않았지만 담배회사에 대한 징벌적 손해배상을 배
심원들이 평결한 것은 처음 있는 일이었다.[2] 그러나 카터 판결, 윈딕스 판결

---

http://www.tobacco.neu.edu/PR/backgrounders/kenyon_verdict.htm; http://cigarettes.co.kr/)(최재
천 변호사 홈페이지) 이하 참조.

1) GRADY CARTER v. BROWN & WILLIAMSON TOBACCO CORPORATION, 778 So.
2d 932; 2000 Fla. LEXIS 2318; CCH Prod. Liab. Rep. P15,973; 25 Fla. L. Weekly S
1072(November 22, 2000).

2) Linda L. Schueter & Kenneth R. Renned, Punitive Damages ㎜ 1.3, 2.0-2.2(2000); John J.
Kircher & Christine M. Wiseman, Punitive Damages: Law and Practice ㎜ 2:01-2:13 (2nd
ed. 2000).

모두 항소심에서 저항에 부딪혀 위르너 변호사의 승리는 약간 주춤해질 수밖에 없었다. 카터사건의 경우는 1998년 6월, 플로리다 항소심 법원이 플로리다 주법에 의한 4년간의 항소기간이 지난 제소였으며, 또한 예의 문서를 증거로 허용한 것은 너무 관대한 처사였다며 1심을 파기, 재심리하게 한 것이었다. 윈딕스 사건의 경우는 같은 해 8월, 항소법원은 원심이 피고가 제출한 이송 신청을 인정하지 않은 것은 잘못이라 판단하여 사실심으로 다시 돌려보냈으며 10월 말 원심법원은 이 사건을 새로운 관할지로 이송했다. 이와 같은 경과를 거쳐 위르너는 1998년 매월 1건씩 제소한다는 그의 계획을 포기하지 않을 수 없었다.

2. 개인의 중독성을 이유로 한 소송-Rogers v. R. J. Reynolds Tobbaco[1]

로저스 사건은 중독으로 인해 담배를 끊지 못하고 결국 사망에 이르게 된 원고에 대한 담배회사의 책임을 묻는 제조물 책임소송이다. 로저스의 사망원인이 담배회사 4社에 있는지 여부에 대해 배심원들은 21시간에 걸쳐 논의했다. 3주에 걸친 사실심은 담배회사가 담배의 니코틴 수위를 조작했을 가능성이 있다는 사실이 1994년 회의를 통해 폭로된 이래, 배심원들에게 처음으로 쟁점이 된 제조물 책임소송이었기 때문에 특별히 중요한 것이었다. 회의에서는 적어도 피고 중 1개사가 담배 니코틴을 조작할 수 있는 능력을 지니고 있던 사실이 명백히 드러났으며, 또한 1969년부터 이와 같은 조작실험을 꾸준히 실시했음을 증명하는 14건의 문서가 공개되었다. 담배회사 측은 원고가 이 증거를 제출하지 못하도록 하는 신청을 법원에 제기해 승리했다. 결국 배심원의 합의가 이루어지지 못하여 로저스 사건은 1995년 2월 심리무효처분이 내려졌다. 결국 1996년 8월 두 번째 사실심에서도 피고 측 승소배심 평결

---

1) 745 N.E.2d 793; 2001 Ind. LEXIS 302(April 18, 2001).

이 나왔다.[1]

3. Class Action

(1) Class Action의 의의

소비자 피해는 상품이나 서비스의 내용상의 결함에 기인한 것도 있고, 사업자와 거래하는 과정에서 나타나는 부당한 가격 결정, 불공정한 약관이나 거래조건 또는 부당표시나 허위과장광고 등에 기인한 것도 있다. 이러한 피해는 단순한 재산상의 피해에 그치는 경우도 있지만, 소비자의 생명이나 인체의 안전을 침해하는 경우도 있다. 그런데 이러한 소비자피해는 생명이나 신체의 침해와 같이 피해정도가 심각하고 피해액이 고액인 경우도 있지만, 대체로 각 개인이 받은 피해는 소액이나 그 피해자의 수가 많기 때문에 사회의 관심을 끌고 있는 소액다수의 피해가 일반적이다. 이러한 피해는 전통적인 구제방법에 의하면 다수의 피해자를 모두 당사자로 하지 않으면 안 되는데, 이렇게 되면 소송의 진행과 운영이 매우 복잡해지고, 심리가 지연되며 비용이 증가하는 등 많은 어려움이 수반된다. 따라서 이러한 소액다수의 피해를 효과적으로 구제하거나 예방하기 위한 방법으로 대표적인 것이 Class Action이다.[2]

Class Action은 공통된 권리침해를 입은 사람들의 그룹구성원이 피해자 전원을 위해 제소할 수 있도록 한 제도이다.[3] 예컨대 유조선의 침몰로 인한 원유의 유출 때문에 인근 바다 양식장의 어패류가 몰살당한 때에 양식장의 어민 전체를 대표하는 자가 유조선의 소유자 등을 상대로 소송을 제기하는 경

---

1) Supreme Court No. 49S02-0102-CV-95; Appeals No. 49A02-9808-CV-668.

2) 최근의 Class Action사건으로 대표적인 것은, William Decie, et al. v. American Tobacco, et al., 2000 CV 02340.

3) Kenneth S. Abraham, Individual Action and Collective Responsibility: The Dilemma of Mass Tort Reform, 73 Va. L. Rev. 845, 896-97(1987).

우 등이다. class가 인정되기 위해서는 다음의 4가지 기술적 요건이 충족되어야 하며 이 조건을 충족시킨 경우에 한하여 Class Action이 가능하다.[1] 즉, ① 구성원의 수가 너무 많아서 모든 구성원을 소송당사자로 하는 것이 비현실적이어야 하고,[2] ② 클래스 구성원 전원에게 공통된 법률문제 또는 사실문제가 존재하되, 이 공통성요건은 반드시 엄격한 것은 아니며 어느 정도 개연성이 있는 범위에서 허용되며,[3] ③ class를 대표하는 원고의 소 제기 원인이 class가 다른 구성원의 그것과 동일한 것이어야 하고,[4] ④ 대표자로 나선 원고와 그 변호사가 class 전체의 이익을 공정하며 적절하게 대표할 수 있는 적격에 있어야 한다.[5] 일단 class가 인정되면 대표자는 class의 구성원에게 소송의 제기를 알리는 귀찮고도 비용이 많이 드는 일에 착수해야만 한다. class 인정은 특정 쟁점에 대하여만, 또는 재판의 하나의 국면에 관하여도 가능하다. 또한 class구성원은 선택권을 행사하여 이 시점에서 그룹에서 이탈해 개인자격으로 재판을 진행할 수도 있다. Class Action은 이와 같이 동일한 원인에 기인한 다수의 사건이 제기된 경우 발생하는 여러 문제를 해결할 수 있다. 즉, 원고와 피고 사이에 때때로 나타나는 자원 불평등을 줄이고, 규모의 이익을 달성할 수 있으며, 소송의 중복을 피할 수 있다. 또한 상대적으로 약자인 원고를 규합할 수 있음으로써 실질적으로 대등한 상태에서 소송에 임할 수 있다. 이는 소송 건수가 증가하는 것을 방지하고 소송비용을 절약하여 사법과정을 보다 효율적이며 신속하게 만들어 다른 방법으로는 불가능한 구제를 가능하게 한다. 그러나 이러한 이점은 또한 새로운 문제를 야기한다. 즉, Class Action에서는 공통성을 지니는 문제밖에 취급할 수 없으므로 개별사정은 별도의 소송을 통하여 심리될 수밖에 없다. 그 결과 본래 class구성원에 포함될 수 있는 많은

---

1) Amchem Prods. v. Windsor, 521 U.S. 591, 614, 117 S. Ct. 2231, 138 L. Ed. 2d 689 (1997).

2) Fed. R. Civ. P. 23

3) Robinson v. Metro-North Commuter R.R., 267 F.3d 147, 155(2d Cir. 2001).

4) Marisol A. v. Giuliani, 126 F.3d 372, 376(2d Cir. 1997).

5) Selection of Class Counsel, Third Circuit Task Force Report, August 2002, 208 F.R.D. 340(2002).

사람들이 이탈을 선택해버릴 가능성이 있으며, 그렇게 되면 소송중복을 줄일 수 있는 이점은 사라지고 만다. 또한 class구성원 사이의 피해정도에 차이가 있는 경우, 수익분배에 관하여 매우 곤란한 갈등이 발생하는 경우도 있다. 담배소송과 같이 피해발생이 계속되는 경우는 이후에도 당사자가 계속 발생하기 때문에 문제가 된다. 게다가 소송을 담당하는 변호사와의 갈등이 생길 수 있다. Class Action은 야심적인 변호사들에 의해 조직되어 진행되는 경우가 많으며, 이러한 변호사와 고객인 class구성원 사이에는 얻을 수 있는 이익에 큰 격차가 발생한다. 또한 Class Action에서는 재판을 통한 청구액수가 거대하기 때문에 피고는 주장내용에 상관없이 화해할 수밖에 없는 점도 있다.[1]

(2) 중독성을 이유로 한 Class Action-Castano v. American Tabacco Co.[2]

Class Action의 이용에 있어 가장 두드러진 예는 담배의 중독성에 근거한 다툼이다. 94년 3월 29일 뉴올리언스 연방법원에 제기된 Castano사건은 원고 측이 class를 구성하여 대등하게 나섬으로써 담배회사 측이 향유한 조직력에 따른 여러 이점을 능가할 수 있는 여건이 마련된 사건이다. 즉, 미국 전역의 모든 담배소송은 원고 측 변호사, 대규모 피해 전문 변호사, Class Action 전문가 등이 연대해 만든 소송이었다. 이 소송은 참가한 62개 법률사무소가 각각 연간 10만 달러의 자금을 각출해 수백만 명에 이르는 니코틴의존증 환자를 대신하여 '담배회사 측이 중독을 조장하였으며, 이 때문에 흡연자의 금연을 방해했다'는 사실주장에 대한 공통의 쟁점을 형성한 Class Action이다. 이 사건은 많은 피해자가 공통하고 있는 요소에 국한하여 주장함으로써 Class Action을 적용할 수 있다는 것이 원고 측의 전략이었다. 즉, 흡연과 관련된 모든 피해를 열거하는 것이 아니라 담배 중독성과 관련된 경제적 손실, 정신적

---

1) Richard A. Nagareda, Punitive Damage Class Actions and the Baseline of Tort, 36 Wake Forest L. Rev. 943(Winter 2001).

2) 160 F.R.D. 544(E.D. La. 1995).

고통에 대한 손해배상, 흡연으로 인한 질병의 진료비 등으로 그 주장을 한정한 것이다. 1995년 2월에는 연방지방법원 존스 판사가 조건부로 부분적으로 나마 피고의 담배를 구입하여 흡연한 모든 니코틴의존증 환자에 대하여 전국적 규모의 Class Action을 인정하였다. 존스 판사는 사기, 명시 및 묵시보증 위반, 고의 및 과실에 따른 불법행위, 엄격책임, 소비자 보호에 관해서는 Class Action의 성립을 인정하였으나, 개개의 흡연자에 관한 특유한 문제에 대하여는 class 인정을 기각하였다. 일반적으로 사실심에서의 class 인정은 사실심에서의 사건 전체 처리가 끝날 때까지 상급심의 심사를 받지 않는다. 따라서 보통 몇 년 후에나 가능하다. 그러나 존스 판사는 피고가 요구한 class 인정에 대한 상소에 관하여 특별허가를 하였다. 다음 해인 96년 5월 상소법원은 원심이 주법의 다양성이 이미 문제의 공통성을 무너뜨리고 있음을 고려하지 않고 class의 성립이 개개의 주장보다 훨씬 우세하다는 것으로 결론 내렸다면서, 사실심에서의 class 확인을 배척하였다. 이 판결이 나오기 이전에 원고 측은 전국 법원에 제소된 개인소송을 병합하여 단일 사실심으로 할 예정이었다. 그러나 class 확인이 배척되면서 이 계획은 변경되어 며칠 뒤 Castano 사건의 원고는 새로이 개별 소송을 제기했다. 이들은 중독을 권리침해라 보는 기본적 법이론은 유지하면서 각각 관할 법원을 단일 州로 한정한 것이다. 그러나 이러한 州 차원에서의 Castano 소송을 통해 주법의 차이로 인한 문제는 사라졌으나 대신 개개 원고의 신뢰나 손해에 관한 사실 인정필요 등 다른 문제가 표면화되어 중독성에 관한 class 인정이 배제되었다.

(3) 흡연자의 인신피해를 이유로 한 Class Action-Engle v. R. J. Reynolds Tobacco Co.[1]

흡연자가 중심이 된 Class Action으로 유일하게 사실심까지 간 것으로 Engle사건이 있다. 이 사건은 피해주장을 니코틴중독에 한정하려는 Castano소

---

1) Engle v. R.J. Reynolds Tobacco Co., 672 So. 2d 39, 39 (Fla. Dist. Ct. App. 1996), review denied, 682 So. 2d 1100(Fla. 1996).

송전략에서 벗어난 것이었다. Engle사건은 94년 5월 미국 마이애미에 거주하는 소아과 의사인 Howard A. Engle(폐기종 환자) 외 8명이 미국 7대 담배회사를 상대로 플로리다 주에 거주하는 주민 중 담배로 인하여 건강상 피해를 입은 약 30만 내지 70만 명을 대신하여 Class Action을 제기한 것이다. Engle사건은 Castano 소송에서 이탈하기로 결정한 불법행위소송 전문변호사에 의하여 플로리다 주 법원에 제기되었다. 그들은 흡연과 관련된 질병으로 인하여 '과거는 물론 현재까지 고통받고 있거나, 이미 그 병으로 인하여 사망한' 흡연자를 위해, 7대 담배회사 및 담배회사가 자금을 내고 있는 연구소와 공공기관을 상대로 2,000억 달러의 손해배상을 청구하였다. 이 사건에서 원고 측은 담배회사는 흡연에 중독성이 있음을 부정하고 그 폐해에 관한 연구를 억제함으로써 담배의 위험성에 관하여 사람들에게 오해하도록 만들었다는 주장을 하였다. 1994년 10월 Engle사건은 class가 인정된 미국 최초의 소송이 되었다. 상소심은 Class Action의 규모를 '플로리다 주민과 거주자'로 한정하기는 했으나 원심을 지지했다. 그 뒤 이 사건은 98년 7월 사실심으로 이행되었고 심리법원은 사실심을 3등분했다. 첫 번째 단계에서는 징벌적 손해배상을 포함한 책임문제에 대하여 판단하고, 두 번째 단계에서는 class 대표자가 된 9명의 손해에 대하여 평가하고, 세 번째 단계에서는 class의 구성원 각각의 주장이 지니는 개별적 문제를 다룬다는 것이었다. 1999년 7월 8일 공판에서 배심원은 담배회사가 해로운 물질을 제조·판매하였고, 소비자에게 그러한 사실을 감추었다는 이유로 유죄를 인정하고 징벌적 보상을 하여야 한다는 평결을 내렸고 2000년 7월 15일에 7대 담배회사 측은 1450억 달러(약 167조 원)의 징벌적 보상을 지불하라는 배심원 평결이 내려졌다. Class Action에서 담배회사에 배상책임이 있다고 평결이 내려진 첫 번째 평결이다. 이 평결이 나온 직후 담배회사 측은 플로리다 주 법은 피고를 파산하게 만들 정도의 손해배상 판결을 내리지 못하게 하고 있다며 배상액수를 줄여 다시 평결해달라고 요청했다. 그러나 2000년 11월 6일 로버트 케이어 연방순회법원 판사는 흡연 피해자에 대한 보상금을 삭감해 달라는 담배업계의 요청을 기각하고 플로리다 주 내의 흡연 피해자에게 1,450억 달러(약 163조 8,000억 원)를 배상하라는 마이

애미 배심원의 평결을 인용하였다. 담배회사 측은 연방순회법원에 대한 상소
청구가 기각됨에 따라 연방항소법원에 항소한 상태에 있는 것으로 알려졌
다.[1]

4. 간접흡연으로 인한 피해소송[2]

간접흡연으로 인하여 피해를 입은 비흡연자가 제기한 소송도 원고 개인소
송과 Class Action의 두 가지 소송유형으로 제기하게 되었다. 간접흡연 소송은
흡연자가 제기하는 제조물 책임소송과는 주요한 점에서 다르다. 간접흡연의
경우 원고가 되는 피해자는 담배를 피우지 않는 제3자이며, 이는 배심이 흡
연자에게 배상선고하기를 주저하여 왔던 기존의 어려움을 극복할 수 있다는
점이다. 즉, 간접흡연 피해자는 비흡연자이므로 "흡연자는 담배의 폐해를 알
면서도 스스로 이에 노출시켜 왔다"는 항변의 대상이 될 수 없었다. 간접흡연
소송으로서 대형사건으로는 브로인 사건이 있다. 이 사건은 91년 10월 현재
과거와 현재 합계 6만 명 이상의 비흡연 항공기 승무원들을 위하여 제기된
Class Action으로 수동흡연과 관련된 다양한 피해에 대하여 50억 달러의 징벌
적 손해배상을 청구한 것이다. 브로인 사건은 담배회사에 대한 Class Action이
성립된 두 번째 사건이자 담배가 비흡연자의 건강에 영향을 미치고 있다는
사실을 처음으로 언급한 소송이기도 하다.[3] 이 사건은 97년 10월 사실심이
시작된 지 얼마 지나지 않아 화해가 성립되었다. 담배회사 측은 '흡연과 관련
된 질병의 조기발견과 치료에 관한 과학적 연구를 지원하는' 재단을 설립하

---

1) 이 사건은 담배소송의 획기적인 전기를 마련한 사건으로 평가되고 있으나, 전국적 규모의
   class 확인은 배척되었다. 상세히는 Elizabeth J. Cabraser, ARTICLE: ENGLE V. R.J.
   REYNOLDS TOBACCO CO.: LESSONS IN STATE CLASS ACTIONS, PUNITIVE
   DAMAGES, AND JURY DECISION-MAKING UNFINISHED BUSINESS: REACHING
   THE DUE PROCESS LIMITS OF PUNITIVE DAMAGES IN TOBACCO LITIGATION
   THROUGH UNITARY CLASSWIDE ADJUDICATION, 36 Wake Forest L. Rev. 979
   (Winter, 2001).

2) Broin v. Philip Morris Cos., No 91-49738 CA(22)(Fla. Cir. Ct.)(settlement Oct. 10, 1997).

3) Id. 641 So. 2d 888(Fla. Dist. Ct. App.1994).

기 위하여 3억 달러를 지불하는 데 동의하였다. 화해 뒤 class 개개의 구성원은 사기, 부실표시 등 악의에 의한 위법행위를 근거로 한 손해배상 청구권은 포기하였다. 이외의 손해배상 청구권은 유지하고 있으나 이 경우도 원고는 일반적 인과관계의 입증책임만 면제되었을 뿐 개별적 인과관계에 대해서는 입증책임을 진다. 다만 class의 대표는 기금관리위원으로 지명되어 그 비용과 임금으로서 4,900만 달러를 받게 되었다. 화해의 구체적인 내용을 보면 class의 대표에게는 실질적 금전 지불을 하나, 다른 구성원에게는 아무런 수익도 없는 결과를 보이고 있어 공익단체나 다른 원고 측 변호사단은 화해에 대하여 비판적이었다.[1]

5. 의료비지출 구상소송[2]-주정부나 의료보험 제공자 등이 담배회사를 상대로 한 청구

비흡연 피해자에 의하여 이루어진 또 하나의 소송으로 주정부 등이 담배회사를 상대로 한 의료비 구상소송이다. 1994년 미시시피, 미네소타, 웨스트버지니아 3개 주정부가 각각 담배회사 측에 대하여 흡연으로 인한 질병 치료에 대해 州가 지불한 의료비 지불을 요구하는 소송을 제기했다. 또한 플로리다 주는 94년 사회보장 등 의료비 지출에 책임이 있는 제3자에 대하여 州가 구상하는 조건을 규정한 제정법을 수정하고 95년 2월 4억 4천만 달러의 의료비 구상 소송을 제기했다. 이 수정법은 담배회사의 입장을 매우 약하게 만드는 것으로 회사 측은 이 수정법에 근거한 주정부의 소송제기를 막기 위하여 플로리다 대법원에 위헌소송을 제기하였으나 이는 배척되었다.[3] 이러한 소송에서 원고 측 주장은 담배의 유해성을 피고 측이 광범위하게 알고 있었다는

---

1) Settlement of Second-Hand-Smoke Suit of Flight Attendants Approved by Judge, Wall St. J., Feb. 9, 1998, at B7.

2) National Asbestos Workers Medical Fund v. Philip Morris, Inc., et al., 98 CV 01492가 대표적 사건이며, 상세히는 http://www.acsh.org/press/editorials/antismokcam042299.html 이하 참조.

3) 최재천 변호사의 홈페이지인, http://cigarettes.co.kr/ 이하 참조.

것이다. 또한 주정부는 기존의 소송원인 이외에 담배회사 측이 소비자보호법을 고의로 위반하였다는 점도 강조하였고, 특히 청소년을 대상으로 광고를 해왔다는 사실을 강하게 비난하였다. 이러한 소송유형은 뒤이어 주정부가 제기하는 소송의 모델이 되었다. 즉, 95년에는 1개 주, 96년에는 13개 주, 97년에는 2개 주, 98년 3개 주가 이 소송유형으로 제소한 것이다. 이 3개 주의 법무장관은 이러한 복잡한 소송을 스스로 제기한 것은 아니며 캘리포니아 주 이외에서는 경험 풍부한 불법행위 전문변호사에게 소송수행을 의뢰하는 형식이었다. 의료비 구상소송에 참가한 변호사단은 상당한 협력 관계가 이루어졌다. 제소하는 주가 늘어감에 따라 새로이 소송을 제기한 주는 그 이전 소송에서 활약한 변호사가 축적한 전문지식에 의존하는 경향이 있기 때문이다. 그 결과 예를 들면 모트레이 변호사는 30개에 이르는 주의 대리인으로서 거의 모든 소송에서 핵심 역할을 맡았다. 1997년 중반에는 담배회사를 상대로 전쟁을 벌이던 변호사사무소는 182개에 이르렀다고 한다.[1] 이러한 소송에는 담배가 원인이 된 피해액 산출, 각 피고에 할당된 손해 비율을 명확히 하는 등 복잡한 문제도 포함되어 있다. 이러한 사건에서 문제가 되는 금액은 어마어마한 거액으로 어느 연구에 따르면 전체 의료비 지출 중 7.1%는 흡연과 관련 있는 질병에 의한 것이라 한다. 이러한 비용 산출에 대해 담배가 의료기관에 부담시킨 비용은 흡연자의 조기 사망이 가져온 절약에 따라 상쇄된다는 대항적 논의도 제기된 바 있으나 이른바 '안락사의 항변'은 아직까지 법원의 지지를 받지는 못하고 있다. 이렇듯 州가 소송을 공공정책 수행의 도구로서 이용한 것은 민관의 구분 없이 다른 의료보험제공자가 유사한 소송을 제기할 수 있는 가능성을 열어주었으며 변호사들에게 소송을 조직화하는 동기를 부여하였다.[2]

---

1) 최근 보험사 등이 직접 구상청구를 한 사건으로는, LIGGETT GROUP INC. v. ACE PROPERTY AND CASUALTY INSURANCE COMPANY, 798 A.2d 1024; 2002 Del. LEXIS 328(May 16, 2002)에서 보험사의 청구를 인정한 바 있다.

2) 상세히는 Richard Scruggs, Tobacco Litigation: A Problem That Needs A Solution, 41 N.Y.L. Sch. L. Rev. 487, 487-88(1997); Raymond E. Gangarosa et al., Suits by Public Hospitals to Recover Expenditures for the Treatment of Disease, Injury, and Disability

V. 포괄적 화해와 그 파장

1. 리겟사의 화해[1]

1996년 초 미시시피 주 변호사와 담배시장 점유율이 불과 2%밖에 되지 않는 리겟사 사이에 비밀리에 교섭이 오가 담배소송의 놀라운 돌파구를 마련하게 된다. 리겟사의 최대 주주인 베넷 레보우는 R. J. 레이놀즈사의 지배권을 획득하기 위하여 그 주식에 눈독을 들이고 있었다. 몇 개월에 걸친 비밀교섭 끝에 리겟사는 미네소타 주 이외의 법무장관 및 Castano소송 그룹과 일련의 화해를 이룩하였다. 이 화해안에는 리겟사와 합병하는 시장점유율 25% 이하의 담배회사는 어느 회사나 같은 조건으로 화해를 해야 한다는 규정도 포함되어 있었다. 이는 레이놀즈사의 주주를 레보우의 지배 아래 끌어들일 수 있는 기회였다. 그러나 레보우는 레이놀즈사 주주들의 표를 얻지 못했고 리겟사는 담배회사들 사이에서 따돌림을 당하게 되었다. 1년 뒤인 1997년 3월, 레보우는 22개 주의 법무장관과 새로이 보다 폭넓은 화해를 하게 되었다. 이 화해에는 주 의료기관이 제기한 소송 및 현재와 미래에 걸친 모든 Class Action이나 개인 소송을 면제받는 대신 레보우는 담배회사 사장으로서는 처음으로 니코틴은 중독성이 있으며 암을 유발한다고 널리 선언했다. 또한 그는 이제까지 비밀에 붙여졌던 몇 천 페이지에 이르는 문서를 공개하는 데도 합의하였으며 이 중에는 리겟사의 변호사가 기록한 다른 담배회사와의 회의기록도 포함되어 있었다.[2]

Caused by Tobacco and Alcohol, 22 Fordham Urb. L.J. 81, 81-103(1994).

1) Haines v. Liggett Group, Inc., 814 F. Supp. 414(D.N.J. 1993).

2) Master Settlement Agreement Exhibit D, http://www.naag.org/tobaccopublic/library.cfm (Nov. 23, 1998) 이하 참조.

2. 포괄적 화해

리겟사 이외의 담배회사도 차츰 화해거래에 적극적인 태도를 보이기 시작하였다. 미시시피 주 법무장관이 포괄적 해결에 대한 운을 띄우자 96년 8월 레이놀즈사와 필립모리스사가 최초의 화해안을 제시하였다. 이는 향후 15년 동안 담배 관련 모든 소송을 면제받는 대신 15년 동안 1,500억 달러를 지불한다는 내용의 것이었다. 그리고 각 주의 법무장관, Castano소송 관계자, 공중위생 단체대표자를 포함, 약 9개월에 걸친 교섭 끝에 1997년 6월 20일 화해합의에 도달하였다.[1] 담배회사 측은 이 화해를 통해 25년 동안 3,685억 달러(화해합의 시점에 약 420조 원)를 지불하는 데 합의한 것이다. 첫해 100억 달러를 지불하고 다음 해에는 85억 달러, 이후 연 최대 150억 달러를 지불하는 조건이었다. 금전지불은 주로 州를 상대로 하나, 연방에서 실시하는 금연캠페인의 자금 제공, 미성년자에 대한 담배판매금지, 승소한 흡연자의 배상금 지불을 위한 기금설치, 미식품의약국(FDA)의 담배규제권한 강화 등의 내용이었다.[2] 이에 담배회사 측은 판매와 광고규제를 받아들였고, 담배 겉포장의 경고 문구를 더 강력한 어조의 것으로 하기로 하였다. 또한 미성년자의 흡연을 감소시켜야 하며(5년간 30%, 7년간 50%, 10년간 60%), 그 목표를 달성하지 못한 경우 연간 최대 20억 달러, 1%마다 8,000만 달러의 과태료를 물도록 하였다.[3] 이 화해합의 이후 무대는 미연방의회로 옮겨졌다. 화해합의 내용이 연방차원에서 효력을 갖기 위해서는 연방의회의 승인이 필요하였던 것이다. 의회에서는 애리조나 주에서 당선된 공화당의 매케인 상원의원이 지급액을 5160억 달러(약 610조 원)로 대폭 올리고, 불법행위에 관한 책임제약의 해소

---

1) 주법무장관위원회(the National Association of Attorney General: NAAG)의 기록은 http://www.naag.org/about/index.cfm(Oct. 11, 2001) 이하 참조.

2) John Mintz, Prices of Tobacco Company Stocks Surge on Report of Negotiations; Threat of Lawsuits Had Depressed Shares of Cigarette Makers, Wash. Post, Apr. 17, 1997, at A8.

3) Henry Weinstein, Tobacco Suit Lawyers To Get Record $ 8.1 Billion, L.A. TIMES, Dec. 12, 1998, at A1; Marianne Lavelle & Angie Cannon, A Handful of Trial Lawyers Are Rocking CEOs and Politicians, U.S. NEWS & WORLD REP., Nov. 1, 1999, at 36.

등을 내용으로 하는 반흡연 법안을 제안하였다. 이 법안은 상원의 상업위원회에서 19대1로 가결되었으나, 상원 본회의에서 부결되어 폐안이 되었다.[1] 그 후 1998년 11월 필립모리스, R. J. 레이놀즈 토바코 등 4개 회사가, 전미 50개 주정부 중 46개 주정부에 2025년까지 총 2,460억 달러(약 283조 원)를 지불하기로 하는 화해가 성립하였다. 이 화해에 참가하지 않은 미시시피 주, 플로리다 주, 텍사스 주, 미네소타 주 등 4개주는 이미 1998년 8월 이전에 담배회사 측과 총 400억 달러(약 47조 원)의 화해를 이루었다.[2] 지금까지 미국의 의료당국은 청소년들의 흡연방지를 위해 담배회사의 협력을 요청해 왔다. 이 화해사안에 따라 담배회사의 광고는 큰 제한을 받게 되었다. 야외의 대형 광고탑, 택시 등 공공교통기관에서의 광고도 모두 폐지되었으며, 청소년들에게 인기가 있었던 모자나 T셔츠를 사용한 광고, 만화나 일러스트를 사용한 광고도 금지하게 되었다.[3] 여하튼 포괄적 화해로 인하여 소송제기조건은 매우 제한되었다. Class Action이나 사건의 병합, 징벌적 손해배상 등도 인정하지 않는다. 또한 연방식품의약품국의 권한은 니코틴 규제에만 해당되게 되었다. 이 화해의 결과 담배 1갑당 약 50센트씩 가격 인상(약 28%)이 불가피한 것으로 예상되며, 담배회사가 화해금으로 지불해야 하는 비용의 절반 정도는 필요 경비로 처리할 것이므로 담배가격 인상에 따른 부담은 장래의 흡연자와 해외 흡연자에게 돌아가게 되었다.[4] 특히 화해안은 해외 흡연자에게 중요한 의미를 갖고 있다. 포괄적 화해의 다양한 조항에 따르면 미국 내 담배시장 축소를 전제로 한 것이기 때문이다. 궁극적으로 미국 내에서는 30년 후 흡연자의 수는 대폭 감소할 것이며 담배의 질도 보다 낮은 중독성 제품으로 만들어

---

1) Amy Baggio, Tobacco Litigation: An Overview for the Year 2000, SE34 ALI-ABA 565, 570-71(1999); Erin Meyers, Note, The Manipulation of Public Opinion by the Tobacco Industry: Past, Present and Future, 2 J. Health Care L. & Pol'y 79(1998).

2) Master Settlement Agreement Exhibit, http://www.naag.org/tobac/cigmsa.rtf.

3) Master Settlement Agreement Exhibit, Id. at 64.

4) Court Approvals of Master Settlement Agreement, 14 Andrews Tobacco Indus. Litig. Rep. 5(Jan. 15, 1999); National Conference of State Legislatures, Overview of State Tobacco Legis. and Activities(Mar. 13, 2000), at www.ncsl.org/programs/health/toblegact.htm(Sept. 6, 2001).

야 할 것이다. 그러나 담배회사는 해외에서의 폭발적인 담배판매 확대를 도모하여 미국 내 감소분 이상의 이득을 올릴 수 있을 것으로 예상하고 있어 이 점에 대하여는 낙관적이다. 즉, 1984년 미국 담배제조의 전체 8%에 불과했던 해외 판매는 1996년 33%로 증가했다. 나아가 해외 판매는 장래 수익을 보장해 줄 뿐만 아니라 미국에서의 책임이라는 부담에서도 벗어날 수 있는 시장인 것이다. 요컨대, 포괄적 화해는 힘든 소송 속에서 겨우겨우 버텨온 미국 흡연자에 대하여 한정적이기는 하나 보상을 하고, 국내 선전 활동을 규제하여 국내시장을 어느 정도 축소시키려는 것이다. 이를 대신하여 담배회사는 해외에서의 자유로운 판매에 비중을 두고 있다. 해외에서의 판매에 대해서는 해당국의 법원에 책임소송이 제기될 경우는 거의 없으리라고 기대하고 있으며 또한 미국법원은 외국인이 제기한 불법행위 소송을 별로 좋아하지 않았기 때문에 이를 든든한 안전망으로 보는 것 같다.

3. 포괄적 화해의 파급효과

포괄적 화해 이후 거대 메이커 3사가 1995년 초 불법행위 소송에 휩쓸릴 위험을 피하기 위해 담배 사업에서 손을 떼었다. 불법행위 책임과 관련이 민감한 반응을 보인 또 하나의 당사자가 보험회사이다. 왜냐하면 담배회사에 제품을 공급하고 있는 업자나 담배회사를 위해 종사하는 전문가는 예전부터 책임보험에 가입하고 있었으며, 담배회사 또한 적어도 불법행위 책임에 따른 몇몇 위험부담에 관해서는 이미 보험에 가입되어 있었다. 만약 이러한 피보험자가 담배제품 선전이나 판매에 관해 불법행위 책임을 추궁당하게 되면 담배회사 책임을 분명히 밝히기 위하여 담배소송 때 원고가 했던 것과 완전 똑같은 논의를 이번에는 보험회사 측이 피보험자인 담배회사를 상대로 보험회사의 책임한도에 대한 항변으로 이용될 것이기 때문이다. 예컨대 질병과의 인과관계에 관하여 담배회사가 알고 있었다거나, 이를 은폐한 사실이 책임에 포함되는 경우 보험료 지불을 거부하기 위하여 보험회사는 담배 관련 소송에서 보험계약자인 담배회사나 관련업자, 전문가들이 부정하려 하는 사실을 증명하지 않으면 안 된다. 이리하여 담배소송수행자의 새로운 양상으로 담배회사와 그 보험회사 사이의 분쟁으로 전개될 수 있을 것이다. 또한 투자 관련업계도 담배회사의 장래 수익성과 지불능력에 대하여 법적 책임이 부여하는 잠재적 영향에 상당한 관심을 가지고 있다. 투자분석가들은 담배소송 주변에서 일어나는 일시적인 에피소드까지도 담배 관련 주가를 좌지우지할 수 있다고 지적한다. 불법행위 책임의 가능성은 담배주가를 저하시키고 있다.[1] 또한 포괄적 화해 이후 소송의 측면에서 담배소송은 쟁점을 일단락짓는 동시에 새로운 과제를 안기게 되었다. 즉, 흡연으로 인한 피해자를 원고로 담배회사를 피고로 삼는 고정적인 조합과 결별했다. 원고는 이제 간접흡연자, 반흡연운동가, 의료제공자 등으로 확대되었고 피고 또한 소매업자나 광고회사도 포함되게 되었다. Common Law상 불법행위법 논리에만 초점을 두지 않고 부당이득과 같은 형평법에 따른 주장이나 소비자보호, 반독점, 그 외 보호입법 등 다양한 제정법상의 주장이 등장하고 있어 법적 문제의 범위를 넓혔다. 원고 개개인에 의한 고전적 소송에서 Class Action으로 확대되었다. 금전적 배상을 요구하던 것에서 판매금지, 의료보험료의 구상, 변호사 비용 상환 등을 요구하는 소송으로 확대되었다. 순수한 '사법 모델'에서 주 재정 이득을 요구하거나 입법이나 행정에 따른 담배규제를 강화하는 등 처음부터 공공정책에 영향을 미칠 목적으로 사법소송이 이용되는 '혼합 모델'을 나타내고 있다. 원고 측 변호사에 관해서도 개인차원의 손해배상사건 원고대리를 전문으로 삼는 변호사부터 불법행위 소송전문가나 Class Action 전문변호사도 포함하게 되었다. 이러한 변호사들뿐 아니라 정부 변호사도 포함하는 복합적 연대를 이루게 된 것이다.[2]

---

1) Frank J. Vandall, The Legal Theory and the Visionaries That Led to the Proposed $ 368.5 Billion Tobacco Settlement, 27 Sw. U.L. Rev. 473(1998); Tiffany S. Griggs, Comment, Medicaid Reimbursement from Tobacco Manufacturers, 69 U. Colo. L. Rev. 799, 813-14(1998).

2) 상세히는 http://cigarettes.co.kr/ 이하 참조.

VI. 평가와 전망

R. J. 레이놀즈사 회장인 G. H. Long은 "솔직히 말해 담배가 인간에게 해악을 끼치고 있다고 입증된다면, 우리는 즉각 이 사업에서 손을 뗄 것이다. 그러나 어떠한 의학적 입증도 흡연이 직접 질병의 원인이 된다고 경험하지 못하였다"는[1] 항변에도 불구하고 50여 년을 지속하여 왔던 담배소송은 개인의 권익보호를 최선의 정의로 생각하는 미국식 사회의 구조개혁의 모델로 평가된다. 거대한 자본과 정보를 지닌 담배회사를 상대로 사법절차를 통하여 굴복시킬 수 있었던 그 배경에 주목할 필요가 있다. 이에 대하여 미국적 시각의 평가에 의하면, 그 기저에는 미연방헌법이 추구하고 있는 이상인 '민주주의를 위한 찬미(Cheers for Democracy)'와 '진실을 토함(Speaking the Truth)'에 있다고 한다.[2]

우선 사법부가 사회문제에 대하여 적극적인 문제해결노력을 지속하여 왔고, 소송방식에 대하여도 유연한 태도를 보임에 따라 Class Action에서 qui tam action에 이르기까지 약자가 강자를 상대로 한 소송이 현실적으로 가능하게 하는 한편, 공중을 위한 헌신적인 변호에는 이에 상응하는 보수를 지급하는 것이 합리적이라는 사고에서 비롯하였다고 하겠다. 궁극적으로 미국사회는 '불법적 행위 내지는 공중에 대한 기만행위(a tort-like act or fraud on the public)'에 대하여 단호하였기 때문이다.[3]

담배소송이 일단 포괄적 화해로 봉합됨에 따라 새로운 문제가 나타나고 있다. 무엇보다 외국정부나 외국의 보험사 등이 미국 내 담배회사를 상대로 소

---

1) LARRY C. WHITE, MERCHANTS OF DEATH: THE AMERICAN TOBACCO INDUSTRY 188(1988).

2) Martin J. Bailey & Paul H. Rubin, A Positive Theory of Legal Change, 14 INT'L REV. OF LAW & ECON. 467, 475-77(1994); William Gladstone, Letter to the Committee in Charge of the Celebration of the Centennial Anniversary of the American Constitution, July 20, 1887, in JOHN BARTLETT, BARTLETT'S FAMILIAR QUOTATIONS 631 (12th ed. 1968).

3) Charles Joseph Harris, NOTE: State Tobacco Settlement: A Windfall of Problems, 17 J. L. & Politics 167, 205(Winter, 2001).

송이 급증하고 있다는 점이다.[1] 지금까지 담배회사의 전략은 앞에서 언급한 바와 같이 미국 내에서의 엄청난 비용이 소요됨에도 불구하고 담배시장을 외국으로 확대하여 돌파구를 마련하고 있는 것이다. 이때 외국정부 등의 담배 소송에 대한 법원의 입장을 주목할 필요가 있으나 예상보다는 빨리 담배가 지구상에 사라지길 기대한다.

또한 담배와 같은 '쾌락용 제품(hedonic product)'에 대한 소송이 개시될 것으로 전망된다.[2] 담배소송과 같이 많은 시간과 비용을 소요하면서 사회의 구조개혁 가능성이 있는 소송물로는 납 성분이 주입된 페인트 또는 고무성분이 들어 있는 제조물책임소송, 비만유발식품소송, 자동차소송, 알코올성 음료소송 등이 앞으로 제기될 것으로 예측된다.[3] 특히 알코올성 음료소송은 담배소송에 이어 바로 법원에 제소되어 판단을 기다리는 중이다. 무엇보다 알코올과 담배는 소송진행상의 공격·방어와 쟁점이 유사하여 기존의 자료를 즉시 이용할 수 있기 때문이다.[4] 요컨대, 담배소송과 같은 사회구조개혁소송은 확대될 전망이고 법원을 통한 사회문제해결기능은 더 강하게 요청된다고 하겠다.

---

1) Bolivia, Guatemala, Nicaragua, Panama, Thailand, Venezuela, Brazil 등이 현재 제소 중이고, British Columbia와 Marshall 군도는 자국법원에 제소하고 있으며, France와 Israel계 보험사가 미국법원에 담배소송을 제기하고 있다. 상세히는 Hanoch Dagan & James J. White, Governments, Citizens and Injurious Industries, 75 N.Y.U.L. REV. 354, 363 (2000).

2) Robert F. Cochran, Jr., BEYOND TOBACCO SYMPOSIUM: TORT ISSUES IN LIGHT OF THE CIGARETTE LITIGATION: From Cigarettes to Alcohol: The Next Step in Hedonic Product Liability?, 27 Pepp. L. Rev. 701(2000).

3) Fox Butterfield, Results in Tobacco Litigation Spur Cities to File Gun Suits, N. Y. TIMES, Dec. 24, 1998, at A1.

4) 그 유사점으로는 우선 중독성이 있으며, 그것이 위해하고 향락을 목적으로 한다는 점을 들고 있다. 나아가 미성년자나 갱생프로그램이 취약한 아시아 아프리카계 미국인을 표적으로 집중광고하고 있고, 사용자뿐 아니라 제3자 나아가 미래세대에게도 손상을 입히고 있다는 점을 들고 있다. 상세히는 Robert F. Cochran, Jr, 앞의 주 78, 702-707.

제5장 집단피해 불법행위 (Mass Tort) Class Action

I. 들어가며

최근 우리나라는 가습기 살균제의 유해성 논란이 제기되어 질병관리본부는 살균제에 들어가 있는 폴리헥사메틸렌 구아니딘 등 두 가지 독성성분이 폐질환을 일으켰다고 결론짓고 가습기 살균제 6개 제품에 대하여 수거명령을 내렸다. 이 와중에 올해 초만 하더라도 서울에서 34건의 환자 발생이 확인되었고 이 중 9명은 사망한 것으로 보고되었다. 가습기 살균제 피해자모임의 관계자는 가습기 살균제에 의한 피해는 정부의 발표와 달리 훨씬 심각하여 현재까지 보고된 피해사례만 해도 100~200건에 달하고 있다고 주장하면서 이에 대한 피해보상과 재발방지대책을 요구하고 있다.[1] 이 가습기 살균제 피해사건은 집단소송으로 비화될 가능성이 높다. 원래 집단피해 불법행위(mass tort)라 함은 한 장소에서 예상할 수 없는 재앙적 사고에 의하거나, 수년 또는 수십년에 걸쳐 일련의 사건의 결과로 야기된 피해와 같이 피해범위의 광범성과 지속성이 있는 침해로 생성된 불법행위를 의미한다.[2] 광의로는 동일한 물적 기초 또는 제조물 기타 유사한 사실이나 침해가 원인이 되어 나타난 피해자가 다수의 원고집단이 되는 경우와 그 소송물을 포함하는 개념이다. 특히 유사한 사건이 연속적으로 시간적·공간적 간격을 두고 발생하는 것이 일반적이다. 이들 사안의 내용을 기준으로 분류하면 ① 여객기 추락사건과 같은 하나의 참사로 발생한 집단피해의 경우(mass accident), ② Love Canal 사건과 같이 특정 장소의 환경이 오염되어 집단피해가 야기 환경재난지역이 선포되는 경우(toxic tort), ③ Exxon Valdez 기름유출사건과 같이 방대한 규모의 지역에서 오염이 발생되어 공간적으로나 시간적으로 피해범위가 계속 진행됨과 동시에, 직접적으로 개인의 재산적 피해가 발생된 집단피해 불법행위로 개별

---

1) 경향신문, 2011. 11. 11일자 사회면.

2) Alba Conte&Herbert B. Newberg, Newberg on Class Actions, 5 Newberg on Class Actions Ch. 17 Refs.(4th ed.)(Westlaw Databases 갱신-November 2006); A Guide to Understanding Mass Tort Litigation, Business Law Today P. 19(Sept/Oct 2001).

적 손해배상청구를 전제로 한 유형이다.[1]

전통적 불법행위법리에 의하면 배상청구는 그 위법성과 손해정도가 피해대상에 따라 다양하므로 집단피해라 하더라도 구제를 위해서는 개별의 소송을 원칙으로 한다. 그런데 집단피해 불법행위라고 하면 동일 원인에 의한 피해라는 공통적 쟁점이 있으므로 피해자 개개인의 소를 한 번에 집중하여 심리할 수 있지 않겠는가 하는 절차상의 법리가 논의의 출발이다.

집단피해 불법행위에 대해서는 ① 피해자 개개인이 직접 법원에 제소하여 각기 배상청구를 하는 방식, ② 피해자가 상호 연대하여 공동소송을 제기하거나 심리법원이 소송을 병합하여 집중심리를 하는 방식, ③ 집단소송형식을 취하여 피해자 중 어느 대표자가 소송을 담당하고 당해 판결은 피해자 원고 집단 모두를 구속하는 방식 등이 있다. 특히, 집단피해는 사안에 따라 공동소송형식이냐 혹은 집단소송방식을 택할 것이냐의 문제로 귀결된다.

집단피해 불법행위에 대해서는 개별의 소로는 과도한 비용과 시간을 요하면서 구제의 실효성을 기대하기 어려운 경우가 많기 때문에 공정하고 신속한 분쟁의 해결을 위한 수단으로 집단소송절차의 적용이 바람직하다. 즉, 소송경제를 도모하면서 공통의 쟁점에 대한 일원적 판단기준을 제시할 수 있는 대안으로서 단체소송의 적용필요성이 인정된 것이다. 특히 대량 소량의 집단피해 불법행위의 경우에는 소송에 참가하지 않은 피해자의 전보를 위해 기판력을 확장할 수 있는 집단소송절차의 도입이 현실성이 있고 가장 실효성 있는 제도라 평가하고 있다.[2]

우리나라는 증권과 관련하여 집단소송제도의 도입이 본격적으로 검토되어 입법이 추진된 바 있었으나, 재계의 강력한 반대로 말미암아 중단된 상태이다. 제조물책임소송에 관하여 집단소송이 도입되어야 한다는 논의는 과거부

---

1) Margaret M. Tullai, The Policy Dynamics Of Mass Tort Litigation, 6(Nelson A Rockefeller College Public Affairs and Policy Department of Political Science, 2005).

2) Amchem Products, Inc. v. Windsor, 521 U.S. 591, 117 S. Ct. 2231, 138 L. Ed. 2d 689, 37 Fed. R. Serv. 3d 1017, 28 Envtl. L. Rep. 20173(1997)); In re Diet Drugs (Phentermine/fenfluramine/dexfenfluramine) Products Liability Litigation, 2001 WL 497313 (E.D. Pa. 2001).

터 있어 왔으나 본격적으로 입법화가 추진되지는 못하고 있는 상태이다. 고엽제 소송에서는 피해자들이 집단소송제도가 도입되어 있지 않아 선정당사자제도를 활용하여 소송을 진행하였다. 선정당사자제도와 집단소송과의 차이는 선정당사자소송으로 얻은 판결은 그 소송에 참가한 사람들에게만 효력이 미치지만, 집단소송은 그 소송에 참가하지 않은 동일한 원인에 의한 피해자에게도 그 효력이 미친다는 점이다. 대규모 제조물책임사고가 발생할 경우 집단소송제도가 없다면 당사자 선정에 참여하지 못한 피해자가 별도로 추가 소송을 제기해야 하는 불편함과 추가 소송 시 결론을 달리하는 판결이 나올 수 있다는 위험 때문에 집단소송제도의 도입에 관하여는 그 필요성을 공감하고 있다. 다만 우리나라에서는 집단소송 형식을 택한다고 하더라도 대륙식 단체소송 형식과 미국의 집단소송(Class Action) 형식의 도입 여부에 대한 논의 끝에 대륙식 모델에 더 비중을 두고 있는 것 같다.[1] 이 논문은 집단피해 불법행위에 대하여 미국식 모델에 관한 검토가 미흡하였다는 인식하에 미국의 집단피해 불법행위에 대한 집단소송의 적용 여부에 관한 최근 쟁점을 고찰하고자 한다.[2]

　미국에서는 제조물의 결함, 특히 설계 결함 등에 의한 사고로 수천 또는 수만의 피해자를 양산하여 심각한 후유증을 겪은 후 대규모 제조물책임사고에 있어서 개별 피해자가 일일이 소송을 제기해서 손해를 배상받는 것이 판단의 일관성 유지 및 소송경제의 차원에서 바람직하지 않다는 결론이 도출되어 집단소송제도가 생겨나게 되었다. 대표적 예로는 담배소송, Firestone 타이어소송, 실리콘젤소송, 고엽제(Agent Orange)소송, 석면(Asbestos)소송, 임신구토증 진정제 Bendectine소송, 자궁 내 피임기구 Dalkon Shield소송 등을 들 수 있다.

---

1) 함영주, 환경 집단소송법 도입의 논의에 대한 검토, 한국민사소송법학회지 Vol. 11 No.2 215-200(2007).

2) 국내문헌으로는 졸고, 집단피해에 대한 배상청구유형에 관한 고찰, 법학논집, Vol.28(2007); ＿＿＿, 집단피해 잔여배상금분배에 관한 고찰, 오선주교수 정년기념논문집(2001); ＿＿＿, 집단피해불법행위에 관한 고찰, 한창규교수 회갑기념논문집(삼영사, 1993); ＿＿＿, 집단소송의 법리(법무부 법무자료 제149집, 1991); ＿＿＿, 다수당사자소송연구(법무부 법무자료 제90집, 1988)(이 논문은 위 논문 등에서 미흡한 쟁점에 대하여 2010년대 전후의 학설 판례를 중심으로 고찰한다).

미국 법원이 처음부터 집단소송절차를 적용하였던 것은 아니다. 1960년대를 전후하여 집단피해 불법행위의 심리방식에 대한 미연방법원의 기본입장은 구체적으로 타당한 경우에만 심리를 집중할 수 있다는 정도이고, 소권보호를 위하여 집단소송의 적용은 부정적이었다.[1] 특히 배상청구소송은 소송원인이 다양하다는 이유로 선언적 구제를 구하거나 확인적 구제를 구하는 집단소송에 비하여 그 적용에 대하여 극히 소극적 있었다.

집단피해 불법행위에 대하여 집단소송절차를 적용하여야 한다는 주장을 펴게 된 주된 동기는 수임료와 관련하여서였다. 단독의 소로 배상청구를 하면 그 소송가액이 집단소송의 경우보다 현저히 적으므로 피해자 집단소송을 제기하는 것이 높은 수임료를 보장하고 있고, 대량 소액의 피해인 경우 원고집단은 개별소송의 방식보다는 상대적으로 막강한 가해자 측에 대하여 집단소송방식을 택함으로써 실질적 무기대등의 원칙을 실현할 수 있다는 점이다.

불법행위에 대해서 집단소송을 적용하는 것은 당사자가 소송에 직접 참가하지 않았음에도 기판력의 주관적 범위에 귀속된다는 집단소송 판결효로 말미암아 개인의 재판청구권('day in court' principles)을 보장하는 헌법을 위반한 것이 아닌가 하는 논란이 최근에 제기되고 있다.[2] 또한 집단피해 불법행위소송은 법정에서의 쟁점에 대한 순수한 사법적 판단에 국한된다고 하기보다는 법정 외적 화해절차의 진행, 피해원인의 확정과정의 투명성 담보를 위한 협상절차, 실현가능한 개개의 피해자에 대한 가해자 측의 파산절차를 포함하여 각종 기금 내지 인적 응원 등 인적·물적 자원의 배분절차의 총체를 포함한다.[3]

현재 Bendectin사건은 1,200건 이상, 고엽제사건인 Agent Orange사건은 250,000건 이상, 석면사건은 200,000건 이상, Dalkon Shield사건은 195,000건 이상 연

---

1) Sergio J. Campos/Howard M. Erichson, The Future Of Mass Torts, 159 U. Pa. L. Rev. PENNumbra 231(2011).

2) Sergio J. Campos/Howard M. Erichson, The Future Of Mass Torts, 159 U. Pa. L. Rev. PENNumbra 231(2011).

3) Margaret M. Tullai, The Policy Dynamics Of Mass Tort Litigation, 6(Nelson A Rockefeller College Public Affairs and Policy Department of Political Science, 2005).

방과 주법원에 소가 제기된 바 있다. 이 중 3% 정도만이 판결에 이르고 있고, 97%는 화해절차를 통하여 분쟁이 종식되었으며, BP사건과 같이 200억 달러의 배상기금분배절차가 2010년대의 쟁점이라 하겠다.[1]

여기에서는 기본적으로 집단피해 불법행위에 대하여 집단소송절차의 적용이 유용한 수단이라는 취지에서 집단소송절차의 적용여부, 화해조정절차, 집단피해 불법행위 소송유형, 집단소송 판결의 영향력 등을 살펴보고자 한다.

II. 집단소송절차의 적용

집단피해 불법행위에 대하여 집단소송절차를 적용하려는 데 긍·부정의 대립과정을 겪어 왔다.[2]

1. 적용배제론

집단피해 불법행위의 경우 아무리 그 피해가 집단적이라 하더라도 집단소송절차를 적용할 수 없다는 견해이다. 특히, 사망 또는 중대한 신체손상과 같이 인적 피해가 주된 집단피해 불법행위사건에서는 설혹 피해자 측이 단독의 소와 단체소송을 선택적 병합청구하였더라도 법원은 일관되게 단체소송절차의 적용을 배제하였다는 것이다. 다만 그 피해가 집단적으로 발생되었다는 점에서 ① 피해자 중의 어떤 사람이 나서서 일단 시험소송(the test case)을 함

---

1) KeyCite Citing References, 170Ak161 k. In General(http://internationalwestlaw.com).
2) Charles Silver/Geoffrey P. Miller, THE QUASI-CLASS ACTION METHOD OF MANAGING MULTI-DISTRICT LITIGATIONS: PROBLEMS & A PROPOSAL, 63 Vand. L. Rev. 107(2010); Thomas E. Willging/Shannon R. Wheatman, Attorney Reports on the Impact of Amchem and Ortiz on Choice of a Federal or State Forum in Class Action Litigation: A Report to the Advisory Committee on Civil Rules Regarding a Case-based Survey of Attorneys 4(2004)(http:// www.fjc.gov/public/pdf.nsf/ lookup/amort02.pdf/$file/amort02. pdf.).

으로써 먼저 공통쟁점을 선언적으로 해결하여 (확인판결형식), 이 선례에 구속되어 후속의 소송에서 심리의 신속을 꾀한다거나, ② 특정 불법행위에 대하여 다중 재판적에서 소송 계속 중에 있는 경우라면 당사사의 신청 또는 직권으로 소송물을 이송·병합한다거나 본안심을 병합하는 방법으로 집단피해 불법행위에 관한 배상청구 등을 심리하는 것이 바람직하다는 것이다.[1]

배제론의 가장 주된 논거로 집단소송절차는 헌법상 보장된 출소권(day in court)을 침해한다는 것이다.[2] 집단소송절차에 의하면 자신의 권리 또는 이익 침해를 방어하기 위하여 다른 사람의 재판결과에 의존하는 것이므로 개개 피해자인 원고가 직접 법정에 출두하여 자신의 이익을 구체적이고 적절하게 주장할 수 있는 가능성이 원천적으로 봉쇄될 뿐 아니라, 집단피해 불법행위의 특성상 소송을 피하면서 자신에게 유리한 화해절차가 진행되는 것이 일반적인 경향인데, 개인의 특수한 사정에 따라 화해절차를 유연하게 대처할 수 있는 탄력성을 잃을 위험성이 있다는 것이다.[3] 원론적 차원에서도 헌법상 보장하고 있는 소송당사자주의를 침해할 뿐 아니라 피해자인 원고마다 특유한 이익이 있음에도 이를 도외시하여 피해자에게 고유하고 급박한 구제가 등한시될 우려가 높다는 것이다. 결과적으로 전체로서의 분쟁해결이라는 명제에서 개개인의 소권보호를 포기시킬 위험이 있다는 것이 적용배제론의 주된 이론적 근거이다.[4]

또 집단소송절차를 적용하여 공통의 쟁점에 대하여 판결이 있다고 하더라도 개개의 피해상태는 그 내용과 질이 다양하므로 구제는 개개의 사안에 따라 분리하여 심리할 수밖에 없다는 문제점이 지적되고 있다.[5] 결국 공통의 쟁점에

---

1) Sergio J. Campos/Howard M. Erichson, The Future Of Mass Torts, 159 U. Pa. L. Rev. PENNumbra 232-233(2011). The Future Of Mass Torts, 159 U. Pa. L. Rev. PENNumbra 231(2011).

2) Id.

3) Id. at. 231

4) Amchem Products, Inc. v. Windsor, 521 U.S. 591 (1997); Ortiz v. Fibreboard Corp., 527 U.S. 815 (1999).

5) Charles Silver/Geoffrey P. Miller, THE QUASI-CLASS ACTION METHOD OF MANAGING MULTI-DISTRICT LITIGATIONS: PROBLEMS & A PROPOSAL, 63 Vand. L. Rev.

관한 일원적 판단이 있더라도 배상액의 산정은 피해자 개개인에 따라 세분화하여 판단할 수밖에 없으므로 집단소송형태의 집단피해 불법행위소송은 도리어 소송경제에 반한다는 취지이다.[1] 기존의 집단피해 불법행위 사건에서 통상의 집단소송이 적용되면서 별도의 개별적 소송이 유지되고 있음을 볼 때, 집단소송제도의 취지라 할 수 있는 효율성과 일원성을 기대할 수 없다는 것이다.[2]

판례도 전통적으로 사망 또는 중대한 인적 피해가 발생된 배상사건에서 피해자는 그 자신의 단독의 소로서 소송을 진행해야 한다는 것이 다수이다.

석면침착증으로 인한 집단피해 불법행위사건인 Yandle사건의 경우도 그 피해 정도가 '사망' 같은 중대한 인명피해는 아니지만 "피해자 각자는 단독의 소로서 청구할 권리만 인정되며, 변호사 선임도 자신의 청구범위 내에서만 가능하다는 것이 법원의 통념이다"라고 하였다.[3]

연방항공기 안전 및 안전관리법상 세계무역센터 피해자 배상청구사건에서는 피해배상 심의위원회를 구성하여 당해 위원회에서 배상범위와 배상액을 산정하고 개개의 피해자는 각각의 소송을 통하여 구제받을 수 있도록 하였는데, 이 경우 집단소송방식은 배제되고 수임 변호사도 당해 위원회에 출석하여 피해자의 이익보호를 위한 의견을 피력할 수 있도록 한정하였다.[4] 이 방식이 현실적이고 개개 피해자의 이익을 충분히 고려할 수 있는 합리적 수단으로 보고 있으며, 배상기금을 출연하여 그 기금의 용도와 분배방식을 정하는 준사법절차를 활용하는 것이 집단피해 불법행위에 대하여 실효성이 높다 하였다.[5]

실제로 집단피해 불법행위사건에서 집단소송절차를 통한 분쟁의 일회적이

107(2010).

1) Id.

2) Sergio J. Campos/Howard M. Erichson, The Future Of Mass Torts, 159 U. Pa. L. Rev. PENNumbra 237(2011).

3) 같은 취지로 In re Bridgestone/Firestone, Inc., 288 F.3d 1012, 52 Fed. R. Serv. 3d 422 (7th Cir. 2002).

4) Air Transportation Safety and System Stabilization Act 408(b)(3).

5) GULF COAST CLAIMS FACILITY, http://www.gulfcoastclaimsfacility.com.

고 종국적인 판결이 개인의 소권까지 제한하면서 실효적으로 이루어진 경우가 거의 없다는 점도 실증적인 배제론의 논거이기도 하다.[1)]

집단피해 불법행위소송에 집단소송절차를 적용하기 위해서는 연방민사소송규칙 23조의 요건을 갖추어야 한다. 따라서 공통의 쟁점이 우선함을 입증해야 하고, 배상청구소송인 경우 다른 이용 가능한 어떤 소송수단보다 집단소송의 적용이 우수하다고 인정받아야 한다. 그러나 불법행위사건은 피해정도가 개인에 따라 다르고 訴因 역시 다양하기 때문에 일률적으로 집단소송절차의 적용이 우수하다든가 우선하고 있는 공통의 쟁점이 있다고 할 수 없다. 그리고 단체소송절차를 적용하는 목적은 가해자 측이 구속되는 배상책임 등에 관하여 양립할 수 없는 행위기준을 설정하기 위한 것도 있는데, 약화사고나 제조물의 하자로 인한 배상청구의 경우 피해발생의 원인은 너무 개별성이 강하므로 하나의 기준을 세운다는 것은 공정한 재판을 저해할 우려가 있다는 지적도 배제론의 논거이다.[2)] 같은 취지에서 Shady Grove Othopedic Associates, P.A. v. Allstate Insurance Co.사건은 집단소송에 참가하지 않은 피해자의 이익이 경시될 수 없다는 취지에서 집단소송에 참가하기를 거부하는 피해자가 있는 경우에 당해 집단소송은 단독의 소를 제기하고자 하는 피해자의 헌법상 보장된 출소권을 침해할 뿐 아니라 규칙23조의 요건을 충족하지 못하므로 집단소송의 적용을 배척한 바 있다.[3)]

또한 집단피해 불법행위에 국한된 문제는 아니지만 집단의 반대당사자는 소송개시단계에서부터 어느 때이고 규칙 23조에 근거하여 이의제기, 반소, 횡소 등을 할 수 있다. 이는 단독의 소에 비하여 심리과정의 과도한 지체가 따를 우려가 있다. 이 점 또한 적용배제론의 이유의 하나이다.[4)]

---

1) Alexandra D. Lahav, Rediscovering the Social Value of Jurisdictional Redundancy, 82 TUL. L. REV. 2369, 2394 nn. 106-07(2008).

2) Comment, The Use of Class Actions for Mass Accident Litigation, 23 Loy. L. Rev. 383, 401(1977).

3) 130 S. Ct. 1431, 1443(2010).

4) T. Baker, The History and Tradition of the Amount in Controversy Requirement: A Proposal to 'Up the Ant' in Diversity Jurisdiction, 102 F.R.D. 299(1981).

2. 적용긍정론

긍정론은 집단피해 불법행위에 대하여 집단소송절차를 적용한다는 의미는 기본적으로 개개의 피해자들이 공통하고 있는 쟁점에 대하여 피고의 책임을 확정할 수 있다는 데에 초점을 맞추고 있다. 예로 석면사건에서와 같이 피해자 집단이 일단 석면에 노출되는 것이 위험성이 있다는 것을 생산자인 피고가 사전에 인지하고 있었느냐 하는 공통의 쟁점이다.[1] 특히, 에릭슨 교수가 지적하는 바와 같이 대량침해 불법행위의 발생가능성이 점차 증가하고 있는 최근의 추세에 비추어 볼 때, 집단소송절차의 적용은 그 미래가 불투명한 것은 아니라 하고 있다.[2] 무엇보다 거대규모의 집단피해 불법행위에 대하여 집단소송절차를 적용함으로써 소송전략을 일원화하고 혼란을 피하면서 쟁점에 집중함으로써 집단분쟁을 보다 효율적으로 대처할 수 있다는 것이다. 적어도 사실관계를 확정하는 예비심 단계에서의 그 필요성이 매우 높다고 한다.[3] 무엇보다 최근의 불법행위의 양상이 거대 기업 내지는 다국적 산업군단에 의하여 발생되는 경우가 많으므로, 대량불법행위 손해배상청구 소송을 개개의 별소에 의한 개인청구에 비하여 집단소송절차를 활용하면 보다 강력한 대항력을 발휘할 수 있고, 장래에 대하여 불법적 행동을 억제할 수 있는 효과가 있다는 점이 긍정론의 인식근거이다.[4]

집단소송 판결 후 배상액분배과정에서 개개인이 다시 소송에 나서는 경우라도 집단소송절차를 적용하면 의미가 있다는 것이다.[5] 즉, 집단소송절차를

---

1) ALI, PRINCIPLES OF THE LAW OF AGGREGATE LITIGATION 1.02 cmt. b(3) (2010).

2) Sergio J. Campos/Howard M. Erichson, The Future Of Mass Torts, 159 U. Pa. L. Rev. PENNumbra 231(2011).

3) Charles Silver/Geoffrey P. Miller, THE QUASI-CLASS ACTION METHOD OF MANAGING MULTI-DISTRICT LITIGATIONS: PROBLEMS & A PROPOSAL, 63 Vand. L. Rev. 107(2010)

4) Ian Urbina, U.S. Said to Allow Drilling Without Needed Permits, N.Y. TIMES, May 14, 2010, at A1.

5) Taylor v. Sturgell, 553 U.S. 880, 892-93, 900-01 n.11(2008).

통하여 다양한 피해목록표(damage scheduling)의 작성과 평균손해액을 계산과정에서 사전 결정한 후 개개의 손해양상에 따른 가감방식에 의하여 배상액을 정하면 훨씬 효율적이고 객관적 공정성을 기할 수 있다는 것이다.[1]

출소권 보장과 관련하여 출소권의 의미를 반드시 소송당사자가 법원에 출두하여야 하는 권리로 한정할 수 없다는 시각에서 집단소송 판결에 구속되는 소송 비참가 피해자의 이익을 공정하게 보장할 수 있다면, 집단소송절차는 개인의 소권을 침해한 것이 아니라면서 소권보장이라는 배제론의 논거를 반박하고 있다.[2] 현실적으로 집단피해 불법행위사건은 여전히 막강한 피고가 있을 수밖에 없고, 이에 따라 원고 측 입장에서 개인의 출소권 보장을 일부 완화해서라도 막강한 피고를 상대할 수 있는 유일한 대안이 집단소송절차의 적용이라는 견해이다.[3]

집단소송의 공공성을 감안할 때, 소송을 수행하는 변호사의 역할도 단지 집단의 이익을 보호하기 위한 소송수행의 대리인으로 볼 것이 아니라 사회공공의 이익을 수호하고 사회정의를 실현하기 위한 법적 조언자로 본다면 집단소송절차가 필요하다고 한다.[4] 특히, 화해나 배상기금 분배과정에서 집단소송의 변호인단은 공익의 수호자로서 각종 법적 조언이 가능하고, 배상금 심의위원회를 활성화시킬 수 있으며, 사회 전체의 공동의 이익을 위한 업무를 수행하기 용이하며, 청구 전형성을 승인받았음을 전제로 하므로 배상의 질과 양을 제고할 수 있다는 장점도 있다.[5] 즉, 집단피해 불법행위로 발생한 분쟁은 단순히 사인 간의 다툼으로만 볼 수 없으므로 공·사익의 조절적 기능을

1) A. D. Lahav, Rough Justice 11-12(Aug. 9, 2010)(http://papers.ssrn.com/sol3/papers.cfm?abstract_ id=1562677).

2) Id.

3) Benyamin Appelbaum, Putting Money on Lawsuits, Investors Share in the Payouts, N.Y. TIMES, Nov. 15, 2010, at A1(http://www.nytimes.com/2010/11/15/business/15lawsuit.html).

4) Alexandra D. Lahav, Rediscovering the Social Value of Jurisdictional Redundancy, 82 TUL. L. REV. 2369, 2394 nn. 106-07(2008).

5) Lee Anne Fennell, Slices and Lumps 2-3(Univ. of Chicago Law & Econ., Olin Working Paper, Paper No. 395, 2008)(http://papers.ssrn.com/sol3/papers.cfm?abstract_ id=110642122).

가진 집단소송절차의 적용이 절실하다는 견해도 있다. 말하자면 전통적인 소송패턴은 1대1의 승자전취의 평면적 대결구조를 전제로 하는데, 집단피해 불법행위사건은 단순히 사인 간의 분쟁으로 규정할 수 없을 만큼, 공익에 중대한 영향을 끼치므로 도리어 이 소송절차의 적용이 필요하다는 것이다. 물론 단체소송에 의한 판결은 개별소송판결에 비하여 피해자구제의 폭이 다를 수 있다. 이것이 부정적으로 볼 것이 아니라 공·사익의 조정의 결과 합리적인 타협이라고 평가해야 한다는 것이다.

피고 측의 경우에도 느슨한 확산된 형태의 원고와의 다툼에 일일이 대응하는 경우보다 일단 공통의 쟁점에 집중하여 대응할 수 있고, 이후 후속의 개별의 소송에 효율적으로 대처할 수 있는 장점이 있다.[1] 나아가 현재의 손해배상만으로 구제를 완수할 수 없는 예기치 못한 사망, 암 발생, 장애 발생의 경우는 개인적 배상청구만으로 구제의 실효성을 완수할 수 없는 영역에서 집단소송절차의 적용이 절실할 뿐 아니라 장래의 불법적 행위를 억제하는 효과도 개별의 소나 공동소송에 비하여 월등하다는 것이다.[2]

무분별한 소송 유발의 위험성이라는 반대논지도 일단 집단소송절차를 적용하면 수소법원은 필요에 따라 대표당사자, 변호인단, 나아가 비참가자도 구속할 수 있는 집단소송절차에서는 개별의 소송에서는 불가능한 강력한 직권명령을 규칙23조(c)에 의거하여 발할 수 있으므로 이 위험성은 충분히 통제될 수 있다는 지적이다.[3]

궁극적으로 집단소송의 목적은 일원화된 판결을 함으로써 원고, 피고, 제3자에게 혼란을 야기시키지 않기 위한 것이다. 즉, 집단피해 불법행위사건도 원고로 하여금 복잡다기한 사실주장을 하나로 묶음으로써 입증의 용이함과

---

1) Id; Richard A. Nagareda, MASS TORTS IN A WORLD OF SETTLEMENT 117-18 (2007).

2) Deepwater Horizon Blowout Preventer Faulty-Congress, BBC NEWS,(http://news.bbc.co.uk/2/hi/americas/8679090.stm).

3) In re American Medical Systems, Inc., 75 F.3d 1069, 34 Fed. R. Serv. 3d 685, 1996 FED App. 49P (6th Cir. 1996); Matter of Rhone-Poulenc Rorer Inc., 51 F.3d 1293 (7th Cir. 1995)에서 집단소송 인정.

함께 청구사유의 난립을 피할 수 있고, 피고 측도 명확한 쟁점에 대하여 효율적으로 대처할 수 있다. 심리법원도 재판의 신속을 기할 수 있다는 것이 적용배제론에 대한 반박논리이다.

그 밖에 집단소송은 환경오염으로 인한 경미한 배상청구사건과 같이 오염의 규모가 방대함에도 불구하고 개인적으로는 피해액이 사소하여 단독의 소로는 재판수단을 통한 구제가 어려운 집단피해자도 재판절차의 진행을 현실적으로 가능하게 할 수 있고, 상대적으로 왜소한 피해자집단의 역량을 통합하여 강력한 대표당사자를 창출함으로써 막강한 가해자와 대등하게 공격·방어할 뿐 아니라 합리적인 화해도 이룰 수 있으므로 집단피해 불법행위사건의 경우보다 적극적인 집단소송절차의 수용이 필요하다고 한다.[1] 다만, 소액대량의 불법행위에서 집단소송절차를 적용한 판결을 통하여 피해를 구제하려는 시도는 현실적으로 그 실익이 크지 못하고 도리어 화해절차의 진행을 통하여 피해구제가 이루어지고 있다는 것이 일반적이다.[2]

3. 평가

수백여 명의 승객을 한 번에 운송할 수 있는 대형 여객기의 잦은 운항, 설계상 결함이 있는 수백만의 이용자가 있는 저가생산물의 범람, 산업공해와 질병 사이에 뒤늦은 관련성의 발견 등은 소수의 가해자가 광범한 영역과 장시간의 피해를 발생케 하여 헤아릴 수 없을 정도의 다수피해자를 위한 법적 구제의 필요성을 절실히 요구하는 실정이다.[3]

---

1) Class Action Complaint for Estimation of Contingent Unliquidated Asbestos Related Health Claims(filed Aug. 26, 1982), In re Johns-Manville Corp., Nos. 82 B 11656 to 82 B 11676(Bankr. S.D. N.Y. Aug. 26, 1982); Note, The Manville Bankruptcy: Treating Mass Tort Claims in Chapter 11 Proceedings, 86 Harv. L. Rev. 1121(1983).

2) John C. Coffee, Jr. identified in Class Wars: The Dilemma of the Mass Tort Class Action, 95 COLUM. L. REV. 1343, 1370(1995).

3) Note, Class Certification in Mass Accident Cases Under Rule 23(b)(1), 96 Harv. L. Rev. 1143(1983).

1980년대부터는 종래의 과실책임 이론은 전환기에 이른다. 새로운 책임개념의 인정, 무과실책임영역의 확대경향으로 말미암아 유사한 처지에 놓인 일련의 집단피해자가 법적 구제를 받을 가능성이 높아지게 되었고, 결함이 있거나 오염된 생산물로 인한 배상청구도 확고한 과실책임의 유형으로 굳어지게 된다. 그 결과 집단피해 불법행위에 대하여 집단소송 절차를 적용하는 것이 바람직하다고 보는 시각이 주류였다.

　　1990년대에 와서는 출소권 보장이라는 헌법상 문제와 청구범위의 세분화 추세 등이 집단소송절차의 적용에 대하여 부정적 입장으로 회귀하는 경향이 나타나고 있다. 과학기술의 발전, 정보화 사회로의 진입이라는 최근에 이르러서는 개별의 소에 의하여도 수천 또는 수억의 개별 소송도 정보공유나 웹사이트의 활용이라는 이전에 생각할 수 없었던 네트워크의 가동으로 말미암아 충분히 과거에 생각할 수 없었던 소송유지가 가능하므로 집단소송의 적용이 축소되는 면도 있다. 그럼에도 불구하고 집단소송절차의 적용이 전면 배제되는 것은 아니며, 도리어 피해자 집단 전체의 관심을 고조시킬 수 있으면서 구성원 개개인이 대표당사자에 대하여 감시기능 등이 다양하게 제공되고 있으므로 집단소송절차의 적용여지도 충분히 있다.

　　집단피해 불법행위를 집단소송절차를 적용하여 해결한 대표적인 사례로 John-Manville사의 파산신청사건을 꼽고 있다. 이 사건은 '석면침착증'이라는 공해병에 대한 손해배상청구에서 발단된다. 즉, 석면에 대한 유해성이 문제되어 석면의 제조·가공·사용에 따른 손해배상청구가 미국 전역에 걸쳐 1,600건에 달하게 되고, 대표적인 석면생산업체인 Manville사에 소송이 집중되기 시작하였다. Manville사는 피해정도, 재판관할 등이 다를 것이므로 집중심리가 어렵다는 판단 아래 단독의 소에 개별적으로 응하였지만, 석면으로 인한 피해의 유책이 분명히 확인됨에 따라 현재 계속 중인 소송과 앞으로 발생할 수 있는 분쟁의 일회적 해결이 필요하다는 결론에 도달하였다. 당사는 손해배상금지급을 위하여 파산을 신청하게 되었고, 그 절차로서 집단소송 절차를 준용하였다. Manville사가 파산절차를 밟게 됨에 따라 가해자집단과 피해자집단의 일회적 청산이 불가피하게 되었고, 법원도 장래에 생겨날 수 있는 동일

소인에 의한 소송도 고려해야 한다면서 집단소송절차의 적용이 대안 없는 유일한 분쟁해결방법임을 확인하였다.[1] 같은 석면사건이라 하라도 Ortiz v. Fibreboard Corp.사건에서 법원은 "집단 전체에 대하여 충족할 만한 손해배상을 충족시킬 만한 재원을 피고는 출연하지 않았고, 집단 내에서도 이해관계가 상충되는 부분 집단(sub-class)을 위한 별도의 변호인단이 선임되지 못하였다"는 이유로 집단소송절차의 적용을 배척하기도 하였다.[2] 이 사건 이후 집단소송 절차의 적용이 감소하는 추세를 보이다가 최근 집단소송공정법의 시행의 결과 새로운 국면을 맞고 있다. 주로 연방법원의 관할에서 주법원으로 관할 이송하는 경향이 나타나고 있고, 집단소송절차로 진행하는 소송도 증가하고 있다. 요컨대 집단피해 불법행위에 대한 대응전략을 선택하는 변호인단의 선택에 따라 집단소송절차의 적용여부가 이루어지고 있다고 하겠다.[3]

4. 집단소송절차의 적용

집단소송절차의 적용여부에 대하여 법원은 case-by-case로 소송물, 기타 제반사항을 고려하여 결정하고 있다. 그러나 이 절차를 적용한다는 것은 수소법원의 적극적 자세를 전제로 하는 것이고, 심리과정 및 배상범위 등에 대하여도 형평적 정의에 입각하여 판단하고 있다 하겠다.

대체로 법원은 집단피해 불법행위에 대하여 집단소송절차를 적용하기 위해 사안별로 몇 가지 기준을 근거로 판단하여 왔다. 그 기준은 다음과 같다.[4]

---

1) Note, The Manville Bankruptcy: Treating Mass Tort Claims in Chapter 11 Proceedings, 86 Harv. L. Rev. 1121(1983).

2) Symposium, Aggregate Justice: FROM CLASS ACTIONS TO MULTIDISTRICT CONSOLIDATIONS: AGGREGATE MASS-TORT LITIGATION AFTER ORTIZ, 58 U. Kan. L. Rev. 775(May, 2010).

3) Symposium, Aggregate Justice: FROM CLASS ACTIONS TO MULTIDISTRICT CONSOLIDATIONS: AGGREGATE MASS-TORT LITIGATION AFTER ORTIZ, 58 U. Kan. L. Rev. 775(May, 2010).

4) T. Eble, Mass-Tort Litigation Requires Extensive Planning, Natl. L.J., at 23(July 24, 1989).

① 피해자의 수 및 당해 피해자를 묶어서 집단소송을 진행할 수 있는지 여부, ② 피해의 정도. 특히, 심각한 피해인지 혹은 경미한 손해인지, 불법행위에 대하여 직접 피해가 발생하였는지 아니면 환경오염과 같이 간접피해인지, 피해의 발생이 동시적인지 혹은 이시적인지, 혹은 피해범위가 국지적인지 혹은 광범한지의 여부, ③ 집단피해에 대하여 이미 진행되고 있는 개별소송의 존재여부와 그 진행정도, ④ 피해내용이 신체 등 개인에 국한된 것인지 아니면 재산적 피해에 국한된 것인지 또는 이 두 피해가 중첩적인지 여부, ⑤ 불행행위의 발생지 및 피해자의 소재분포 등에 따른 지역적 위치에 대한 고려, ⑥ 불법행위자 또는 불법행위와 관련성이 있는 자에 의한 행위가 후일 잠재적 집단구성원이 될 수 있는 피해자의 발생가능성 여부, ⑦ 개별소송에 의하게 되면 후속의 소송발생가능성 여부 등이다.

기타 세부적 고려사항으로,[1] ① 피해정도에 따라서 개별소송가능성 혹은 집단소송유지가 소송경제에 부합하는지 여부, ② 개별소송에 의한 구제가 현실적으로 가능한 것인지 여부, ③ 공통의 쟁점에 대하여 장래의 집단구성원이 될 수 있는 자에 대하여도 지속적으로 적용될 수 있는지 여부, ④ 배상청구의 결과 부담하여야 할 청구인 전체의 총 배상액과 관련하여 불법행위자의 자력 내지 보험범위(총 배상금지불능력) 등이다.

결론적으로 집단피해 불법행위에 집단소송절차를 적용한다는 의미는 단순히 구제만을 위한 소송법적 측면에서의 변화를 모색하는 것을 의미하는 것이 아니고, 대량피해 불법행위사건에서 배상청구를 가능하게 할 뿐 아니라 동시에 장래에 대하여 위법하거나 탈법적 행위를 억제하는 공익적 측면을 동시에 고려해야 하는 절차라는 점에서 긍정론을 이해해야 한다고 하겠다. 다만 이러한 집단소송절차의 적용을 위한 전제조건으로는 ① 대량생산, 대량시장, 대량운송, 기타 다수의 사람들이 같은 상황에 처할 수 있는 조건이 상존해야 하고, ② 때때로 잘못된 행위로부터 야기된 대량의 피해발생이 있고, ③ 잘못된

---

1) Jenkins v. Raymark Industries, Inc., 782 F.2d 468, 3 Fed. R. Serv. 3d 1137(5th Cir. 1986); In re A.H. Robins Co., Inc., 880 F.2d 709, 13 Fed. R. Serv. 3d 1239(4th Cir. 1989).

행위로 야기된 희생자들의 금전전보를 사법적 수단에 의하여 이룩할 수 있는 여건이 성숙되어 있으며, ④ 대량의 피해자를 대신하여 소송절차를 진행할 수 있는 전문법률가 시장이 구비되어야 할 것이고, ⑤ 판결에 의하기보다 조정이나 화해절차에 의하여 분쟁을 해결할 수 있는 원고나 피고의 공통된 이해관계가 존재하고 있어야 한다.[1]

Ⅲ. 집단피해 불법행위의 유형

집단피해 불법행위에 대한 소송유형은 그 피해의 내용에 따라 대형사고, 환경오염 불법행위, 제조물책임 등으로 구분하고 있다. 이들의 공통점으로는 피해자가 거대한 집단을 형성하여 때로는 수백만에 달하기도 하고 주로 과실로 인하여 물적·인적 피해를 발생한다. 집단피해 불법행위에 관한 구제방식으로 집단소송절차를 적용할 수 있으나 구체적 불법행위 유형에 따라 그 적용방식이 약간의 차이가 있다.[2]

1. 대형참사

테러리즘으로 인한 대형참사의 경우 어느 한 돌발사태로 인하여 심각한 피해자집단이 발생하는 것이 일반적이고 피해집단의 범위를 확정하는 것이 비교적 용이하다. 피해정도가 심각하므로 그 배상책임의 범위를 한정한다거나 배상액 산정도 피해자에 따라 분명히 다르게 나타나고, 무엇보다 책임유무에 관한 공통의 쟁점이 명확하기 때문에 손해발생의 주된 원인을 입증하기 용이하다. 그 피해정도에 따라 단독의 소, 공동소송, 집단소송과의 선택적 병합청

---

1) Howard M. Erichson, Debate, The Future of Mass Torts, 159 U. PA. L. REV. PENNUMBRA 231(2011)(http:// www.pennumbra.com/debates/pdfs/MassTorts.pdf).

2) In re A.H. Robins Co., Inc., 880 F.2d 709, 13 Fed. R. Serv. 3d 1239(4th Cir. 1989); Castano v. American Tobacco Co., 84 F.3d 734, 34 Fed. R. Serv. 3d 1167(5th Cir. 1996),

구소송 등으로 그 구제절차의 선택폭이 넓은 것이 특징이다. 그러나 대형참사의 경우 개인적 피해정도가 심각하여 단독의 소를 제기할 만큼 충분히 사건이 성숙되어 있는 경우가 많으므로 집단소송절차의 적용과는 친한 소송물은 아니라고 하겠다.[1]

2. 환경오염 불법행위

환경오염 불법행위는 그 오염행위와 피해발생 사이에 상당한 정도의 잠복기가 있기 마련이어서 그 피해입증이 쉽지 않다. 예로 화학약품이 적재된 화물차량이 전복된 사고로 말미암은 환경오염 불법행위사건에서 사고발생과 피해 사이의 원인관계, 그 배상단위를 입증한다는 것은 매우 복잡하다.

오염경로가 대기·하천·토양 등의 다양한 형태를 띠게 되면 배상책임을 결정하는 것 자체도 상당한 부담이 된다. 그리고 대부분의 환경오염행위는 그 피해분포가 계속적으로 확산되기 때문에 피해자집단을 결정하는 것도 유동적이다. 경우에 따라서는 재판관할마저 확정하기 어려운 때가 있다. 그리고 피해정도가 각 개인에 대하여 극히 사소한 것이라고 한다면 단독의 소나 공동소송방식은 전혀 현실적이지 못하다. 이 경우 환경보전이라는 공익보호의 신념이 있는 자의 단체소송만이 유일한 대안이라 한다. 다만, 공해물질의 배출이 대기오염의 직접적인 근거가 될 수 있다고 하면서,[2] 유해 폐기물 무단 방류로 인한 집단피해 징벌배상 집단소송인 In Curd사건에서는 해저 식물, 어패류, 기타 다른 해양자원에 피해가 발생되었다는 이유만으로는 직접적으로 피해를 입은 손해액을 입증하지 못하였다고 하여 청구를 기각하였다. 특히, 어업종사자들의 기대이익의 손상은 피해액에 범위에 들지 않는다고 하였

---

1) Rosmer v. Pfizer Inc., 272 F.3d 243(4th Cir. 2001). In re Abbott Laboratories, 51 F.3d 524(5th Cir. 1995), 28 U.S.C.A. 1367; In re Abbott Laboratories, 51 F.3d 524, 529(5th Cir. 1995).

2) Beth M. Kramer/Scott L. Winkelman/Gloria Martinez Trattles/Jennifer E. Schlosser. April N. Ross/Joel D. Smith, Brandon G. Waggoner/Brian J. Weber, 46 Tort Trial & Ins. Prac. L.J. 635, 636(Winter, 2011).

다.[1]

즉, 환경오염행위에 대하여는 집단소송절차의 적용이 어느 이용 가능한 재판수단보다 효율적이다. 집단소송절차를 통하여 배상책임의 유무 및 범위에 관한 공통의 쟁점을 확정·심리함으로써 소송경제를 도모하고 확산적 피해의 배상도 가능할 뿐 아니라 장래의 오염행위에 대한 억제적 효과가 높아 사법정의의 구현 폭을 넓힐 수 있다.[2]

3. 제조물책임

최근 문제되고 있는 약화사건과 같은 제조물 책임사건은 집단소송절차를 적용하기보다는 소송병합이나 이송을 통한 심리방식을 택하고 있는 것이 일반적이었다. 이러한 사건들의 특성이 집단소송의 성립요건과 거의 일치하고 있고, 심리법원도 결과적으로 집단소송의 법리를 적용하여 소송을 진행하고 있다고 하겠다.[3]

제조물책임사건은 결함이 있거나 오염된 생산품으로 인하여 피해가 발생된 경우에 손해의 전보를 위한 불법행위책임인데, 주로 당해 제조물의 하자로 인한 손해전보를 위하여 적립된 배상기금의 존부 및 분배에 관한 것이 주로 쟁점으로 부각되고 있다. 제조물책임에 관한 집단소송은 피해 집단의 규모와 관련하여 적정한 배상기금을 확보하고자 하는 목적으로 제기되는 것이 보통이다. 피해정도는 대형사고와는 달리 그 심각성이 약한 경우가 대부분이지만, 그 피해 집단의 범위가 전국적 또는 세계적인 경우가 많다. 또 배상청구의 원인이 되는 소인도 사기, 계약위반, 무과실책임에 기한 엄격책임의 인

---

1) Id. at 644.

2) Stephen J. Carroll et al., Asbestos Litigation xxvi(RAND Inst. for Civil Justice 2005); Cohen v. Office Depot, Inc., 204 F.3d 1069, 46 Fed. R. Serv. 3d 73(11th Cir. 2000), cert. denied, 531 U.S. 957, 121 S. Ct. 381, 148 L. Ed. 2d 294(2000).

3) Elizabeth J. Cabraser, In Rem, Quasi In Rem, and Virtual In Rem Jurisdiction Over Discovery, 10 Sedona Conf. J. 253, 261(2009).

정 등 매우 다양하다. 따라서 단독의 소로 하는 배상청구도 적지 않다. 그러나 집단적 이해관계가 있는 경우에는 집단소송절차의 적용을 적극 활용하고 있다. 최근 The Magnuson Moss Consumer Product Act하의 제조물하자담보책임과 관련한 집단배상의 경우에는 단독의 소를 통한 구제절차를 제한하면서 집단소송절차의 적용을 강제하고 있다.[1] 제조물책임과 관련하여 CSX Transportation, Inc.사건이 배상 가능한 피해의 범위가 쟁점이 되고 있다. 이 사건은 석면이 함유된 물품을 상용한 결과, 폐암이 발생되었다는 피해 전보를 위한 소송인데, 하급심에서는 사망자 일인당 500만 달러의 배상금 지급을 인정하고 있고, 직접적이고 심각한 피해배상뿐 아니라 암 발생 우려(fear-of-cancer)라는 간접적 피해도 배상범위에 포함되는 것인지에 대한 다툼이 계속되고 있다.[2]

최근 디자인상의 결함도 사용상에 문제가 발생할 수 있을 정도라면 제조물책임 집단소송을 인정한 예도 있다.[3] 자동차의 시트벨트 결함으로 인한 배상청구소송인 Daimler Chrysler Corp.사건은 집단피해불법행위나 소비자피해사건에서 사용상의 과실의 다양성을 이유로 공통쟁점의 존재와 집단소송의 우월성요건을 충족하지 못하는 이유와 징벌적 배상청구의 요건을 결하고 있다는 이유로 집단소송을 기각한 예가 있다.[4] 특히, 시트벨트가 저절로 풀렸다는 것만으로는 직접적이고 구체적인 피해가 발생하였다고 할 수 없으므로 개별 배상청구도 기각하였다.[5] 유사한 취지로 휴대전화의 사용에 따른 과도한 전자파에 노출되어 생물학적 피해를 입었다는 이유로 제기한 집단피해 불법행위소송에서 경제적 손실 및 신체상의 피해발생의 개연성을 인정하기 어렵

---

1) Central Wesleyan College v. W.R. Grace & Co., 143 F.R.D. 628, 78 Ed. Law Rep. 848(D.S.C. 1992), 항소인락, 6 F.3d 177, 86 Ed. Law Rep. 69, 27 Fed. R. Serv. 3d 381(4th Cir. 1993).

2) Brent M. Rosenthal, TOXIC TORTS & MASS TORTS, 64 SMU L. Rev. 583, 586 (Winter 2011).

3) American Honda Motor Co. v. Allen, 600 F.3d 813(7th Cir. 2010).

4) Brent M. Rosenthal, TOXIC TORTS & MASS TORTS, 62 SMU L. Rev. 1483, 1484 (Summer 2009).

5) Id.

고, 휴대전화 사용자라는 집단의 범위를 확정할 수 없다는 Zurich American Ins. Co.사건이 있다.[1]

4. 혼합된 형태의 집단피해 불법행위

앞의 3유형의 집단피해 불법행위는 개인적 피해와 사회경제적 과실 또는 이 양자를 동시에 포함하고 있다. 일반적으로 대형사고의 경우 돌발적인 사고가 있어야 하는 반면, 독가스 유출 등의 불법행위는 오랜 노출시간과 피해징후가 나타나기까지는 잠복기가 있다. 이 경우 상품에 의한 경우와 비생산물에 의한 경우로 나눌 수 있다. 비생산물에 의한 대형사고로는 여객기 추락사고, 화재사고, 폭발사고라든가 하천이나 수로의 범람과 같이 자연재해로 인한 경우가 이에 속한다. 비생산물에 의한 환경오염 불법행위의 영역으로는 방사능노출, 독가스 등의 유출, 비위생적인 작업조건, 유해방부제로 인한 피해사건 같은 것들이다. 그리고 대형사고 또는 환경오염불법행위 등이 혼합된 집단피해 불법행위로는 공통된 치료절차로서 과실이 인정되는 잘못된 의료상의 시술행위, 전염병균의 유포, 호수나 하천의 오염, 계약이나 보증을 위반한 여행사의 위법행위, 여행수단과 관련한 사기, 헌법상의 민권을 침해하는 불법행위 등이다.[2]

제조물책임사건의 경우 제조물의 사용에 따른 위험과 결함이 상품에 의한 피해발생이 있고, 피해발생의 시점도 갑작스러운 경우와 상당한 지속기간이 있은 후에 발생되는 것이 있다. 치아접합용 의료기재의 사용에 따른 손해발생사건은 전자의 예이다. 후자는 결함이 있는 생산물로 인한 경우와 오염된 생산물에 의한 경우, 또는 이 양자가 포함된 경우가 있다. 결함 있는 생산물

---

1) IBrent M. Rosenthal, TOXIC TORTS & MASS TORTS, 62 SMU L. Rev. 1484(Summer 2009).

2) In re Three Mile Island Litigation, 87 F.R.D. 433(M.D. Pa. 1980); General Telephone Co. of Southwest v. Falcon, 457 U.S. 147, 102 S. Ct. 2364, 72 L. Ed. 2d 740, 34 Fed. R. Serv. 2d 371(1982).

에 의한 피해발생의 예로는 tetracycline, bendectin, DES와 같이 결함이 있는 약품의 사용으로 인한 손해발생이 있고, Dalkon Shield IUDs와 같은 결함 있는 의료기재로 인한 불법행위가 있다. 오염된 생산물로 인한 손해배상사건으로는 음식이나 식수의 오염으로 인한 불법행위사건이 있다. 유해물질이 내재된 생산물로 인한 손해배상사건으로는 석면질페인트사건, Agent Orange사건, 설계상의 결함이 있는 비행기 엔진 때문에 일어난 추락사고 등이 있는데, 이런 경우는 대형사고와 혼합되어 피해가 발생되는 것이 특징이다. 결함이 있거나 유해물질이 포함된 생산물 때문에 전국적 내지 세계적으로 그 피해가 확산되어 심각한 사회문제로 비화된 불법행위사건으로 학교건축물 등의 석면질사건, formaldehyde 배상청구사건이 있다. 다만 Exxon Mobil Corp.사건에서와 같이 석면에 노출된 근로자의 부인이 석면이 많이 붙어 있는 세탁물을 취급한 것이 암 발생의 원인이 되었다는 이유의 배상청구소송에서 이는 합리적으로 예견할 수 없는 것이라 하여 기각하기도 하였다.[1]

유해성 내지 결함이 없는 경우라 하여도 상품과 관련된 집단피해 불법행위 손해배상사건으로는 소비자를 상대로 한 사기, 보증약관 등을 위반한 배상청구 등이 있다. 이와 같이 혼합된 형태의 집단피해 불법행위사건의 경우 집단소송의 적용이 인정되고 있다.[2]

최근에는 도요타자동차 차량부품의 결함으로 인한 손해와 당해 차량의 소유자가 갖는 결함부품이 존재한다는 심리적 불안감까지 집단피해에 해당하는지 여부가 쟁점이 되고 있다. 도요타사가 부품에 대한 자발적 리콜을 했음에도 불구하고 피해자들은 개인적 피해와 사망에 대한 손해배상을 청구했고, 결함 있는 부품이 들어 있던 동일 차종의 소유주 등 584명은 경제적 피해가

---

1) Three Mile Island Litigation, 87 F.R.D. 433(M.D. Pa. 1980); General Telephone Co. of Southwest v. Falcon, 457 U.S. 147, 102 S. Ct. 2364, 72 L. Ed. 2d 740, 34 Fed. R. Serv. 2d 371(1982).

2) In re Diet Drugs(Phentermine, Fenfluramine, Dexfenfluramine) Products Liability Litig., 2000 WL 1222042(E.D. Pa. 2000); Barnes v. American Tobacco Co., 161 F.3d 127, 42 Fed. R. Serv. 3d 865(3d Cir. 1998); Central Wesleyan College v. W.R. Grace & Co., 143 F.R.D. 628, 78 Ed. Law Rep. 848(D.S.C. 1992), judgment aff'd, 6 F.3d 177, 86 Ed. Law Rep. 69, 27 Fed. R. Serv. 3d 381(4th Cir. 1993).

있었다는 이유로 다중 복합소송을 제기한 상태이다.[1]

또한 2010년 멕시코 만 기름유출사건에 의한 환경재난사건으로 이 사건의 피해자 그룹인 어업종사자, 호텔소유자, 해양스포츠맨, 584인의 식당소유자, 여행업자의 집단소송방식의 배상청구소송이 주목받고 있다. 합리적인 사람의 기준으로 볼 때 동일한 오염원인에 의하여 피해가 발생하였다고 판단되거나, 당해 피해가 업무와 관련성이 있는 것으로 원고가 알고 있거나 알아야 한 범위 내에서 독성물질에 노출됨으로 추후 피해발생의 개연성이 인정되는 잠재적 피해자의 범위(예로, 기름오염에 의한 성기능장애 또는 백혈병발생자)가 어디까지인지 다투고 있다.[2] 특히, 기름유출사건에서 BP(영국석유회사)는 200억 달러의 배상기금을 출연하였고, 그 배상기금의 운영 및 관리와 분배상의 공정성 등이 문제되고 있다.[3][4]

Ⅳ. 소제기요건

규칙 23조(a)는 단체소송을 제기하기 위한 전제요건으로 다수성, 공통성, 청구전형성, 대표적합성을 규정하고 있다. 불법행위의 경우도 이 요건이 충족되어야 단체소송이 인정되는데, 집단피해 불법행위는 비교적 다른 분야의 단체소송보다 이 요건의 충족이 수월하다. 집단피해 불법행위 개념 자체에 이 요건이 충족되기 때문이다. 집단이해관계가 있기 때문에 공통성요건은 항상 존재하며, 전형성요건도 단체 측의 소송대리인이나 수소법원에 의하여 합당한 단체의 정의 내지 규모를 설정함으로써 충분히 달성될 수 있다. 물론 피해

---

1) Brent M. Rosenthal et al., Toxic Torts and Mass Torts, 61 SMU L. Rev. 1155, 1161-62(2008).

2) Brent M. Rosenthal, TOXIC TORTS & MASS TORTS, 64 SMU L. Rev. 588-589 (Winter 2011).

3) Id. at 584.

4) Id. at 584.

자집단 전원의 세세한 청구를 망라할 필요는 없고, 단체 내의 약간의 차이가 있다는 것이 단체소송을 방해하는 것은 아니다. 집단피해 불법행위소송에 있어서 소송에 나서는 대표당사자 그 자체보다는 고도로 숙련된 법률전문가에 의한 소송대리가 대표적합성을 만족시키는 요소로 가늠하기도 한다.

1. 다수성

규칙 23조(a)(1)은 구성원의 모두의 소송공동이 현실적으로 불능일 정도로 다수여서 단체의 일인 또는 수인의 구성원이 단체전원을 대신하여 대표당사자로서 제소하거나 응소할 수 있다고 규정되어 있다.

집단피해 불법행위에서 문제되는 다수성 요건은 피해자의 객관적 수의 문제라기보다는 피해자의 분포가 다양하여 각자의 재판적이 다르거나 규칙23조(b)(3)의 사양권에 의거하여 단체로부터 탈퇴한 자가 큰 비중을 차지하는 경우와 같이 단체구성원 사이의 관련성이 흠결된 경우에 다수성 요건을 인정할 수 있겠는가이다. 재판관할에 대한 관련성 흠결은 소송공동을 현실적으로 불능케 하므로 다수성 요건을 확대 해석하여 이를 인정하고 있다. 여기서 현실적으로 불능하다는 것은 불가능하다는 것이 아닌 실효성이 없다는 의미로 넓게 해석되고 있다.[1] 반면 소송권행사자의 과다함은 이론상의 문제이고 현실로 나타날 가능성은 거의 없다. 소송권을 행사한 자가 다수라고 하더라도 소송공동이 불능한 복수의 이해관계인이 존재한다고 하면 다수성을 충족시킬 수 있다. 다만 여러 주에 걸쳐서 복수의 단체소송이 제기되어 있다거나 법률경합의 문제가 발생되었다고 하면, 상급법원 등의 재정신청으로 이를 결정해야 하며 반드시 최초의 단체소송을 접수한 법원이 이에 대한 우선 심리의 권한이 있는 것은 아니다.

단체소송에 대하여 일부 구성원의 반발이 있다고 하더라도 소송제기에 직

---

1) Nicholson v. Williams, 205 F.R.D. 92, 98(E.D. N.Y. 2001), 인용 Robidoux v. Celani, 987 F.2d 931, 935, 25 Fed. R. Serv. 3d 86(2d Cir. 1993).

접적인 영향을 끼치는 것은 아니다. 수소법원은 구성원 사이의 적대감이 일어나지 않도록 주의를 다해야 한다. 다수성 요건과 관련하여 구성원들의 적확한 수를 제시할 필요는 없다. 다수성 요건을 충족할 수 있는 최소한의 구성원 수는 어느 정도인가에 대하여는 분명 기준이 있는 것은 아니지만 40 내지 50인 정도의 단체구성원을 확인할 수 있으면 단체소송은 인정될 수 있다고 한다.[1]

단체소송이 인정되어 본안심리 중 부분단체를 허용할 수 있는데, 이 부분단체에 대해서도 별도의 다수성 요건이 충족되어야 할 것인가가 문제된다. Pruitt사건과 같이 독립적인 다수성 요건을 충족해야 한다는 견해도 있지만 다수의 학설·판례는 이에 대하여 부정적이다.[2]

2. 공통성

규칙23조(a)(2)는 단체에 대하여 법률은 사실의 공통의 문제가 있어야 할 것을 요하고 있다. 전시관의 화재로 인하여 모든 출품자들의 작품이 소실되었을 경우, 유람선에서 부패된 음식물로 인하여 승객이 피해를 입었을 경우, 오염된 우물로 인하여 지역주민이 피해를 입은 경우, 고엽제인 Agent Orange의 부작용으로 고통받는 월남전 참전용사들의 경우 등은 적어도 불법행위책임 유무에 관하여 공통의 쟁점이 있다. 공통의 쟁점이 전체 소송과정에서 차지하는 비중이 어느 정도인가에 대하여는 유동적이지만, 복합적 분쟁을 해결

---

1) Sterling v. Velsicol Chemical Corp., No. 78-1100(W.D. Tenn. Feb. 12, 1981); Sterling v. Velsicol Chemical Corp., 855 F.2d 1188, 1193 to 1194, 26 Fed. R. Evid. Serv. 1037, 11 Fed. R. Serv. 3d 213(6th Cir. 1988); Weiss v. York Hosp., 745 F.2d 786, 80708, 39 Fed. R. Serv. 2d 1444(3d Cir. 1984) 원용, Diaz v. Farley, 215 F.3d 1175
(10th Cir. 2000)(92명 단체 인정); In re Gap Stores Securities Litigation, 79 F.R.D. 283, 302(N.D. Cal. 1978)(91인 단체 인정); Fidelis Corp. v. Litton Industries, Inc., 293 F. Supp. 164(S.D. N.Y. 1968)(35인 단체 인정); Grant v. Sullivan, 131 F.R.D. 436, 446(M.D. Pa. 1990)(14인 단체 인정).

2) Pruitt v. Allied Chemical Corp, 85 F.R.D. 100(E.D. Va. 1980); Chisolm v. TranSouth Financial Corp., 194 F.R.D. 538, 42 U.C.C. Rep. Serv. 2d 332(E.D. Va. 2000).

하기 위해서 법원이 심리경영기술을 발휘할 수 있는 사안이면 족하고 결정적인 쟁점이어야 하는 것은 아니다. 즉, 이용 가능한 어떤 수단보다 단체소송이 우월해야 한다는 우월성요건보다는 넓은 개념을 공통성 요건이라 한다.[1] 또한 단체구성원 개개인에게 영향을 미칠 수 있는 공통의 쟁점이 존재하면 족하다. 통상적으로 불법행위 책임유무의 존재가 가장 기본적인 공통성요건을 충족하는 기준이라 할 수 있다. 특히, 불법행위와 관련하여 개별의 소에 의한 소송이 다발적으로 계속되어 있는 경우라 하더라도 침해의 고의성 여부, 과실의 인정 및 그 정도에 관한 쟁점이라면 공통성 쟁점으로 인정하고 있다.[2]

공통의 쟁점이 하나일 수도 있고 복수인 경우도 있다. 단체의 규모가 적절하지 못한 쟁점이면 법원이 심리하여 이에 알맞은 단체로 재정의 하거나 재정의를 명할 수 있다. 화해만을 목적으로 한 경우에도 공통의 쟁점이 있으면 단체소송방식에 의한 화해절차를 인정하고 있다.

3. 청구전형성

규칙23조(a)(3)은 대표당사자의 청구나 항변이 단체구성원 전원에 대하여 전형성이 있는 청구나 항변이어야 할 것을 요한다.

대형사고의 경우 동일한 사고로부터 발생되었기 때문에 대표당사자의 청구가 전형성을 갖는 것이 보통이다. 이 경우 개인에 따라 피해정도가 다르다고 하여도 소송의 전 과정에서 불법행위자의 유책여부에 관한 청구나 항변이라면 전형성이 있다. 배상소송의 경우 배상액이 정해 있지 않거나 구성원 개개인에 대한 분배배상금이 정하여지지 않은 단체소송이라 하더라도 이 요건을 결하는 것은 아니다.

---

1) Jenkins v. Raymark Industries, Inc., 782 F.2d 468, 472, 3 Fed. R. Serv. 3d 1137(5th Cir. 1986).

2) Gunnells v. Healthplan Services, Inc., 348 F.3d 417, at 43435, 31 Employee Benefits Cas. (BNA) 1833, 57 Fed. R. Serv. 3d 132(4th Cir. 2003); Robertson v. First Union Nat. Bank, 350 S.C. 339, 565 S.E.2d 309, 31314(Ct. App. 2002), 항소기각, (Nov. 7, 2002) 상고기각, 357 S.C. 191, 592 S.E.2d 625(2004).

제조물책임사건이라든가 환경오염불법행위는 주로 단체의 정의가 적절한가에 이 요건의 충족여부가 달려 있다. 이 경우 주로 시간적·공간적인 범위설정을 통하여 전형성이 있는 청구를 할 수 있다. 기본적으로 청구취지의 근거법리가 동일성이 인정되는 법리를 토대로 한 청구라 한다면 전형성 요건을 충족한다고 본다. 개인적 피해정도가 다양하여 사적 쟁점이 중요한 비중을 차지하는 경우에도 공통의 쟁점에 대한 청구를 제기하는 한 이 요건을 충족한다. 통상 청구범위에 대하여 사회적 공감대가 있다고 하여 전형성 요건을 인정하기도 한다.

4. 대표적합성

규칙 23조(a)(4)는 단체의 대표당사자는 단체의 이익을 공정하고 적절하게 보호할 수 있어야 할 것을 규정하고 있다. 이 요건을 충족시키기 위해서는 대표당사자와 단체구성원 간에 이해대립이 없어야 하고, 청구가 단체에 대하여 공통하는 것으로 전형성이 있으며, 대표당사자를 소송대리 하는 변호인단이 단체를 위하여 원활하고 합리적인 소송대리능력이 있어야 할 것을 요한다.[1]

대표자는 단체 전체의 이익을 위하여 대신할 수 있어야 하며, 소송의 법적성질을 충분히 이해할 수 있어야 하고 건전한 시민으로서의 능력을 갖추어야 하므로 육체적·정신적 장애가 인정되는 경우에는 대표적합성이 부인되고 있다.[2] 특히 집단피해불법행위의 경우에는 소송대리의 변호인단의 능력이 대표적합성 여부를 판단하는 데 중요한 고려사항이 되고 있다. 예컨대 Dalkon사건과 같이 소송수임 변호인단이 단체를 위한 소송서비스를 소홀히 하고 있다는 이유로 대표적합성이 부인된 경우도 있다.[3]

---

1) Gunnells v. Healthplan Services, Inc., 348 F.3d 417, 425, 31 Employee Benefits Cas. (BNA) 1833, 57 Fed. R. Serv. 3d 132(4th Cir. 2003);5 Moore's Federal Practice 23.25[4][b][ii] (2002).

2) Olden v. LaFarge Corp., 203 F.R.D. 254, 269(E.D. Mich. 2001).

3) Matsushita Elec. Indus. Co., Ltd. v. Epstein, 516 U.S. 367, 116 S. Ct. 873, 134 L. Ed. 2d

소송대리 변호인단의 피고선정상의 하자가 있을 경우 대표적합성 요건이 부인될 수 있다. 그러나 전략적 차원에서의 피고를 선정하는 행위라면 대표적합성 여부와 관계없이 인정될 수 있다. 또한 화해절차가 진행되는 경우 잠재적 단체구성원을 고려하지 않은 대표당사자의 협의는 적합성을 결하므로 대표적합성요건에 위배된다고 본다.[1]

V. 배상청구유형

규칙23조(b)는 소송유지요건을 규정하고 있다. 단체소송을 진행하기 위해서는 (a)요건을 충족하고 (b)의 소송유형 중 하나이어야 한다. 특히 배상청구 단체소송은 (b)(3)요건을 충족해야 한다.

집단피해 불법행위와 관련하여 쟁점이 되는 사항으로는 이른바 손해배상 이외의 단체소송유형이 집단피해 불법행위영역에도 활용될 수 있겠는가 하는 점과, 손해배상 단체소송이 인정되기 위해서는 단체소송이 개별소송에 비하여 우수하고 단체의 쟁점이 개인적 쟁점에 비하여 우월해야 할 것을 요하는데, 불법행위소송에서 과연 개인의 소송의 원인이 단체에 비하여 열등하다고 말할 수 있겠느냐이다. 즉, 개인에 따른 피해의 심각성 정도, 소송에 대한 개인적 통제욕구 등이 배상소송에 중요사항이므로 우월성 입증이 용이하지 않다는 것이다. 기본적으로 장래의 피해자의 발생가능성이 있는 소송물이라 한다면 개별소송에 비하여 단체소송이 단연 우월하다고 인정되고 있다.[2]

다수 학설·판례는 침해배제 등의 단체소송유형도 집단피해 불법행위에도

6(1996)(잠재적 단체구성원을 위한 적정절차의 수행이 원만히 인정되면 대표적합성 인정).

1) Day v. NLO, Inc., 144 F.R.D. 330 (S.D. Ohio 1992), 기각, 5 F.3d 154, 26 Fed. R. Serv. 3d 1150(6th Cir. 1993), 일부인용, Day v. NLO, Inc., 811 F. Supp. 1271, 1274 (S.D. Ohio 1992).

2) Amchem Products, Inc. v. Windsor, 521 U.S. 591, 617, 117 S. Ct. 2231, 138 L. Ed. 2d 689, 37 Fed. R. Serv. 3d 1017(1997).

적용될 수 있고, 손해배상을 위한 단체소송은 구체적인 경우에 따라 개별적으로 판단하여 단체소송 여하를 인정하고 있다.

1. 침해배제유형

(1) 규칙23조(b)(1)(A) 유형

규칙23조(b)(1)(A)는 동 (B)와 함께 침해배제 단체소송이라 한다. 이 소송유형은 단체구성원의 자격이 있는 자가 개별의 소송들을 함으로써 피고로 하여금 양립할 수 없는 행위기준을 부과하는 불일치한 판결의 위험성이 있을 때 인정하는 단체소송이다. 어느 한 원고가 피고를 상대로 하여 패소하였다고 하면, 계속해서 후속의 다른 원고가 나서 이른바 불이익변경금지의 금반언의 원칙을 적용하여 피고가 패소할 때까지 소송이 연속되는 경우, 이 소송유형이 의미가 있다. 그러나 이 유형의 단체소송은 피고가 양립할 수 없는 행위기준이 설정될 수 있다는 등의 이유로 단체확인청구 내지 단체소송을 제기하지 않는 한 활용되지 못하고 있다는 것이 문제로 지적된다.

보험약관 등에 관한 소비자단체소송, 불공정한 배상금결정 또는 분배가 문제될 때, 피고의 통일된 행위기준의 설정을 위하여 동 유형의 단체소송이 필요할 수 있다고 보고 있다. Pruitt사건에서 법원은 이 유형은 단체의 반대당사자보호를 위하여 고안되었다는 점을 강조하고 있다. Payton사건에서는 개별 배상소송이 관련된 경우 이 소송유형을 적용할 수 있겠는가가 문제된 바 있다. 개별 배상청구소송의 경우에는 일부에 대한 배상청구인락과 일부에 대한 청구기각이 있다고 하더라도, 나아가 부분적인 승소와 패소가 있다고 하더라도 동 유형의 단체소송은 적용될 수 없다고 한 바 있다. 다수학설도 이 유형의 단체소송이 인정되기 위해서는 적어도 피고의 권리 또는 이익의 손상이 인정될 수 있어야 한다면서 배상청구소송의 경우에는 규칙23조(b)(3)의 적용여부의 문제로 국한하여야 한다고 하였다. Causey사건에서 Merhige사건도 대형사고의 경우 불일치된 판결결과를 야기할 수 있지만 양립할 수 없는 행위기준을 창설하는 것은 아니라면서 이러한 취지를 인용하고 있다.

그러나 집단피해 불법행위와 관련하여 이 유형이 전적으로 배제되는 것은 아니다. Hernandez사건이나 Coburn사건에서와 같이 불법행위여부를 판단하는 소송이라든가 불확정배상금청구소송의 경우에는 이 유형의 단체소송이 인정될 수 있다고 한다. 배상청구소송이라고 하더라도 전체적으로 보아 그 중요쟁점이 피고행위의 금지를 구하는 소송물이라고 하면 이 유형의 단체소송이 인정될 수 있다고 한다. 예컨대 생활방해중지청구, 유해물질 배출금지청구 등은 사안에 따라 전보를 위한 쟁송보다 불법행위의 금지에 그 주된 목적이 있는 것이므로 이 유형의 단체소송이 적용되기도 한다.

특히 이 유형의 단체소송은 동 (B)유형과 규칙23조(b)(2)의 단체소송과 마찬가지로 법원이 단체의 단위를 확정하면서 단체구성원에 해당하는 자에 대하여는 사양권이 인정되지 않는 강제적 단체소송이라 한다. 강제적 단체소송은 소송결과에 기속되면서 재판에 나서지 않는 이른바 비참가자의 보호를 위하여 심리법원에 강력한 소송지휘권이 부여되어 있다. 규칙23 조(c)(4)(A)의 절차법상 보호나 단체소송을 관리할 수 있는 법원의 재량과 관련된 규칙23조(d)는 법원이 단체에 대하여 조건부 명령을 발할 수 있고, 쟁점을 축소·변경하거나, 소송경제를 위하여 당사자에게 일정한 제한을 가하는 것을 허용하기도 한다.[1]

(2) 규칙23조(b)(1)(B) 유형

이 유형은 단체의 대표당사자에 대한 판결이 비참가 단체구성원의 이익을 현저히 해할 위험이 있거나, 실질적으로 이 비참가자의 이익을 해할 처분 등이 내려질 위험이 있을 때 인정되는 침해배제 단체소송이다.

---

[1] Comment, The Use of Class Actions for Mass Accident Litigation, 23 Loy. L. Rev. 383, 401(1977).

집단피해 불법행위와 관련하여 이 소송유형이 적용될 수 있는 영역으로는 이른바 배상기금이 있는 제조물책임분야, 일정보험금이 불법행위와 관련하여 계상되어 있는 경우, 나아가 불법행위의 배상을 위하여 파산절차의 진행결과 일정한 청산재산이 존재하는 경우 등에 적용할 수 있다. 예컨대 제조물 하자로 인한 집단피해 배상청구결과청구가 인락되어 배상명령을 발하였을 때, 배상기금이 존재하여 이를 분배하는 과정에서 비참가 단체구성원의 이익을 해할 우려가 있거나 장래의 이 단체에 해당될 수 있는 자(이하 잠재적 단체구성원)의 배상금분배절차에의 참여를 봉쇄하는 법원의 직권명령 등이 발하여질 가능성이 있는 경우에 이 유형의 단체소송이 인정되고 있다.[1]

일반적으로 이 유형의 단체소송이 불법행위와 관련하여 인정되기 위해서는 ① 배상기금이 따로 존재하여야 하고, ② 이 기금이 배상금 총액에 비하여 부족한 상태이고, ③ 규칙23조(b)(3)의 소송유형에 해당되지 않는 소송물이어야 한다. 부차적 요건으로는 당해 기금이 법원의 직접 통제하에 있어야 할 것을 요한다. 또 해사법과 같이 손해발생과 관련하여 배상기금의 한도가 정해진 경우, 징벌배상이 인정되어 배심원의 결정이 필요한 경우에 이 유형의 단체소송이 인정될 수 있다.[2] 실례로, 보스니아 내전에서 세르비아 민병대의 강간 및 강탈, 대량학살, 강제노역, 불법점유, 실종, 고문 등 잔혹행위, 기타 반인권적 처우와 관련된 동일한 고통을 받고 있는 피해자단체 소송유형의 경우 사양권이 없는 이 유형의 단체소송을 인정한 바 있다. 나아가 법원은 집단피해 불법행위에 대하여 개별소송이 진행되는 경우라 하더라도 장래 잠재적 단체구성원의 이익을 손상시킬 수 있다고 인정되면 이 유형의 소송을 제기하도록 유도하고 있다.[3]

1) Pruitt v. Allied Chemical Corp., 85 F.R.D. 100, 106107(E.D. Va. 1980).

2) Ortiz v. Fibreboard Corp., 527 U.S. 815, 119 S. Ct. 2295, 144 L. Ed. 2d 715, 43 Fed. R. Serv. 3d 691(1999); In re Telectronics Pacing Systems, Inc., 221 F.3d 870, 47 Fed. R. Serv. 3d 407, 2000 FED App. 236P(6th Cir. 2000).

3) Doe v. Karadzic, 1999 WL 6360(S.D. N.Y. 1999).

2. 확인 내지 금지청구유형-규칙23조(b)(2) 유형

이 유형은 단체의 반대당사자가 단체에 대하여 일반적으로 적용될 수 있다는 것을 이유로 단체구성원 각 객체에 대하여는 행위하거나 행위하기를 거부하는 경우, 이로 말미암아 단체 전원을 위한 최종적 금지의 이익이나 확인의 이익이 필요한 경우에 인정되는 소송유형이다.

이 소송유형은 유해물질이 계속 방출되고 있는 경우의 오염행위금지청구혹은 아직 시장에서 완전히 회수되지 않고 있는 하자 있는 생산품에 관한 제조물책임사건과 같은 경우에 적용된다. 또한 환경오염행위의 계속적 감시의 이익을 확인받기 위한 소송유형으로 인정되고 있다.[1] 특히 생활방해배제청구에 이 소송유형의 인정범위가 넓다고 한다. 따라서 대형사고와 같은 일반적으로 금전손해배상을 주된 목적으로 하는 소송에는 적합하지 않다. 배상청구 전 단계로서 방사능 노출에 따른 암 발생 개연성을 이유로 한 유해방사능 배출기준적용 금지청구의 유형도 이에 해당된다.[2] 예외적으로 대형사고의 경우에도 이를 인용한 Gabel사건이 있는데, 이 사건은 손해배상청구의 선결문제로서 우선 금지를 청구한 사건이다. 또 Biechele사건은 오염불법행위의 예로 배상청구사건이긴 하나 하수메탄가스 폭발로 인한 Louisville Explosion사건과 같이 규칙23조(b)(3) 유형의 배상청구사건이 아닌 오염물 배출업소의 이전을 청구하는 소송으로 특유한 이웃과 살 수 없음의 확인을 구한 소송형태였다.[3]

이 유형의 집단피해 불법행위사건에서 문제되는 사안으로는 소송권을 인정할 것인가이다. 즉, 이 유형의 단체소송은 강제적 단체소송이므로 단체구성원의 소송권이 규정되어 있지 않다. 따라서 집단피해 불법행위와 같이 개인적 소송통제의 필요성이 중요한 사안의 경우에는 이 유형의 단체소송이 적합하지 않다는 것이 다수 학설·판례였다. 그러나 최근에 와서 이에 대한 반론

---

1) Day v. NLO, Inc., 144 F.R.D. 330, 335(S.D. Ohio 1992), 다른 이유로 일부 파기, 5 F.3d 154, 26 Fed. R. Serv. 3d 1150(6th Cir. 1993).

2) Cook v. Rockwell Intern. Corp., 151 F.R.D. 378, 382(D. Colo. 1993).

3) In re Louisville Explosion Litig, C 81-0080-L(B)(W.D. Ky. Nov 18, 1981).

이 대두되고 있다. 고용차별금지를 구한 Vincent사건에서 제9항소법원은 단체구성원의 소송권을 인정한 바 있다. 그러나 소송권을 인정받기 위해서는 불법행위의 유무를 판단하여야 할 필요가 있을 때, 배상청구의 전단계로서 이를 한정한다. 대체로 배상유무가 쟁점이 되는 불확정배상청구사건에서 이 유형의 단체소송의 적용을 인정하고 있다. 특히, 배상청구에 대하여 개인의 피해 등의 다양성으로 말미암아 단체소송의 적용을 제한하려는 추세에 비추어 볼 때 이 유형의 소송이 형평법적 구제의 확대차원에서 침해의 원인적 해결을 위하여 바람직하다고 하겠다.[1]

3. 배상청구유형-규칙23조(b)(3) 유형

이 유형은 손해전보소송으로서 단체구성원에 대하여 공통된 법률 또는 사실상의 쟁점이 구성원 각 개인의 쟁점보다 우월하고, 단체소송이 가장 공정하고 효율적인 쟁송방법이라는 우수성을 법원에 의하여 인정받아야 할 것을 요한다.

이를 판단하기 위하여 법원은 다음의 사항을 고려하고 있다. ① 개별소송방식을 택할 경우와 이익형량, ② 이미 단체구성원에 해당된다고 볼 수 있는 자에 의하거나 그에 대하여 개시된 쟁송의 정도 및 손익정도, ③ 어느 특정 재판적에 소송을 집중시킬 것인가에 대한 당부, ④ 단체소송을 진행하면서 직면할 수 있는 난점 등이다.[2]

---

1) Building and Const. Dept. v. Rockwell Intern. Corp., 7 F.3d 1487, 1492(10th Cir. 1993); Gelb v. American Tel. & Tel. Co., 150 F.R.D. 76(S.D. N.Y. 1993).

2) Barnes v. American Tobacco Co., 161 F.3d 127, 42 Fed. R. Serv. 3d 865(3d Cir. 1998); Castano v. American Tobacco Co., 84 F.3d 734, 34 Fed. R. Serv. 3d 1167(5th Cir. 1996); Badillo v. American Tobacco Co., 202 F.R.D. 261(D. Nev. 2001); Guillory v. American Tobacco Co., 2001 WL 290603(N.D. Ill. 2001); Aksamit v. Brown & Williamson Tobacco Corp., 2001 WL 1809378(D.S.C. 2000); Thompson v. American Tobacco Co., Inc., 189 F.R.D. 544(D. Minn. 1999); Clay v. American Tobacco Co., 188 F.R.D. 483(S.D. Ill. 1999); Hansen v. American Tobacco Co., No. LR-C-96-881, slip op.(E.D. Ark. July 21, 1999); Insolia v. Philip Morris Inc., 186 F.R.D. 535(W.D. Wis. 1998); Emig v. American

개별소송방식이 인정되기 위해서는 먼저 개인적 피해의 심각성이 있어야 한다는 것이 전통적 견해다. 따라서 피해자 스스로의 소송욕구가 약하다거나 개개의 피해자에 대한 소인이 중대·명확하지 않은 불법행위에 대하여는 이 유형의 단체소송이 넓게 인정되고 또 유일한 대안이다. 단체소송에 앞서 동일사안에 관하여 이미 개별소송 등이 제기되어 있다고 하더라도 이것이 단체소송을 방해하는 것은 아니다. 다만 이미 쟁송 중에 있는 당사자들이 단체소송에 대하여 사양권을 행사할 가능성이 높아 설혹 단체소송이 인정된다 하여도 결국 이들의 사양권 행사가 빈번하여 단체소송을 유지할 만한 이익이 없다면 이 유형의 단체소송이 부인될 수 있으나 이러한 가정은 현실적으로 거의 드문 경우라 하겠다. 소송유지의 가능성도 우월성 인정 여부의 판단기준 중 하나이다. 특히, 제조물책임 또는 환경오염불법행위의 경우에 모든 단체구성원에 해당하는 단순 명료한 쟁점이 존재하는 경우라면 소송유지의 용이하므로 이 유형형태가 인정되고 있다.[1]

재판적의 문제는 주 법원과 연방법원 간의 사물관할 다툼으로 야기되는 경우가 많다. 그러나 집단피해 불법행위의 경우에는 그 피해자가 광범한 영역에 분포되어 있는 것이 대부분이므로 연방법원의 관할로 소송이 집중되는 것을 허용하고 있다. 또 주간의 법률 저촉의 문제가 발생된 경우 연방법률에 따라 관할을 결정하고 있다. 특히 이 문제는 어느 주에서는 불법행위가 명문으로 인정됨에도 불구하고 다른 주에는 적법한 행위로 인정될 경우에 적용되고 있다. 소송심사역량에 관한 고려사항으로는 관할법원이 소인 내지 쟁점을 단일화할 수 있는가를 판단하여 단일화된 쟁점 등의 심리가 가능하고 이것이 소송경제에 부합된다고 하면 단체소송이 인정된다.[2]

Tobacco Co., 184 F.R.D. 379(D. Kan. 1998); Barreras Ruiz v. American Tobacco Co., 180 F.R.D. 194(D.P.R. 1998); Smith v. Brown & Williamson Tobacco Corp., 174 F.R.D. 90(W.D. Mo. 1997).

1) Olden v. LaFarge Corp., 383 F.3d 495, 2004 FED App. 0296P(6th Cir. 2004), 상고청구 인용, 73 U.S.L.W. 3415(U.S. Jan. 6, 2005); In re Agent Orange Product Liability Litigation MDL No. 381, 818 F.2d 145(2d Cir. 1987)

2) Georgine v. Amchem Products, Inc., 83 F.3d 610, 34 Fed. R. Serv. 3d 407(3d Cir. 1996)

이 유형의 단체소송에서는 이른바 비참가자에 대한 소송고지 등의 문제가 쟁점이 되는 경우가 많다. 대형사고의 경우는 피해의 심각성뿐 아니라 개별 소송방식을 택하려는 욕구가 강하므로 단체소송이 제기되었다고 한다면 개별고지를 원칙으로 하고 있다. 그러나 제조물책임이라든가 환경오염 불법행위의 경우에는 피해에 대한 정신적·육체적 심각성이 약하거나 인식불명인 경우가 많다. 이 경우 법원은 공고형태의 소송고지를 허용하고 있다.[1]

VI. 단체소송과 병행할 수 있는 관련청구

1. 선택적 병합청구

집단피해 불법행위사건에서 그 배상청구의 형식은 피해자의 개별소송과 함께 단체소송으로 제기되는 선택적 병합청구소송형태를 띠는 경우가 적지 않다. 개인의 소권을 충분히 보호하면서 공익도 고려할 수 있다는 점에서 이러한 청구형태가 있을 수 있으나, 대부분의 경우 시험소송인 것이 많고 궁극적으로는 집단적 분쟁에 대하여는 미봉책에 불과하다.

여객기 추락사고와 같이 그 사안의 중대성과 피해자의 명백성에 비추어 보아 피해자 집단이 분명한 경우에는 개별소송으로 하든 공동소송이나 단체소송 또는 선택적 병합청구소송을 제기하든 크게 문제될 것이 없다. 왜냐하면 단체소송으로 하더라도 각 피해자에 대한 통지도 쉬울 뿐 아니라 동일 재판적 속에서도 병합심리가 비교적 용이하기 때문이다. 뿐만 아니라 선택적 병합청구소송을 하더라도 법원의 이니셔티브로 단체소송이나 개별소송 모두 별 문제가 없다. 법원이 단체소송의 심리를 진행한다고 하여도 필요에 따라

---

1) In re School Asbestos Litigation, 789 F.2d 996, 32 Ed. Law Rep. 50, 4 Fed. R. Serv. 3d 750(3d Cir. 1986)(No 86339); Jenkins v. Raymark Industries, Inc., 782 F.2d 468, 3 Fed. R. Serv. 3d 1137(5th Cir. 1986).

부분단체로 분산심리 할 수 있기 때문에 구체적으로 타당한 판결도 가능하다. 따라서 선택적 병합청구에 친한 소송물이 되기 위해서는 사안이 중대하고 그 피해자가 명백할 뿐 아니라 그 피해의 정도가 심각하여 피해자 각 개인의 소송참여의식이 분명한 경우에 실효성이 있다고 하겠다.

그러나 대부분의 환경오염 불법행위사건이나 제조물 책임을 다투는 사건과 같이 피해자가 자신의 피해사실조차 제대로 인식하지 못하고 있거나 각자의 피해가 미미하여 현실적으로 개별소송을 수행할 만한 배상액의 규모가 되지 못하고 있는 경우에는 단체소송절차에 의존하는 이외에 개별소송 또는 선택적 병합청구소송의 가능성은 별로 없다고 하겠다. 따라서 집단피해 불법행위사건에서 선택적 병합청구소송이 인정될 만한 범위는 매우 좁다.

2. 징벌배상

영·미 법계에서는 고의 또는 부주의로 인하여 타인에게 손해를 발생케 하면 경우에 따라 징벌배상이라는 것을 인정하고 있다. 이 제도는 우리의 위약금제도와 비슷하지만 형사절차상의 제도라는 점이 다르고, 벌금형과는 달리 배상금의 귀속주체가 피해자라는 점이 특징이다. 징벌배상의 목적은 피고인의 어느 불공정행위를 제한함과 동시에 장래에도 이와 유사한 불공정행위를 못하도록 하면서, 제3자에 대하여도 동종의 불공정행위를 하지 못하도록 하는 데 있다. 물론 원고인 피해자의 손해전보도 그 목적의 하나다. 배상액은 피해액의 3배로 한다는 3배 배상의 원칙이 있지만 모든 징벌배상액이 이 원칙에 구속되어야 하는 것은 아니다. 그러나 불공정행위의 응징이라는 목적이라도 과다한 배상금으로 말미암아 파산 등 행위자 자체를 말살시킬 수는 없다는 것이 이 제도의 한계다. 집단피해 불법행위에 대하여도 징벌배상이 인정되고 있으며 특히 제조물책임분야에서는 널리 적용되고 있다.[1]

징벌배상금의 청구는 그 성격이 형사법적이므로 책임의 유무는 배심원에

---

1) Restatement (Second) of Torts 908 comment e(1979).

서 결정한다. 배상책임이 있음을 배심원에서 인정하면 사실심법원은 정책목적, 관련법규의 취지, 행위자의 위법성의 인식정도(고의, 과실 등) 등을 고려하여 배상금액을 결정한다. 징벌배상의 청구는 손해배상청구와 별도로 독립하여 제기할 수 있다. 집단피해 불법행위로 인한 단체소송에서 징벌배상은 개개의 피해자에 대한 배상이 아닌 단체구성원 전원을 위한 배상청구가 일반적으로 인정되고 있다. 이 경우 피고인의 징벌배상책임이 인정되었으면, 단체 내의 구성원 사이의 이해관계, 피해자에 대한 손해정도, 피고인의 자력 등을 고려하여 배상금을 결정한다.[1]

Ⅶ. 배상기금의 창설과 운영

2001년 세계무역센터와 펜타곤에 대한 테러 공격으로 사망한 사람들의 유족과 부상자를 보상해 주기 위하여 가해자를 대신하여 미 의회가 보전기금을 설립하였다. 희생자와 그 유족들이 유나이티드 항공사와 에러라인 항공사를 상대로 한 집단피해 불법행위소송을 피하면서 사회보험적 측면에서 예산을 무제한 사용할 수 있는 기금을 설립한 것이다. 의회는 경제적 손실과 비경제적 손실에 기초한 보상기준의 설정하도록 하였다. 기금의 관리와 운영을 위하여 K. R. Feinberg를 임명하여 소위 Feinberg규칙이 제정되었고 이에 따라 희생자 일인당 25만 달러, 부양가족 일인당 추가 10만 달러로 책정되어 보상절차가 종료되었다.[2]

2010년 4월 20일 미국 루이지애나 주 멕시코 만에서 BP의 석유시출시설이 폭발, 22일 시추시설이 해저로 침몰하였고, 이 과정에서 유정을 연결하는 파

---

1) Owen, Punitive Damages in Products Liability Litigation, 74 Mich. L. Rev. 1257, 1324 to 1325(1976); Punitive Damages: Law and Practice 5.40; Note, Class Actions for Punitive Damages, 81 Mich. L. Rev. 1787(1983); Putz, Punitive Damage Claims of Class Members Who Opt Out: Should They Survive?, 16 U.S.F. L. Rev. 1(1981).

2) http://www.justice.gov/archive/victimcompensation.

이프구멍이 파손되어 원유가 계속 유출하는 사고가 발생하였다. 이 사고로 근무직원 11명이 실종 사망한 것으로 추정되고, BP는 시추선 제작사인 현대중공업과 시추장비 제작업체 등을 모두 제소한 상태이다. 예상되는 사고수습 비용 400억 달러 중 집단피해 불법행위 배상청구소송에 대비한 배상기금 200억 달러를 출연하였다. 이후 배상청구소송이 제기되었고, 97%는 Feinberg규칙에 근거하여 기금을 통한 배상을 종료하였으며, 3%는 개별소송방식에 의한 배상이 진행되고 있다. 이 경우 95건의 소송은 뉴욕 주 남부지구법원에 소송이 병합되어 배상청구 인용판결로, 이 중 76건은 화해절차를 진행으로 배상종료하고 나머지는 배상금결정이 쟁점이 되어 소송 계속 중이다.[1] 이와 같이 최근의 대형참사 등 집단피해 불법행위사건은 판결에 의하여 배상액이 결정되기보다는 기금의 분배나 화해 등에 의하여 이루어지고 있으며, 기금의 모집과 운영에 관한 사항이 배상액 결정에 절대적 요소로 등장하고 있다. Feinberg규칙은 새로운 재난기금 또는 배상기금의 관리의 방향을 제시하고 있다는 취지에서 기금의 창설과 관리 등에 관하여 개관한다.[2]

1. 기금의 창설

9·11테러 희생자보상기금법(이하: 기금법)은[3] 테러라는 집단피해 불법행위와 관련 피고확정이나 피고를 상대로 한 배상이 불가능한 경우 무고한 희생자나 국가적 큰 재난에 따른 희생자와 그 유족을 위로하기 위하여 제정되었으며 이를 위한 행정명령을 대통령이 제정할 수 있도록 하였다.[4] 행정명령

---

1) Linda S. Mullenix, prometheus unbound: the gulf coast claims facility as a means for resolving mass tort claims--a fund too far, 71 la. l. rev. 819, 902(Spring, 2011).

2) Id.

3) Id. at 821.

4) 상세히는, Matthew Diller, Tort and Social Welfare Principles in the Victim Compensation Fund, 53 DePaul L. Rev. 719(2003); Jean Macchiaroli Eggen, Toxic Torts at Ground Zero, 39 Ariz. St. L.J. 383(2007); George L. Priest, The Problematic Structure of the September 11th Victim Compensation Fund, 53 DePaul L. Rev. 527, 527(2003); Robert L. Rabin,

에 의거, 기금의 운영과 관리에 대해서는 전문적 식견과 자격이 있는 자로 대통령이 임명하고 이 관리자는 분쟁의 중재자, 조정자, 배상청구권의 관리자의 지위를 갖는다.

관리자는 기금의 모집과 관리, 피고 측이 출연한 기금이 있는 경우 그 기금의 운영과 관리를 해야 하며, 집단소송의 승인과 유지를 위하여도 기금을 활용할 수 있도록 하였다. 특히, 국가적 재난이 있는 경우 연방예산에서 출연하는 경우에는 의회의 승인이 있어야 하고, 원유배상기금의 경우에는 시민기금 모금의 경우도 일정한 제한이 따르나, 모금의 주체를 합리적인 당사자로 정하여 이에 대하여 기금모금권을 부여하였다. 다만 이 합리적인 당사자로 인정받기 위해서는 석유오염법상 주의의무를 이행하여야 한다.[1]

2. 기금의 관리

기금법은 기금의 수혜대상자를 '당해 항공기 충돌사건으로 또는 사고 직후 이와 직접적으로 관련하여 사망 및 육체적 손상을 입은 자'로 한정하고 있으며, 원유 유출 피해자의 보상의 경우에는 배상심의위원회를 설치하여 이 위원회가 합리적으로 인정될 수 있는 자로 하여 동 위원회의 개별적 판단의 여지를 부여하였다.[2]

배상기준은 주로 보험금산정기준과 일반 배상청구소송에서의 배상액 산정 기준을 기초로 하여 경제적 피해에 대해서는 그 실 피해액을, 비경제적 피해액에 대하여는 건당 250,000달러를 기준으로 하되 심의위원회의 판단에 따라

Indeterminate Future Harm in the Context of September 11, 88 Va. L. Rev. 1831(2002); Tom R. Tyler & Hulda Thorisdottir, A Psychological Perspective on Compensation for Harm: Examining the September 11th Victim Compensation Fund, 53 DePaul L. Rev. 355, 358(2003); Brian Walker, Lessons That Wrongful Death Tort Law Can Learn from the September 11th Victim Compensation Fund, 28 Rev. Litig. 595(2009).

1) Gulf Coast Claims Facility, Protocol for Emergency Advance Payments(2010)(http://www.tpcg.org/emgevents/pdf/AUGUST%2023%C202010%C20PROTOCOL%_2.pdf;).

2) linda s. mullenix, prometheus unbound: the gulf coast claims facility as a means for resolving mass tort claims--a fund too far, 71 la. l. rev. 844(Spring, 2011).

100,000달러를 추가하여 지급할 수 있도록 하였다.[1]

원유유출사건의 경우에는 장래의 피해자 발생가능성을 전제로 미확정 피해자에 대한 구제기준을 따로 설정하고 있고, 사안별에 따라 개인적 보험 또는 다른 법적 근거에서 지급하는 배상금을 인정하고 있다. 다만 당해 기금에서 이를 고려하여 지급금을 조정할 수 있도록 하였다. 배상청구의 포기에 관한 규정을 두었고, 기금회계와 정보공개에 관한 규정을 따로 두고 있다. 특히, 기금과 관련하여 관리규칙의 제정과정과 결정사항에 대하여 공시의무를 두고 있다.[2]

집단청구의 해결을 위한 기금운영모델로 타이로마이드 진정제 부작용으로 인한 기형아 출생사건에서 구미와 일본 등에서는 기금을 통한 배상절차를 원용하도록 하였고, 이 경우 소송절차의 진행 없이 정부와 생산업체와 공동으로 기금을 조성하고 피해자와 기형아에 전 생애에 걸쳐 생존배상금을 지급하도록 하였다.[3]

3. 기금관리자

기금관리자는 법리적 검토의 능력이 있는 전문가(special master)로서 인정되는 자로 하여 전문가적 윤리의무를 명시하고 있다. 주로 관리자는 법원이 임명하고, 연방법원 법관의 지위 같은 의무를 부과하고 있다.[4]

원유유출기금과 관련하여 관리자는 석유회사에서 출연한 기금을 운영·관리함으로써 무엇보다 먼저 피해자에 대하여 필요한 정보를 제공할 법적 윤리적 의무가 있음을 규정하였고, 석유회사는 출연 후 이에 대한 관여를 일절 금지하도록 하였다.[5] 또 관리자는 다음의 행위제한의무를 준수하도록 하였다.

---

1) Id.
2) Id. at 881-82.
3) Id. at 890.
4) Id. at 864.
5) Id. at 863.

① 의뢰인과 직간접적으로 관련된 소송의 대리 및 기타의 법률자문의 제한, ② GCCF의 업무와 관련된 일체의 관련행위의 제한, ③ 신청인의 소송 및 이와 관련된 일체의 법적 사실적 언동의 금지, ④ 기금의 관리운영에 관한 개인적 견해표명의 제한 등이다. 19기금의 관리 운영상 결정에 대한 이해관계인의 재심청구권도 규정하였다.[1]

궁극적으로 기금운영을 통한 집단피해구제의 경우에는 그 취지가 효율성과 경제성이 있다는 취지에서, 세부적 기준으로는 피해자의 참여, 투명성, 사적 자치, 형평성, 적정절차의 보장 기타 시민사회를 구성하고 있는 사회적 가치 등을 고려하고 있는 민주적 운영이어야 한다고 선언하고 있다.

기금관리의 적법성 판단기준으로는 ① 이해관계인이 자신의 의견을 주장할 수 있는 기회를 제공받았는지 여부, ② 배상금 결정주체가 중립성과 객관적 정당성을 담보할 수 절차가 구비되었는지 여부, ③ 결정사항을 신뢰할 수 있을 정도로 기금관리자의 성실성과 도덕성이 확보되었는지 여부, ④ 피해자가 충분히 자신의 이익을 주장할 수 있는 법적 지위가 보장되었는지 여부 등이다.[2]

VIII. 결론

2000년대 들어와 네트워크의 발달은 집단피해 불법행위에 대하여 집단소송절차의 적용에 대하여 의문을 제기하고 있다. 즉, 개인의 소권이 일부 배제될 수 있는 집단소송이나 당사자 간의 이해갈등 요소가 있는 공동소송유형에 비하여 과거에는 번거로웠던 단독의 개인소송이 이제는 가능하게 되었다는 것이다.

무엇보다 정보 및 의사소통 허브가 구축됨으로써 개개인의 사정을 등한시할 우려가 있는 집단소송 형식의 중앙집중식 판결이 갖는 문제점을 극복하고 개인의 소권을 보장하면서 집단피해 불법행위에 대한 구제도 가능하게 되었

---

1) Id. at 867.

2) Id. at 878.

으므로 남소의 위험성이 있는 집단소송의 적용을 배제해야 한다는 견해가 대두되고 있다.[1]

그러나 네트워크의 발전은 집단소송의 당사자, 심리법원, 제3자 모두에게도 적극적으로 참여하여 소송경제를 촉진하면서 실제적 권리구제가 더 정밀화될 수 있고, 개별 난소의 폐해도 방지할 수 있는 한편, 법원의 사회구조 개혁적 기능을 강화할 수 있다는 점에서 집단피해에 대하여는 집단소송절차의 적용이 배제될 것은 아니라 하겠다.

특히, 집단소송공정법(The Class Action Fairness Act of 2005)이 소송제기를 용이하게 하였고, 집단소송이 갖는 판결의 효력을 주목할 필요가 있다. 집단피해불법행위 소송은 사법적 분쟁해결에 국한되지 않고, 의회의 입법적 논의와 행정부 내의 논의 확대와 집중뿐 아니라 사회적 관심도가 매우 높은 것이 특징이다. 경험적으로 볼 때, 언론매체의 관심이 매우 높고 비사법적 분쟁해결을 위한 여론 형성에 강한 영향력을 행사하고 있다.[2] 예로 FDA의 각종 규제기준 등과 같이 행정적 파급효과는 주로 불법행위의 사전적 규제와 각종 행위제한의 요건을 집단피해 불법행위소송에서 표출된 결론을 토대로 한 경우가 일반적이다.[3] 나아가 직접적으로 법원의 판결이 의회의 입법절차를 기속하지는 않지만 소송 진행 중 야기된 쟁점이 입법과정에 투영될 뿐 아니라 입법취지에 그대로 반영되고 있다는 점을 생각할 때 법원의 사회구조 개혁기능을 제고할 수 있는 소송제도로 활용될 수 있다 하겠다.

---

1) Howard M. Erichson, Informal Aggregation: Procedural and Ethical Implications of Coordination Among Counsel in Related Lawsuits, 50 Duke L.J. 381, 384 n.1(2000); Samuel Issacharoff & John Fabian Witt, The Inevitability of Aggregate Settlement: An Institutional Account of American Tort Law, 57 Vand. L. Rev. 1571, 1575(2004); Mitchell A. Lowenthal & Howard M. Erichson, Modern Mass Tort Litigation, Prior- Action Depositions and Practice-Sensitive Procedure, 63 Fordham L. Rev. 989, 990 (1995).

2) The Policy Dynamics Of Mass Tort Litigation, 6(Nelson A Rockefeller College Public Affairs and Policy Department of Political Science, 2005). 106.

3) Id. at 197.

색인

박민영 ─────────────────────────────────────

성균관대학교 법과대학 법학과 졸업
성균관대학교 대학원 법학 석·박사 학위 취득(행정법 전공)
한국공법학회 연구이사
한국환경법학회 부회장
미국헌법학회 편집위원장
기획재정부 국고 및 세제위원
중앙경찰학교 외래교수
교육과학기술부 외래교수
지식경제부 공무원교육원 겸임교수 등
현) 동국대학교 법과대학 교수
    감사원 행정심판위원

도로하자론(1996)
공법상 지적재산권개면의 재조명(2003)
저작권법연구(2004)
의료기본권론(2004)
의료비허위청구에 대한 사인의 대행소송에 관한 연구(2007)
주요국 장애차별금지법의 비교법적 연구(2007)
최근 미국연방대법원 기본권 판례연구(1995~2007까지 14년간)
경찰권발동의 엄정대응의 법리(2009)
미국연방행정절차상 사법심사에 관한 고찰(2009)
미국 지방자치법상 Dillon의 원칙과 선점주의의 조화(2011)
미국의 경찰개념과 그 발동대상에 관한 소고(2011)
외 다수

미국의
Class Action Ⅱ

초판인쇄 ∣ 2012년 6월 15일
초판발행 ∣ 2012년 6월 15일

지 은 이 ∣ 박민영
펴 낸 이 ∣ 채종준
펴 낸 곳 ∣ 한국학술정보㈜
주　　소 ∣ 경기도 파주시 문발동 파주출판문화정보산업단지 513-5
전　　화 ∣ 031) 908-3181(대표)
팩　　스 ∣ 031) 908-3189
홈페이지 ∣ http://ebook.kstudy.com
E-mail ∣ 출판사업부　publish@kstudy.com
등　　록 ∣ 제일산-115호(2000. 6. 19)

ISBN　　978-89-268-3347-6 94360 (Paper Book)
　　　　　978-89-268-3348-3 98360 (e-Book)
　　　　　978-89-268-3343-8 94360 (Paper Book Set)
　　　　　978-89-268-3344-5 98360 (e-Book Set)